CB064697

CHÁ

DA FOLHA À XÍCARA, COMO É EXPLORADO E APRECIADO PELO MUNDO

ASSAM DARJEELING TEA TEA

CHÁ

DA FOLHA À XÍCARA, COMO É EXPLORADO E APRECIADO PELO MUNDO

— **KRISI SMITH** —

TRADUÇÃO DE JOAQUIM OLIVEIRA

EditoraSenac São Paulo – SÃO PAULO – 2024

ADMINISTRAÇÃO REGIONAL DO SENAC NO ESTADO DE SÃO PAULO
Presidente do Conselho Regional: Abram Szajman
Diretor do Departamento Regional: Luiz Francisco de A. Salgado
Superintendente Universitário e de Desenvolvimento: Luiz Carlos Dourado

EDITORA SENAC SÃO PAULO
Conselho Editorial:
Luiz Francisco de A. Salgado
Luiz Carlos Dourado
Darcio Sayad Maia
Lucila Mara Sbrana Sciotti
Luís Américo Tousi Botelho

Gerente/Publisher: Luís Américo Tousi Botelho
Coordenação Editorial: Verônica Pirani de Oliveira
Prospecção: Andreza Fernandes dos Passos de Paula, Dolores Crisci Manzano, Paloma Marques Santos
Administrativo: Marina P. Alves
Comercial: Aldair Novais Pereira
Comunicação e Eventos: Tania Mayumi Doyama Natal

Edição de Texto: Janaina Lira
Preparação de Texto: Ana Lúcia M. Reis
Coordenação de Revisão de Texto: Marcelo Nardeli
Revisão de Texto: Cristine A. Sakô
Coordenação de Arte: Antonio Carlos De Angelis
Editoração Eletrônica: Marcos Andrade
Impresso e encadernado na China

Editora Senac São Paulo
Av. Engenheiro Eusébio Stevaux, 823 – Prédio Editora
Jurubatuba – CEP 04696-000 – São Paulo – SP
Tel. (11) 2187-4450
editora@sp.senac.br
https://www.editorasenacsp.com.br

Edição brasileira © Editora Senac São Paulo, 2024

Dados Internacionais de Catalogação na Publicação (CIP)
(Simone M. P. Vieira – CRB 8ª/4771)

Smith, Krisi
Chá: da folha à xícara, como é explorado e apreciado pelo mundo / Krisi Smith; tradução Joaquim Oliveira. – São Paulo: Editora Senac São Paulo, 2024.

Título original: World Atlas of Tea: From the leaf to the cup, the world's teas explored and enjoyed
ISBN 978-85-396-4522-0 (Impresso/2024)
eISBN 978-85-396-4521-3 (Epub/2024)

1. Bebidas – chá 2. Países produtores de chá 3. Chá – colheita e processamento I. Oliveira, Joaquim II. Título

24-2172r   CDD – 663.94
                                   BISAC CKB136000

Índice para catálogo sistemático:
1. Chá   663.94

A Mike e minha equipe incrível na Bird & Blend, que me lembram diariamente de que tudo é possível.

Uma empresa da Hachette UK.
www.hachette.co.uk

Publicado pela primeira vez na Grã-Bretanha em 2016 pela Mitchell Beazley, uma divisão da Octopus Publishing Group Ltd
Carmelite House, 50 Victoria Embankment
Londres EC4Y 0DZ
www.octopusbooks.co.uk

Título original: *World Atlas of Tea: From the leaf to the cup, the world's teas explored and enjoyed*
Design, ilustração e fotografia © Octopus Publishing Group Ltd 2016
Copyright do texto © Kristina Smith 2016

Kristina Smith é a autora da obra e a ela é assegurado o direito moral.

Todos os direitos reservados. Nenhuma parte desta obra pode ser reproduzida ou utilizada de nenhuma forma ou em nenhum meio, eletrônico ou mecânico, incluindo fotocópia, gravação ou por qualquer sistema de armazenamento e recuperação de informações, sem a prévia permissão da editora por escrito.

A editora agradece a qualquer informação que possa ajudar a manter edições futuras desta obra atualizadas. Embora todo o cuidado possível tenha sido tomado na preparação deste livro, nem a editora nem a autora podem ser responsabilizadas por qualquer consequência decorrente de seu uso ou das informações nele contidas. Um grande esforço foi feito para localizar os detentores dos direitos autorais e obter sua permissão para o uso do material protegido por direitos autorais.
A editora pede desculpas por qualquer equívoco e agradeceria a notificação de quaisquer correções que devam ser incorporadas em edições futuras deste livro.

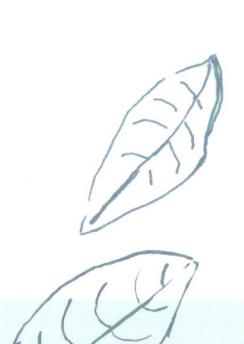

SUMÁRIO

INTRODUÇÃO   6

PARTE UM
FUNDAMENTOS DO CHÁ   10

A planta do chá	12
Variedades, qualidades e blends	22
Colheita	36
Processamento	44
Uma breve história do chá	60
A questão da sustentabilidade	66

PARTE DOIS
PREPARAÇÃO E CONSUMO DO CHÁ   70

Fundamentos do preparo do chá	72
Utensílios para o chá	80
Compra e armazenamento do chá	90
A degustação do chá	96
Os benefícios do chá à saúde	100

PARTE TRÊS
MISTURA DE CHÁS   102

Mistura de chás	104
A mixologia do chá	116

PARTE QUATRO
O MUNDO DO CHÁ   122

ÁFRICA   124
Países produtores de chá	126
Quênia	130

SUBCONTINENTE INDIANO   140
Países produtores de chá	142
Índia	146
Sri Lanka	154

ORIENTE MÉDIO   164
Países produtores de chá	166
Turquia	168
Irã	176

EXTREMO ORIENTE   180
Países produtores de chá	182
China	186
Taiwan, China	194
Vietnã	200
Indonésia	206
Japão	210
Tailândia	220

AMÉRICA DO SUL   224
Países produtores de chá	226
Argentina	228

Glossário	232
Índice remissivo	234
Créditos das imagens	239
Agradecimentos da autora	240

INTRODUÇÃO

Nunca houve uma época mais fascinante para descobrir, ou melhor, redescobrir nossa tão amada xícara de chá. Novas ideias, culturas e conceitos inovadores estão agitando tradições antigas da indústria do chá, desde métodos de cultivo e técnicas de mistura até o tipo de utensílios que usamos e as ocasiões sociais em que o chá tem um papel central.

A pergunta não é mais "Um torrão de açúcar ou dois?", mas sim "Qual variedade de chá você gostaria de tomar hoje?". Verde, preto ou até de folha de framboesa, talvez? Você prefere seu chá servido quente com leite, batido com gelo ou vaporizado em um espumoso chai latte?

Não é nenhum segredo que a tendência dos cafés de boa qualidade explodiu em nossas vidas ao longo dos últimos anos e o mesmo está acontecendo agora com o chá. Mudando de um produto de comercialização em massa que consumimos sem pensar duas vezes para um método de descoberta que é parte de nosso bem-estar mais geral, o chá está passando a fazer parte de como nos definimos. Nós nos preocupamos cada vez mais com a origem do chá, como ele foi processado e quais ferramentas usamos para prepará-lo.

A forma como uma simples xícara de chá pode melhorar um dia ruim ou acalmar os nervos é parte da razão de eu ter escolhido trabalhar com a indústria do chá. Porém, a capacidade de espalhar prazer, alegria e entusiasmo por meio de misturas inovadoras ou de uma saborosa mixologia de chá é um fenômeno relativamente recente, e eu sou apaixonada por fazer parte dele. Percebi essa mudança de atitude e abordagem quanto ao chá pela primeira vez alguns anos atrás, enquanto eu trabalhava para uma misturadora de chá inovadora na América do Norte. Depois de eu ser apresentada a esse vibrante e variado novo mundo do chá, foi um caminho sem volta.

Em 2012, voltei à Inglaterra e criei minha própria empresa de chá, a Bird & Blend Tea Co. Todo dia eu posso ser criativa com o chá, compartilhá-lo com os outros e ver como algo tão simples traz felicidade ao dia de alguém. É uma indústria empolgante para trabalhar atualmente e eu fico radiante em apresentá-la a você neste livro.

Agora é, sem dúvida, a hora do chá.

Ao lado: O chá é apreciado de diversas formas ao redor do mundo. Na Índia, o chá preto com especiarias, ou chai, é servido tradicionalmente com muito leite e muito açúcar.

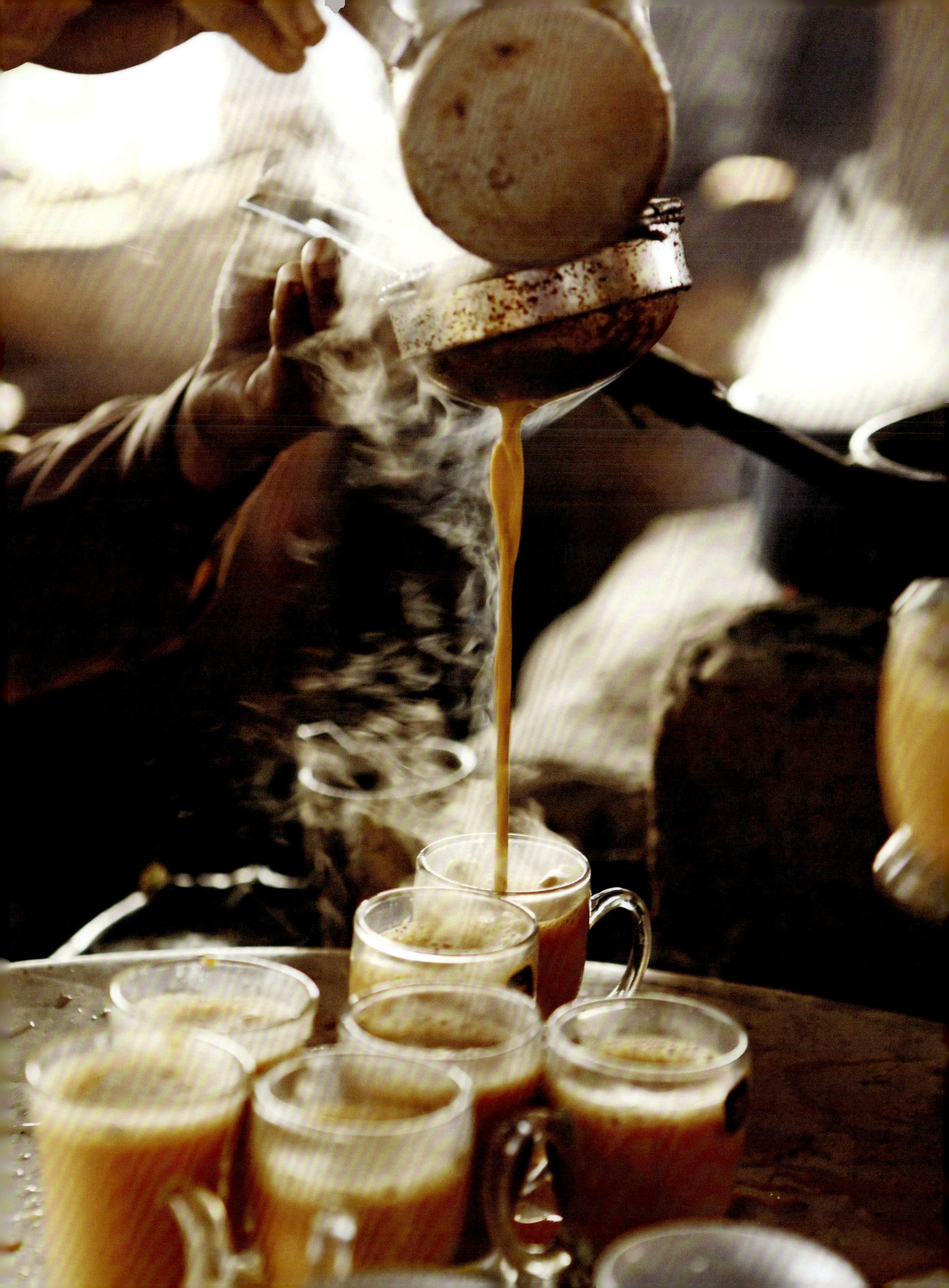

Fotografadas em maio de 1938, duas moças desfrutam de uma refrescante xícara de chá sentadas no trampolim de uma piscina pública em Finchley, no norte de Londres.

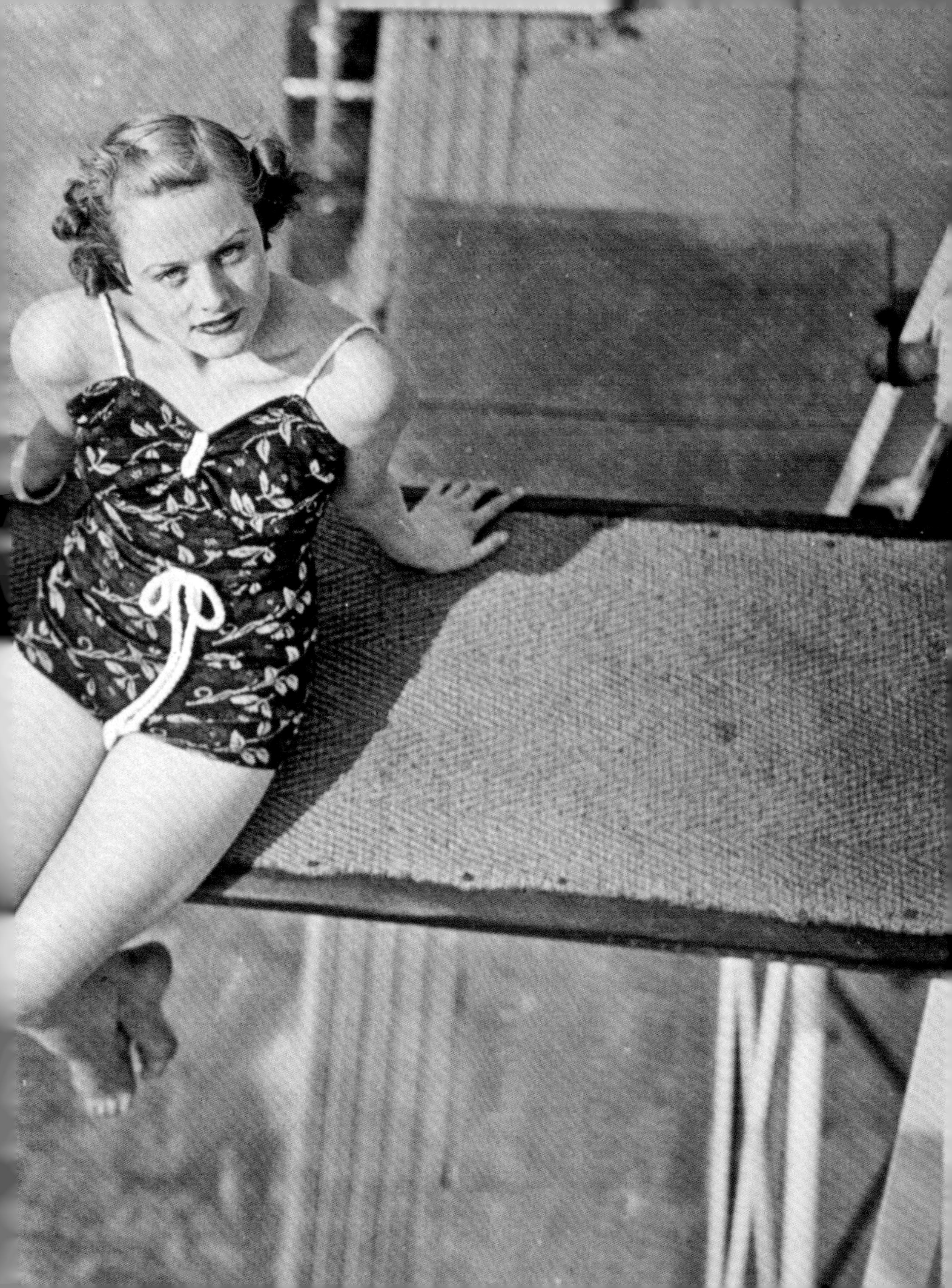

PARTE UM

FUNDAMENTOS DO CHÁ

A PLANTA DO CHÁ

A maioria das pessoas se surpreende quando descobre que todos os tipos de chá vêm da mesma planta: *Camellia sinensis*, uma espécie arbustiva perene nativa da Ásia. Existem duas variedades principais usadas para o cultivo: *Camellia sinensis* var. *assamica* e *Camellia sinensis* var. *sinensis*, cada uma delas prosperando sob condições diferentes e produzindo chás de sabores únicos. Existe também uma variedade mais comum – *Camellia sinensis* var. *japonica* – que cresce com facilidade em qualquer jardim, mas que não serve tão bem para beber.

A planta do chá cresce na maioria dos climas, porém ela é cultivada principalmente em climas tropicais e subtropicais, nos quais as condições produzem um chá mais desejável. Descoberta inicialmente na China, a planta *Camellia sinensis* foi disseminada pela Ásia por monges budistas que bebiam chá com propósitos medicinais e espirituais. Por muitos anos, o registro mais antigo de plantas de chá cultivadas na China datava de cerca de 3.000 a.C. No entanto, raízes de chá fossilizadas descobertas recentemente na província de Zhejiang na China mostram sinais de cultivo datando de milhares de anos antes – cerca de 7.000 a.C. Foi apenas a partir de 1600 que a planta do chá passou a ser cultivada em locais mais distantes, como Índia, Sri Lanka e Quênia, com o propósito de produzir chá preto para os impérios Britânico e Holandês.

A partir dessas origens antigas e humildes, o chá se tornou um fenômeno mundial e parte do cotidiano de bilhões de pessoas. Para atender a essa demanda, é hoje cultivado em mais de 35 países pelo mundo, com a produção de mais de 3 bilhões de toneladas de chá para o consumo por ano.

CRESCIMENTO SELVAGEM

Ao pensar na planta do chá, a maioria das pessoas imagina terraços com arbustos verdes bem podados definindo a paisagem até onde a vista alcança. No entanto, em sua forma natural não domesticada, o arbusto perene do chá pode se assemelhar a uma árvore de tamanho médio, de 4 a 17 m de altura, com galhos irregulares e uma copa vasta. É interessante notar que não se sabe ao certo se ainda existem plantas de fato selvagens, pois se presume que mesmo aquelas encontradas nos lugares mais remotos sejam resultado de cultivos anteriores.

A variedade *assamica* tende a ficar mais alta e tem uma aparência mais próxima a uma árvore, enquanto todas as plantas *Camellia sinensis* têm raízes profundas, tronco fino e muitos galhos que produzem folhas, além de frutos e pequenas flores. Existem diferenças sutis nas folhas da planta do chá, dependendo da variedade, mas a maioria tem cerca de 8 cm de comprimento com bordas levemente serrilhadas, lustrosas, de cor verde-esmeralda escura e aveludada ao toque. A *assamica* tem folhas mais escuras, maiores e mais lustrosas.

À direita: Esta gravura pontilhada colorida à mão e gravada em cobre da *Camellia sinensis* é uma ilustração de Pancrace Bessa (1772-1846), que é considerado um dos maiores artistas botânicos franceses do século XIX.

PRAGAS E DOENÇAS

As pragas mais comuns da planta do chá são os ácaros e os pulgões, que fazem com que as folhas fiquem amarelas e, muitas vezes, caiam. As doenças mais comuns que ameaçam a planta são causadas por fungos e bactérias, como o marchitamento e o cancro, além do apodrecimento da raiz e da praga da bolha, que podem danificar gravemente ou até matar a planta. Em muitas áreas de cultivo do chá, usam-se fungicidas para proteger as plantas (ver a página 16).

As flores de uma planta de chá medem aproximadamente 3 cm, são brancas com um pólen amarelo-claro e seus frutos são verde-amarronzados e contêm sementes que ajudam a germinar novas plantas. Essa planta robusta pode viver até 50 anos na maioria dos terrenos e tem relativamente poucas pragas e doenças comparadas a outras plantas.

PRIMEIRO CICLO

É comum que os chás sejam nomeados de acordo com suas épocas de colheita, ou "ciclos", durante os quais eles são colhidos. O primeiro ciclo, entre fevereiro e maio de cada ano, é considerado o de maior qualidade, pois as plantas saem de seu estado de dormência do inverno e o novo crescimento ocorre sob as condições perfeitas da primavera. Os chás Darjeeling em particular são classificados com frequência quanto a seus ciclos.

ASSAMICA VERSUS SINENSIS

Existe uma preferência evidente de terreno, clima e pluviosidade para cada variedade da planta do chá. Essas diferenças nas condições de cultivo não só provocam mudanças na aparência da planta, como têm também um importante papel na determinação dos métodos de colheita e processamento empregados de modo a obter o rendimento, o tipo e a qualidade desejados do chá resultante.

Os arbustos de *Camellia sinensis* são cultivados em terraços frescos e de alta altitude em toda a Ásia, onde as mudanças de estação nas encostas das montanhas produzem uma folha pequena, exuberante e doce, cheia de sabor perfumado. Essas características tornam as plantas *sinensis* perfeitas para a produção de chás aromáticos verdes, brancos e oolong, mas às vezes também são usadas para produzir chá preto. Em muitas regiões, não há colheita durante os meses de inverno, então a primeira colheita da primavera, ou o primeiro ciclo, é muitas vezes considerada a mais saborosa.

Os arbustos da *assamica* se adequam melhor a climas tropicais mais quentes com pelo menos 2.000 mm de chuvas anuais, como os encontrados nas regiões montanhosas do norte da Índia e na província de Yunnan, na China. Com clima e terreno estáveis, as plantas *assamica* voltam a crescer semanas depois de serem colhidas, então elas costumam ser colhidas repetidamente ao longo do ano. Dito isso, ainda há uma preferência pelos chás colhidos durante a primavera (particularmente o primeiro ciclo) ou após as monções.

Para muitas empresas que querem produzir grandes quantidades de chá preto para o mercado convencional, a *assamica* é a escolha óbvia por seu maior potencial de rendimento e suas folhas mais resilientes. Essas folhas robustas e maiores são perfeitas para o processamento mais vigoroso exigido para a criação de chás pretos, além de alguns tipos de chá que demandam um processamento mais complicado ou longo, como os chás pu'erh, oolong ou defumados (ver a página 23).

CULTIVO

Para o propósito do cultivo, ambas as variedades da planta do chá são podadas até um tamanho muito mais manejável que o das plantas selvagens (ver a página 13) para a colheita, normalmente não mais que a largura de nosso braço e a altura de nossa cintura. A poda regular também estimula uma maior produção de folhas e botões jovens, que são ideais para a produção de chá. Então é raro encontrar flores ou frutos em uma planta de chá de cultivo.

As plantas Camellia sinensis são resilientes e crescem na maioria dos climas e solos. No entanto, para produzir os chás da mais alta qualidade, elas precisam de um solo úmido, profundo e ácido, com um clima quente e úmido acima dos 10°C e ao menos 1.000 mm de chuva anual.

Um clima úmido e enevoado permite que as folhas maturem lentamente em condições quentes e úmidas enquanto se abrigam da luz solar intensa, e é por isso que a maioria das regiões de cultivo dos chás de maior qualidade do mundo está inclusive em altitudes acima de 1.200 m. As folhas também absorvem uma grande quantidade de água, mantendo-se exuberantes e macias, desenvolvendo assim um sabor excepcional.

As plantas de chá levam de 3 a 5 anos para amadurecer; portanto, é comum que as propriedades tenham o próprio viveiro, no qual as mudas são cultivadas por 2 a 3 anos antes de serem transplantadas nos campos de chá principais. As mudas são retiradas de plantas saudáveis e maduras, e o solo é cuidadosamente revolvido, capinado e regado para garantir que as raízes das mudas possam se firmar e absorver a umidade e os nutrientes de que precisam para sobreviver. Depois de maduros, os arbustos jovens são plantados em fileiras, como qualquer outro produto agrícola, e, se estiverem em uma encosta íngreme, geralmente em terraços especialmente preparados – isto é, faixas estreitas e escalonadas cortadas nas laterais das encostas para aproveitar ao máximo a terra disponível. Esses terraços também têm canais de irrigação embutidos para gerenciar e maximizar a chuva, levando água a todas as plantas.

Ao lado: Vista de uma plantação de chá e templo na Pedra Cabeça de Cavalo nas montanhas Wuyi, na província de Fujian, na China. As montanhas Wuyi têm uma longa história de cultivo da *assamica*.

Abaixo: Jardins de chá em Munnar, uma estação montanhosa na cordilheira dos Gates Ocidentais de Kerala, na Índia. Cultivada em grandes altitudes em toda a Ásia, a *Camellia sinensis* prospera em temperaturas frias.

ORGÂNICO *VERSUS* PESTICIDAS

Muitas propriedades e fazendas usam fertilizantes e pesticidas para aumentar a produção e a qualidade do chá, mas o principal motivo para o emprego de pesticidas é evitar surtos de pragas ou doenças que poderiam destruir plantações inteiras. Em alguns países, como o Japão, o uso de pesticidas e fertilizantes é uma prática comum e vista como a norma, necessária para possibilitar uma colheita consistente e de alta qualidade. Em outros países, como o Sri Lanka, há um compromisso com o cultivo de chá "limpo" usando fertilizantes naturais, como esterco e resíduos das próprias plantas, mas um mínimo de pesticidas ainda é adotado para ajudar no controle de pragas. Os fungicidas à base de cobre são comumente utilizados, por exemplo, para prevenir e controlar a praga da bolha, uma doença comum nas plantas de chá. A agricultura orgânica, ou seja, sem a utilização de pesticidas ou fertilizantes químicos, é geralmente considerada a ideal e, tendo as condições de cultivo adequadas, o conhecimento e um gerenciamento eficaz, pode produzir chás fantásticos. Também é justo dizer que o uso imprudente de pesticidas pode prejudicar tanto o meio ambiente quanto as pessoas que vão consumir o produto depois. Entretanto, o cultivo orgânico de chá é uma questão complexa e multifacetada, sem uma conclusão simples.

O maior problema é a falta de educação sobre práticas seguras, o que pode resultar no uso excessivo e prejudicial de pesticidas e no plantio desmedido que podem causar danos irreversíveis ao meio ambiente e à biodiversidade. Os efeitos do uso de pesticidas e do plantio exagerado podem incluir doenças humanas, destruição do organismo natural do solo, poluição do meio ambiente e do abastecimento de água – afetando seres humanos e animais –, danos à biodiversidade e erosão do solo.

Um arbusto de chá saudável pode ser cultivado na maioria dos países produtores de chá com pouco mais do que um suprimento decente de água, uma boa base de compostagem e solo e uma biodiversidade saudável. Lembre-se: o cultivo do chá existe há milhares de anos, enquanto os fertilizantes são um desenvolvimento recente. Mas há vários motivos para o uso de pesticidas e fertilizantes, e cada um deles deve ser considerado no contexto do ambiente em que se aplicam.

Em algumas regiões do mundo, como em Assam, na Índia, não seria economicamente possível para os pequenos produtores de chá atender à demanda sem a ajuda de fertilizantes, pois eles permitem que os agricultores dobrem a própria produção com menos terra, trabalho e custo. À medida que o mercado de chá se torna mais competitivo, os fertilizantes e pesticidas também desempenham um papel importante na garantia de uma qualidade alta e consistente do chá. Com o setor de chá impulsionando a economia e fornecendo empregos para regiões inteiras, em áreas rurais que geralmente são pobres, seria cruel e irreal esperar que os agricultores parassem de usar esses aprimoramentos sem oferecer alternativas viáveis, e muitas vezes a mudança para fertilizantes orgânicos caros é simplesmente insustentável do ponto de vista econômico.

No Japão, o uso de pesticidas e fertilizantes é uma prática comum, a ponto de ser quase impossível para os produtores de chá mudarem para a agricultura orgânica, mesmo que desejassem. Além das questões práticas de tempo e dinheiro, aqueles que querem estabelecer fazendas orgânicas não dispõem de recursos, equipamentos ou do apoio da indústria como um todo ou da comunidade agrícola. A maior barreira para a agricultura orgânica no Japão é o espaço. Uma fazenda orgânica não pode ser estabelecida perto de terras onde são usados fertilizantes sem uma zona de proteção adequada, e os agricultores não orgânicos não querem plantas orgânicas perto de suas terras, pois elas tendem a atrair mais fauna e flora selvagem, o que significa que eles precisam gastar mais com os próprios fertilizantes. Os desafios são enormes.

Considerar o raciocínio por trás do uso de fertilizantes e pesticidas pode nos ajudar a entender os motivos, mas ainda não muda a realidade de que o uso irresponsável pode ter efeitos devastadores sobre o meio ambiente como um todo.

COZINHANDO COM CHÁ

Uma ótima fonte de vitaminas, minerais e antioxidantes, as folhas de chá são usadas na culinária há centenas de anos no Extremo Oriente. Uma maneira simples de utilizar as folhas de chá na culinária é adicioná-las ao caldo ou à sopa, da mesma forma que seria feito com uma folha de louro, deixando-as ferver e adicionar sabor. Você também pode adicioná-las a refogados ou pratos de arroz, servi-las cruas como parte de uma salada verde ou experimentá-las empanadas em receitas tipo tempurá.

PLANTANDO O PRÓPRIO CHÁ

Talvez você se surpreenda ao saber que não precisa de uma estação tropical nas montanhas para cultivar plantas de chá. Na verdade, uma variedade de *Camellia sinensis* var. *japonica* está prontamente disponível na maioria dos centros de jardinagem e, com um pouco de amor e carinho, crescerá alegremente em seu próprio quintal.

Primeiro, decida se quer cultivar suas plantas de chá a partir de sementes ou estacas (o que é mais difícil) ou comprar uma muda jovem ou uma planta adulta (uma opção muito mais fácil). Se quiser plantar imediatamente em áreas externas e tiver interesse em colher folhas para usar na culinária, comece com uma planta adulta, se possível, pois as sementes e as estacas levam de 3 a 5 anos para amadurecer.

PLANTAÇÃO COM SEMENTES

1. Plante até 5 sementes, espaçadas em aproximadamente 3 cm, em um vaso de pelo menos 15 cm de diâmetro que tenha muitos orifícios de drenagem. Deve-se usar terra para vasos ligeiramente ácida (pH 5 é o melhor) ou composto ericáceo.
2. Coloque o vaso em um local quente, ensolarado e parcialmente sombreado, por exemplo, em uma estufa ou no parapeito de uma janela.
3. Replante em vasos maiores à medida que a planta cresce para garantir que as raízes tenham espaço suficiente.
4. Quando a planta do chá tiver mais de 50 cm de altura e/ou 2 anos de idade, ela sobreviverá muito bem no jardim. Ela precisará de um local claro e ensolarado e de solo ácido para se desenvolver (consulte "Cultivo de plantas jovens ou maduras" mais adiante).

PROPAGAÇÃO A PARTIR DE ESTACAS

1. Use uma planta de chá saudável e madura para tirar a estaca. Procure um caule com uma folha saudável e um botão em formação. Faça um corte angulado no caule, cerca de 4 cm abaixo de um nó da folha (botão em formação), com uma tesoura de poda ou uma faca afiada.
2. Encha um vaso bem drenado com metade de composto de ericáceas ou solo ácido e metade de areia para vasos e, em seguida, regue bem.
3. Usando um palito de dente, faça um buraco no solo e insira a estaca nele o mais fundo possível, sem deixar que a folha toque o solo.
4. Mantenha a estaca úmida e aquecida, seja em uma miniestufa ou colocando o vaso no parapeito de uma janela e cobrindo-o com um saco plástico transparente preso com um elástico. Caso opte pela segunda solução, não se esqueça de remover o saco plástico por 2 a 5 horas todos os dias para permitir a circulação de ar fresco ao redor da estaca.
5. Após 10 semanas, a estaca deve estar com raízes firmes e produzindo novas folhas; é quando você poderá replantá-la em outro vaso.
6. Quando a planta do chá tiver mais de 50 cm de altura e/ou 2 anos de idade, ela sobreviverá muito bem no jardim. Ela precisará de um local claro e ensolarado e de solo ácido para se desenvolver (consulte "Cultivo de plantas jovens ou maduras" a seguir).

CULTIVO DE PLANTAS JOVENS OU MADURAS

1. Encontre um local quente e ensolarado em seu jardim que não fique sob a luz direta do sol o dia todo.
2. O solo precisa ser ácido, com pH 5 ou menos. Você pode usar um kit de teste de solo, disponível em centros de jardinagem, para verificar a acidez de seu solo. Se não for ácido o suficiente, as melhores opções são o plantio em um recipiente ou canteiro elevado preenchido com composto de ericáceas.
3. Se as temperaturas no inverno caírem abaixo de -10°C, considere a possibilidade de colocar a planta em um local coberto ou protegê-la com uma manta de lã para horticultura.

À esquerda: Para prosperarem, as mudas de chá precisam de locais bem iluminados, quentes e com sombra durante parte do dia. Replante-as em vasos maiores à medida que crescem para não limitar o crescimento das raízes.

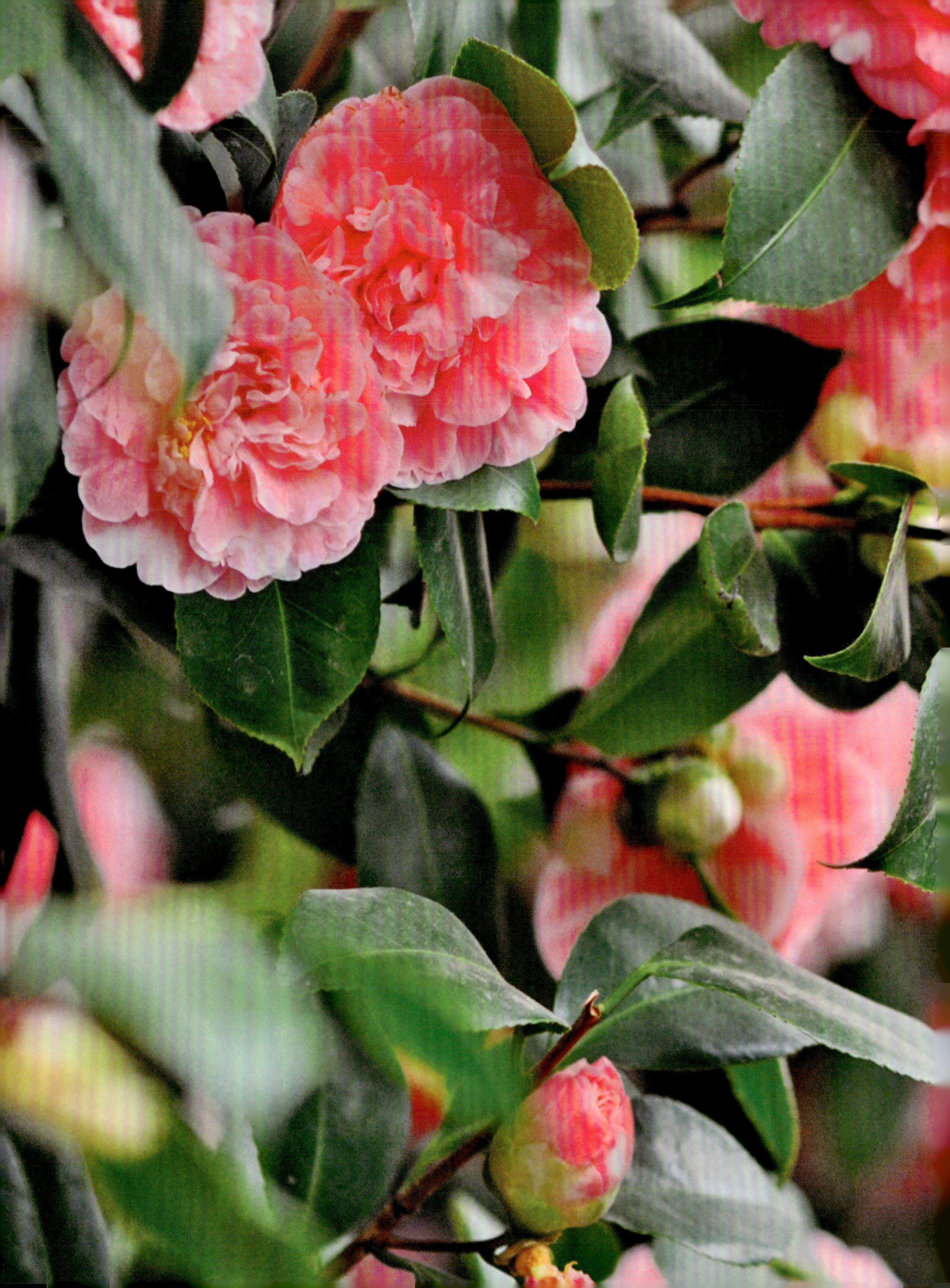

Alguns membros da família do chá são mais valorizados por suas flores do que por suas folhas: cultivada na China há mais de mil anos, a *Camellia sinensis* var. *japonica* foi introduzida na Europa no século XVI, trazendo um agradável colorido aos jardins no início da primavera.

A QUÍMICA DO CHÁ

A composição química do chá é bastante complexa, com milhares de compostos encontrados na planta e na própria folha. Alguns compostos passam por reações químicas, decompondo-se ou combinando-se para formar novos compostos durante os estágios de crescimento e processamento, e alguns mudam novamente quando infundidos em água quente. Como os métodos de processamento têm um efeito tão grande na composição química do chá, os diferentes tipos também apresentam composições químicas diferentes. É o efeito combinado desses muitos compostos e reações que cria os aromas, os sabores e a sensação na boca exclusivos que sentimos ao tomar nosso chá favorito.

Os principais compostos encontrados em uma folha de chá são:

POLIFENÓIS

Esses são os compostos químicos mais comuns e mais influentes encontrados em uma folha de chá. Os polifenóis ajudam a planta a combater pragas e doenças, sendo especialmente úteis para as folhas e os brotos mais jovens e vulneráveis.

Entre os polifenóis do chá estão os flavonoides, que são decompostos durante a oxidação (ver a página 47) e depois se unem a outras moléculas para criar as teaflavinas e tearubiginas, responsáveis pela cor mais escura e pelos sabores mais fortes que se desenvolvem durante a oxidação. Outros flavonoides, como a catequina, são importantes, pois acredita-se que sejam responsáveis não apenas pelo sabor e pela cor, mas também pelos antioxidantes.

ENZIMAS

As enzimas desempenham um papel importante no processamento das folhas de chá, especialmente no estágio de oxidação, que é uma reação enzimática que causa a alteração da cor e do sabor das folhas (ver a página 47).

Essa reação pode ser interrompida com a aplicação de calor, razão pela qual as folhas são secas após a oxidação e o primeiro estágio da produção do chá verde geralmente é a aplicação de calor – um processo conhecido como "Matar o verde" (ver a página 52).

AMINOÁCIDOS

Os aminoácidos estão presentes no chá em várias formas, mas a teanina é a mais proeminente. Os aminoácidos são convertidos em polifenóis quando a planta é exposta à luz solar. É interessante notar que alguns chás, como o matcha, são sombreados nas últimas semanas antes da colheita para estimular uma maior produção de aminoácidos. Diz-se que os compostos de teanina, em especial a L-teanina, têm um efeito positivo na mente quando absorvidos pelo corpo com as moléculas de cafeína – um efeito descrito como um ânimo relaxante, mas sem uma queda a seguir, como pode acontecer quando se absorve a cafeína do café.

Tearubiginas

Como resultado da oxidação, as catequinas são convertidas em tearubiginas. Por causa do alto nível de oxidação que ocorre na produção de chás pretos, em particular, entre 60% e 70% desse tipo de chá é composto de tearubiginas. Eles também são chamados de taninos e afetam as mudanças na cor e no sabor, geralmente tornando o chá mais escuro e mais adstringente.

Carboidratos

Assim como outras plantas, a planta do chá armazena energia na forma de carboidratos, que ela gera por meio da fotossíntese. A planta do chá pode, então, utilizar esses estoques para alimentar reações importantes nas folhas de chá, tanto durante o crescimento da planta quanto posteriormente, durante o processamento.

Minerais

Diversos minerais são encontrados nas folhas de chá, incluindo selênio, alumínio, flúor, potássio, zinco, magnésio e iodo, que têm diferentes efeitos no corpo humano. Entre os mais notáveis está o flúor, que pode ajudar a manter os dentes saudáveis. O conteúdo mineral das folhas de chá varia de acordo com as condições de cultivo, além do tipo e da idade das folhas sendo processadas.

Compostos voláteis de sabor e aroma

Há muitos compostos de sabor e aroma no chá, e essas substâncias voláteis se combinam para criar uma estrutura complexa que é responsável pelas sutis notas de sabor e aroma que você aprecia em seu chá favorito. Alguns são responsáveis pelo amargor, outros pela doçura, já outros conferem ao chá aromas torrados ou sabores intensos.

Cafeína

A cafeína é um estimulante natural encontrado nas folhas de chá, criado pela planta como proteção contra insetos e pragas (ver também a página 101). Ela pode afetar a frequência cardíaca, as ondas cerebrais e as funções físicas, tanto positiva quanto negativamente. Assim como os minerais, os níveis de cafeína encontrados nas folhas de chá podem variar segundo o clima e o terreno, a espécie da planta e o tipo de folha sendo processado.

As principais reações químicas que ocorrem em uma folha de chá são:

FOTOSSÍNTESE

Este é o processo pelo qual a planta cria e armazena energia na forma de carboidratos enquanto cresce sob a luz do sol. Esses carboidratos ajudam no processo enzimático durante a oxidação posteriormente e ajudam a converter os aminoácidos em polifenóis.

MURCHAMENTO

Os compostos de água são perdidos pela folha assim que ela é arrancada da planta e começa a murchar. As paredes celulares da folha também se rompem (ver também a página 46).

OXIDAÇÃO

Quando as paredes celulares começam a se romper, a química da folha muda conforme os compostos passam por uma reação enzimática com as moléculas de oxigênio do ar. A principal mudança química é a conversão dos flavonoides em teaflavinas (ver também a página 20).

Abaixo: As folhas de chá são dispostas no chão fresco da fábrica para oxidarem nesta imagem de uma plantação de chá do Ceilão (hoje Sri Lanka), datando de cerca de 1910.

A PLANTA DO CHÁ

VARIEDADES, QUALIDADES E BLENDS

Pode haver alguma confusão entre as variedades, as classificações (qualidade) e os blends dos chás. Em nossa abordagem, ao discutirmos as **variedades de chá**, estamos nos referindo às diferentes formas que a folha de chá pode assumir após o processamento, como verde, preto, branco, e assim por diante.

As **classificações de chá** referem-se à qualidade da folha colhida da planta de chá, ou ao tamanho da partícula após o processamento. Certas qualidades de folha de chá são mais adequadas a certas variedades de chá. Por exemplo, a maioria dos chás brancos é processada a partir dos botões ou brotos da planta de chá, que são a mais alta qualidade da folha de chá.

Por fim, o uso da expressão **blends de chá** refere-se às bebidas que são feitas com uma mistura de diferentes folhas de chá com outros ingredientes.

Depois de cultivadas, colhidas e processadas, as variedades de chá, desde o branco e o verde até o preto e o pu'erh, podem ser classificadas com base na qualidade ou na intensidade do sabor. Esses chás podem ser apreciados puros ou suas folhas podem ser misturadas com outros ingredientes para criar uma infinidade de blends. Também é comum perfumar as folhas de chá durante os estágios de processamento ou mistura para criar aromas exclusivos, como o chá de jasmim (ver a página 107 para saber mais sobre isso). Há muitas outras variedades de infusão feitas com plantas e ervas que não são da *Camellia sinensis* – elas são chamadas de tisanas ou chás de ervas (ver a página 33).

VARIEDADES DE CHÁ

CHÁ BRANCO

O chá branco é a variedade menos processada: as folhas geralmente são apenas colhidas e depois delicadamente secas. As folhas ideais para uso são as mais altas, ou mesmo apenas os brotos, geralmente colhidos à mão nas primeiras colheitas do ano. O chá branco é produzido principalmente no Extremo Oriente, sobretudo na província chinesa de Fujian, mas também em Taiwan e no Sri Lanka. Os chás brancos são de cor clara, às vezes felpudos ao toque e, com frequência, ainda têm uma aparência "folhosa". Eles tendem a ser os mais delicados em termos de sabor e aroma e combinam bem com notas de fragrâncias fortes, como rosa ou jasmim. Como regra geral, os chás brancos são ricos em nutrientes e têm baixo teor de cafeína. Entretanto, nem sempre é o caso: alguns chás brancos premium, como o Silver Needle (Agulha de Prata), têm níveis de cafeína semelhantes aos do chá verde, pois os brotos jovens produzem cafeína conforme crescem, como uma forma de defesa contra pragas.

CHÁ VERDE

O chá verde tem um processamento peculiar, pois passa por uma etapa adicional de secagem para interromper a oxidação (ver a página 52). Isso preserva sua aparência verde e folhosa e seus níveis de antioxidantes, além de inibir o desenvolvimento da cafeína. Por esse motivo, os chás verdes têm sido aclamados como os chás saudáveis preferidos.

Historicamente, o chá verde foi a primeira variedade a ser desenvolvida e hoje é produzido em grandes quantidades na China e no Japão. Diferentes países têm os próprios métodos de secagem: alguns torram em frigideiras, enquanto outros usam vapor, dando a cada chá verde sabor e aparência únicos. O chá verde é um dos mais versáteis, com mais de 200 variedades. Alguns chás verdes também são enrolados em bolas apertadas, chamadas de *pellets* ou pérolas, que se abrem durante o preparo. A maioria dos chás verdes combina bem com sabores cítricos, notas torradas e fragrâncias leves de flores ou de mel.

CHÁ OOLONG

Essa variedade de chá é, em particular, parcialmente oxidada e muitas vezes enrolada. Os chás oolong compartilham algumas características com os chás verde e preto – eles têm notas de sabor leves, mas geralmente são mais complexos no sabor do que os chás verdes, não sendo tão fortes quanto os chás pretos. Os melhores chás oolong são tradicionalmente de Taiwan e rendem até oito infusões por chá. As folhas do oolong são caracteristicamente onduladas, retorcidas ou enroladas e têm uma leve tonalidade verde-acinzentada ou verde-azulada.

CHÁ PRETO

O chá preto é a variedade de chá mais comum, constituindo 90% do chá consumido no mundo ocidental e alcançando rapidamente o chá verde em outros lugares também. Os chás pretos são totalmente oxidados e, por isso, têm cor marrom-escura e maior teor de cafeína do que as outras variedades. As folhas em si são menores e mais finas do que as de outras variedades e, às vezes, podem ser cortadas em partículas menores, que parecem grânulos. Os chás pretos têm uma grande profundidade de sabor e geralmente são apreciados com leite.

CHÁ PU'ERH

O pu'erh é o uísque do mundo do chá – é envelhecido e complexo. Produzido tradicionalmente na província chinesa de Yunnan, suas folhas são compactadas em bolos ou tijolos para maturarem com o tempo. Quando o chá está pronto para ser bebido, pequenas quantidades podem ser retiradas do bolo ou tijolo, a fim de ser preparada uma xícara de cada vez. Os chás pu'erh têm uma combinação maravilhosa de notas de sabor e aroma, muitas vezes lembrando malte, chocolate ou café, mas com um leve frescor que é associado aos chás verdes.

OP
Blend de folhas inteiras, Orange Pekoe

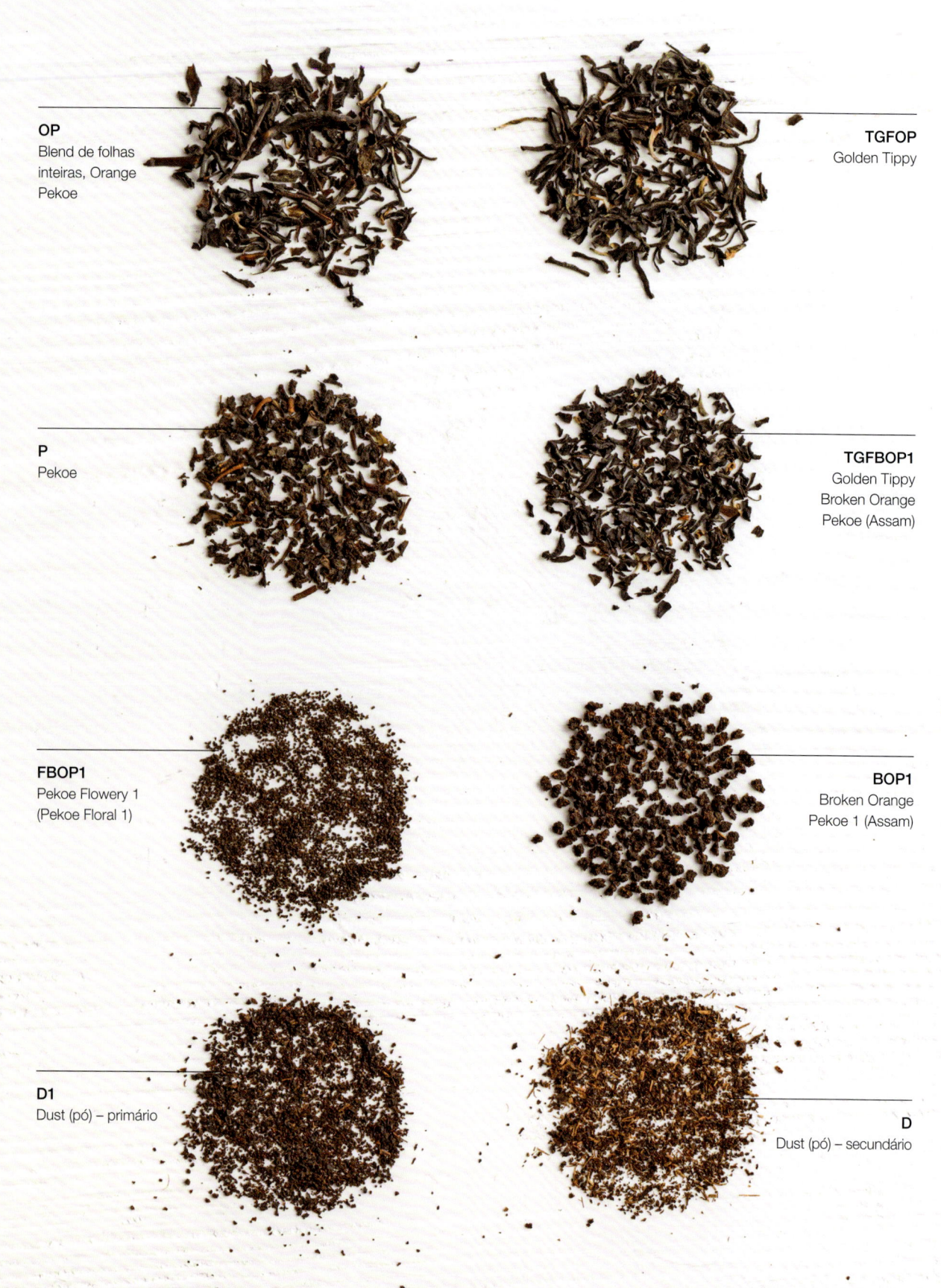

TGFOP
Golden Tippy

P
Pekoe

TGFBOP1
Golden Tippy Broken Orange Pekoe (Assam)

FBOP1
Pekoe Flowery 1 (Pekoe Floral 1)

BOP1
Broken Orange Pekoe 1 (Assam)

D1
Dust (pó) – primário

D
Dust (pó) – secundário

QUALIDADES DE CHÁ

As qualidades de chá são usadas para diferenciar o tamanho e a forma das folhas, bem como de que parte da planta a folha foi colhida. A classificação ocorre no último estágio do processamento, quando o chá é peneirado em uma malha para ser filtrado de acordo com o tamanho das partículas das folhas (ver a página 55). As folhas maiores ou as do topo da planta não são necessariamente melhores, mas essas qualidades afetam os sabores do chá final produzido. As classificações do chá podem ser úteis para ajudar a definir o preço dele no mercado, e as "mais altas" são um indicador de qualidade, embora nem sempre seja o caso.

A falta de um sistema de classificação universal pode dificultar a compreensão das qualidades dos chás e dos papéis que eles têm na indústria. Alguns países, como a China, utilizam números, enquanto outros, como o Japão, recorrem à região e às datas de colheita. Outros adotam palavras descritivas, o que pode ser confuso. O sistema de classificação desenvolvido pelas plantações administradas pelos britânicos na Índia e no Sri Lanka no século XIX, que usa letras como BOP (Broken Orange Pekoe), talvez seja o mais reconhecido e ainda é utilizado para a maior parte da produção de chá preto.

O SISTEMA "BRITÂNICO"

Em países como o Sri Lanka, que têm um rico histórico de produção de chás pretos para exportação, o sistema de classificação é baseado em letras que representam determinados termos. As classificações se enquadram em três categorias abrangentes: "folha inteira", "folha quebrada" e "folhas CTC (*crush, tear, curl*)" [amassar, rasgar e enrolar] e não necessariamente consideram a qualidade, mas sim o tamanho da folha. As folhas maiores, como as da qualidade Pekoe, estão em um nível mais alto no sistema de classificação e produzem um chá leve, mas perfumado. Os tipos menores de folhas quebradas, como o BOPF (Broken Orange Pekoe Fannings), ainda podem

---

ORTODOXAS *VERSUS* CTC

Depois de processadas, as folhas de chá são descritas como "ortodoxas", referindo-se à folha inteira ou às partículas da folha inteira. Entretanto, a fábrica pode optar por cortar o chá na última etapa do processamento. Isso envolve cortar e rasgar as folhas em partículas menores, que são então curvadas e enroladas em partículas tipo *pellet* (pequenas esferas), o que é útil se você quiser produzir chás pretos fortes e maltados que geralmente são tomados com leite. A maior área de superfície das partículas menores garante que a xícara fique cheia de sabor e o tempo de infusão é reduzido, o que também o torna perfeito para saquinhos de chá de alta qualidade. Uma vez cortado, o chá é chamado de CTC, ou *crush, tear, curl* (amassar, rasgar e enrolar).

QUALIDADES ORTODOXAS, SISTEMA "BRITÂNICO"

Países que usam este sistema de classificação incluem a Índia, o Sri Lanka e o Quênia. As abreviações a seguir são frequentemente utilizadas:

T – Tippy: contém as pontas das folhas e indica alta qualidade pelo fato de as folhas serem colhidas da extremidade da planta.
GF – Golden Flowery: indica a tonalidade dourada de algumas ou todas as folhas. Trata-se de um sinal de alta qualidade, pois essa cor é encontrada nas pontas de brotos e botões jovens colhidos durante os primeiros ciclos da estação.
F – Finest: usada para indicar o mais alto nível da qualidade em questão.

Classificações listadas em ordem, começando pela mais alta qualidade:

OP – Orange Pekoe: folhas inteiras e cheias.
FBOP – Flowery Broken Orange Pekoe: folhas inteiras partidas consistindo em partículas graúdas e, às vezes, algumas pontas.
BOP1 – Broken Orange Pekoe 1: folhas inteiras partidas com tamanho de partículas médio, muitas vezes com aparência retorcida.
Pekoe: folha partida e enrolada de tamanho de partícula médio.
BOP – Broken Orange Pekoe: pequenas partículas de folhas.
BOPF – Broken Orange Pekoe Fannings: partículas ainda menores que a BOP.
Dust 1: partículas pequenas, quase com aparência de pó.

QUALIDADES CTC, SISTEMA "BRITÂNICO"

BP1 – Broken Pekoe: a CTC de maior tamanho de partícula, com excelente sabor.
PF1 – Pekoe Fanning: partículas mais escuras e granulosas, um pouco menores que as da BP1.
PD – Pekoe Dust: partículas pequenas, mas encorpadas.
D1 – Dust: partículas muito pequenas, com maior força.
D – Dust: partículas muito pequenas formadas por folhas partidas.
BMF – Broken Mixed Fannings: alto em fibras, poucas folhas de chá presentes.

ser tão bons em termos de qualidade quanto o Pekoe, mas suas partículas menores de folhas produzem um chá muito mais escuro e forte.

O pó (*dust*), o grau mais baixo ou de menor tamanho de partícula, pode conter fragmentos de folhas de vários tamanhos e também de veias e caules. É o mais fácil e barato de produzir, mas, em vez de ser considerado de baixa qualidade, o pó pode, na verdade, ser o chá "forte e escuro" mais desejável, procurado para exportação por muitos países europeus.

CHÁS DE ORIGEM ÚNICA

As folhas de chá cultivadas em um único local e geralmente obtidas durante a mesma colheita são conhecidas como chás de origem única. Geralmente cultivados em fazendas especializadas, esses chás são sinônimos de boa qualidade e preço mais elevado.

O conceito é semelhante ao do vinho de boa qualidade, em que as uvas cultivadas em um vinhedo são utilizadas para produzir uma variedade de vinho, geralmente com o mesmo nome. Cada vinhedo tem como objetivo que seu nome se torne conhecido pela qualidade e pela exclusividade de suas uvas. Da mesma forma que seus colegas do vinho, os conhecedores de chá gostam de explorar e desenvolver seus gostos para descobrir suas fazendas de chá e safras favoritas.

É fácil entender como esses chás de origem única têm o preço alto ao considerar que eles geralmente são colhidos à mão e, muitas vezes, têm apenas algumas semanas por temporada com as condições perfeitas de colheita. Algumas semanas de mau tempo, além de outros fatores de risco, como pragas, doenças ou greves trabalhistas, podem acabar com uma colheita inteira. É por isso que é muito mais seguro para a maioria dos produtores comerciais de chá não assumirem esses riscos, criando misturas de chás de várias origens, às vezes de até 40 locais diferentes.

CHÁS DE ORIGEM ÚNICA MAIS CONHECIDOS

Alguns dos chás de origem única mais conhecidos são:
Darjeeling – de Darjeeling, Índia.
Assam – de Assam, Índia.
White Silver Needle (Bai Hao Yin Zhen) – (chá branco Agulha de Prata) da província de Fujian, China.
Gyokuro – de Uji, Japão.
Dragon Well – (Poço do Dragão) da província de Zhejiang, China.

Colhedores de chá colhem folhas na fazenda de chá Makaibari em Kurseong, Darjeeling, Índia, fundada na década de 1850. Em 2014, seu chá Silver Tips Imperial, um oolong leve, tornou-se o chá indiano mais caro já vendido.

BLENDS DE CHÁ

Um blend de chá refere-se simplesmente a uma mistura de dois ou mais tipos de chá, ou outros ingredientes, que são combinados para produzir um sabor desejado. Existem inúmeras variedades de blends de chá, e são criadas novas opções o tempo todo por empresas de chá em busca do próximo grande blend.

Às vezes, os blends também podem ser perfumados, geralmente com notas florais como rosa ou jasmim (como exploraremos mais adiante – na página 107), e podem ser misturados com outros ingredientes além da planta do chá, como ervas ou flores. Talvez as misturas de chá mais famosas sejam o English Breakfast (café da manhã inglês) e o masala chai, e entre os blends de chá perfumados mais famosos estão o chá de jasmim e o Earl Grey.

ENGLISH BREAKFAST

O chá do café da manhã inglês costuma ser misturado com três ou mais variedades de chá preto, em geral de países diferentes, normalmente do norte da Índia, do Sri Lanka, do Quênia, de Ruanda e da província chinesa de Yunnan. Como o nome sugere, essa mistura de chá foi desenvolvida pelos britânicos para atender a seus gostos e dieta – um chá para ser tomado com leite e apreciado com alimentos densos e doces, como bolos ou scones. Naturalmente, as plantações de chá preparadas para produzir esses tipos de chá ficam em países que já fizeram parte do Império Britânico e foram estabelecidas durante a era colonial.

MASALA CHAI

A palavra *chai* significa "chá" em muitos idiomas asiáticos e indianos, e *masala* significa "uma mistura de especiarias". O masala chai é um blend de chá feito com uma mistura de folhas de chá preto indiano e especiarias, como pimenta, gengibre, cardamomo e canela. Tradicionalmente, é preparado em uma panela grande de leite, com as folhas de chá, especiarias e bastante açúcar, fervido de maneira lenta no fogão (ver a página 119).

EARL GREY

O Earl Grey é feito de chá preto, geralmente uma folha de sabor mais suave produzida na China, na Índia ou no Sri Lanka, e perfumado com óleo da planta da bergamota. A bergamota é nativa do Sudeste Asiático, mas foi introduzida posteriormente na Europa, onde é produzida comercialmente para ser utilizada no setor de perfumes e também para perfumar o chá. O óleo natural é extraído do fruto da planta da bergamota, que é semelhante a uma laranja – suas notas leves e cítricas são bem adequadas para perfumar o chá –, embora, se usado em excesso, pode acabar tendo o sabor de "sabão" às vezes associado ao blend Earl Grey. O nome do chá e sua ampla popularidade são creditados a Earl Grey, primeiro-ministro da Grã-Bretanha na década de 1830, que teria desenvolvido um gosto por ele depois de visitar a China.

CHÁ DE JASMIM

Este é um dos chás perfumados mais famosos. Originário da província chinesa de Fujian, o chá de jasmim é criado colocando-se flores de jasmim por cima ou ao

Ingredientes utilizados no chai incluem (em sentido horário, começando do topo) grãos de pimenta, anis estrelado, cardamomo, canela, cravo e (ao centro) folhas de chá preto.

MITOS SOBRE O EARL GREY

Existem muitos mitos sobre a origem desse blend de chá, incluindo um que diz que Charles Grey, o 2º Earl Grey, foi presenteado com o primeiro blend de Earl Grey por um aristocrata chinês após salvá-lo (ou salvar seu filho, dependendo da versão da história). No entanto, isso é improvável, pois a planta da bergamota não era conhecida na China em 1800. É mais provável que o conde tenha desenvolvido o gosto por chás perfumados durante uma visita diplomática à China, onde os chás perfumados eram muito populares na época, e que, ao retornar à Grã-Bretanha, ele tenha ido em busca de outros chás perfumados para desfrutar deles. A bergamota era muito disponível na Grã-Bretanha, pois era utilizada na perfumaria. Outro mito sugere que o aroma foi acidental, resultado do armazenamento das folhas de chá ao lado de bergamotas durante o transporte da Ásia para a propriedade do conde. Também é possível que o chá perfumado tenha sido desenvolvido para ser vendido às classes mais baixas, talvez como uma forma de disfarçar o chá de baixa qualidade ou mascarar a água de gosto ruim, e tenha sido batizado com o nome do conde como uma jogada de marketing de uma empresa de chá do século XIX.

Charles Grey, 2º Earl Grey (1764-1845)

lado de folhas de chá recém-colhidas. As folhas de chá absorvem naturalmente os aromas a seu redor (é por isso que é preciso armazená-las em um recipiente hermético – ver a página 93), de modo que elas gradualmente começam a se imbuir do leve aroma floral. As flores de jasmim podem ser removidas antes de as folhas de chá serem secas e misturadas, ou podem ser deixadas a fim de contribuir ainda mais para o aroma, o sabor e a aparência do blend. O jasmim pode ser utilizado para perfumar todos os tipos de chá, mas geralmente é utilizado para perfumar os chás branco e verde, pois eles são leves o suficiente para equilibrar o aroma delicado, além de servirem como um bom calmante ao estômago e aos nervos. As pérolas de jasmim também são uma mistura de chá de jasmim muito apreciada (ver o quadro na página 32).

CHÁ FLORIDO

Um dos mais belos de todos os chás, o chá florido, às vezes também chamado de chá em flor, envolve a prática altamente especializada de amarrar e enrolar à mão folhas de chá e flores em um arranjo que se parece com uma flor em pleno desabrochar. O chá é então habilmente enrolado e amarrado em uma esfera de aproximadamente 5 cm de diâmetro, que é envolvida em folhas de chá simples, branco ou verde. Quando colocada em água quente, a esfera se abre magicamente, revelando a flor em seu interior. O chá em flor é tradicional da China e geralmente contém folhas de chá verde ou branco perfumadas.

CHÁ DA TARDE

Este é o nome de uma mistura de chá tomada como parte de uma tradição social muito apreciada, estabelecida pela alta sociedade londrina do século XVII, que consiste em uma refeição leve acompanhada de chá para afastar a fome entre o almoço e um compromisso de jantar mais tarde. Como regra geral, as misturas para o chá da tarde são à base de chá preto, leves e revigorantes, e devem complementar as comidas leves apreciadas na hora do chá. Elas também devem funcionar bem com leite e açúcar, portanto um chá preto límpido e equilibrado como o Ceilão é muito utilizado. Às vezes, as misturas de chá da tarde são perfumadas com notas florais, como rosa ou jasmim, para refletir suas origens no "jardim de chá inglês" da alta sociedade.

A importância que o ritual de beber chá passou a ter na Europa é retratada nesta pintura de 1778 intitulada *Chá da tarde*, do pintor flamengo Jan Anton Garemijn (1712-1799).

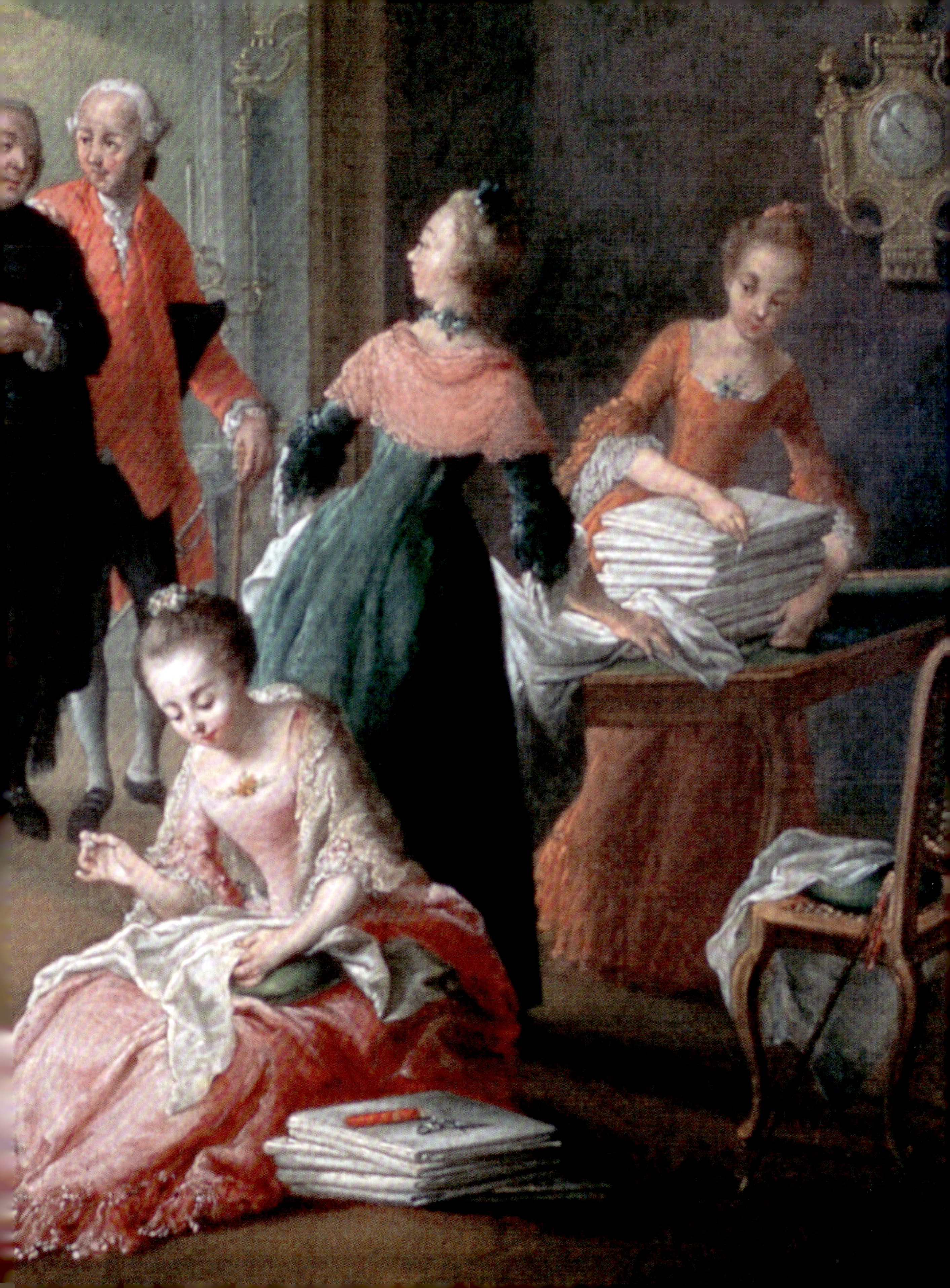

PÉROLAS E PÓLVORA

Você já deve ter se deparado com alguns nomes de chá bem inusitados – isso vem de uma antiga tradição de usar nomes muito literais para o chá. Por exemplo, o chá perolado, como pérolas de jasmim ou pérolas de dragão, tem esse nome porque a aparência das folhas é semelhante ao tamanho e ao formato de pérolas. As folhas de chá são enroladas à mão e, muitas vezes, amarradas à mão, formando bolinhas do tamanho de pérolas que se desfazem delicadamente quando são preparadas – é lindo de ver! O ato cuidadoso de enrolar e amarrar à mão também demonstra o caráter luxuoso e especial do chá.

O chá de pólvora tem esse nome porque os pequenos grânulos enrolados de chá verde se assemelham à pólvora.

Embora a beleza estética do chá enrolado não deva ser ignorada, há razões muito mais práticas para arrumar as folhas nesse formato. A primeira razão é que o formato pode ser armazenado e transportado com mais facilidade. O segundo motivo, e mais importante, é que enrolar as folhas em bolas sela os sabores e os aromas que se desenvolveram durante o processamento e, no caso das pérolas de jasmim, o aroma que foi adicionado, pronto para ser liberado quando desenrolado na xícara.

Talvez seja por isso que algumas pessoas acreditam que o chá de pólvora tem esse nome menos pelo formato e mais pela explosão de sabor e aroma quando é preparado.

Pérolas de jasmim

Chá em rolos soltos

Chá de pólvora

RUSSIAN CARAVAN E LAPSANG SOUCHONG

O lapsang souchong é um chá preto chinês com sabor e aroma pungentes e defumados característicos, criados pela secagem das folhas na fumaça da madeira de pinheiro. O chá Russian Caravan (caravana russa) também é conhecido por seus sabores maltados e defumados e pela bebida escura, cor de cobre, mas é composto por uma mistura de chás, geralmente Keemun, Yunnan e outros chás chineses. Esses chás não são defumados, como o lapsang souchong, mas tradicionalmente adquiriam aromas de acampamento enquanto eram transportados pelas caravanas de chá que percorriam as rotas comerciais entre a Rússia e a China (ver a página 60). O fogo do acampamento e os odores de animais teriam tempo suficiente para serem absorvidos pelas folhas de chá, pois a viagem durava ao menos 6 meses.

Mais recentemente, tornou-se comum encontrar o lapsang souchong em blends de chá de Russian Caravan como uma forma de realçar seus sabores defumados ou para os chás Keemun ou Yunnan serem realçados por sabores defumados antes de serem misturados.

ORANGE PEKOE

A maioria das empresas especializadas tem um chá chamado orange pekoe, o que levou ao mal-entendido comum de que ele se refere a uma variedade de chá ou a um blend. Entretanto, o orange pekoe não é um chá específico, refere-se a uma classificação de folha, geralmente abreviado como "OP" (ver a página 25). A qualidade orange pekoe é comumente utilizada para o chá preto, seja do Ceilão, de Yunnan ou uma mistura dos dois. As empresas de chá costumam chamar de "orange pekoe" qualquer mistura de chá preto que contenha algumas folhas de orange pekoe, e, assim, de maneira confusa, tornou-se um rótulo comum para qualquer chá preto.

TISANAS

INGREDIENTES COMUNS EM TISANAS

Flores
Calêndula
Camomila
Jasmim
Rosa

Ervas e especiarias
Cravo
Gengibre
Hortelã
Sálvia

Raízes
Chicória
Alcaçuz

Cascas
Canela

Frutas
Limão (siciliano)
Laranja
Morango

Comumente conhecidos como infusões, chás de ervas ou chás de frutas, as tisanas não contêm, de fato, a folha da planta do chá, mas costumam ser apreciadas da mesma maneira que ele. Uma grande variedade de ervas, flores, frutas, raízes e cascas pode ser usada como ingrediente. Antes do advento da medicina convencional, as tisanas – às vezes chamadas de chás – feitas com a mistura desses ingredientes naturais eram utilizadas em muitas culturas para fins de saúde e cura. Os herboristas chineses, em particular, afirmam que quase todos os males e doenças podem ser acalmados por um remédio natural à base de ervas, às vezes tomado na forma de uma bebida quente semelhante a um chá. As tisanas também são populares como uma forma naturalmente sem cafeína de desfrutar de uma bebida quente.

Lavanda

Camomila

Pétalas de rosas

Hortelã

VARIEDADES, QUALIDADES E BLENDS

ROOIBOS

Uma planta arbustiva nativa da África do Sul, o rooibos (*Aspalathus linearis*) significa literalmente "arbusto vermelho" – uma descrição bastante apropriada, pois as folhas, que começam com um suculento tom de verde, adquirem uma cor vermelha terrosa depois de processadas. Elas são colhidas, oxidadas e secas e, em seguida, infundidas em água quente, de maneira semelhante à planta do chá. Também é possível obter chá de rooibos não oxidado, às vezes chamado de rooibos verde, embora seja muito menos comum. O chá de rooibos é apreciado na África do Sul há muitos anos e foi processado comercialmente pela primeira vez no século XVIII. Ele é naturalmente isento de cafeína e combina muito bem com leite e açúcar, o que o torna uma alternativa popular e sem cafeína ao chá preto com leite. Também é rico em antioxidantes e, por isso, é com frequência visto como uma alternativa saudável ao chá. Curiosamente, ele é, ainda, um ótimo esfoliante natural para a pele do rosto ou do corpo.

MATE

Outra planta com folhas semelhantes à planta do chá, a erva-mate (*Ilex paraguariensis*) é nativa da América do Sul e apreciada em todo o continente como ingrediente em uma variedade de bebidas, desde chás quentes até bebidas energéticas gaseificadas. Tradicionalmente, o mate é servido em uma cabaça (uma tigela oca de casca de sementes) e bebido por meio de uma bombilla (um canudo de metal com filtro), sendo carregado preso ao quadril de quem está bebendo. É comum que as folhas verde-claras sejam infundidas de novo ao longo do dia, bem como misturadas com outras ervas ou servidas com gelo. As folhas de mate são naturalmente muito estimulantes, pois contêm cafeína, assim como o chá, e dizem que ajudam na concentração, na clareza mental e nos níveis de energia.

Mate

Rooibos

Ao lado: Popular em toda a América do Sul por suas qualidades estimulantes, o mate geralmente é tomado com um canudo de metal, chamado bombilla, que tem um filtro embutido para separar a infusão de mate dos gravetos e das folhas.

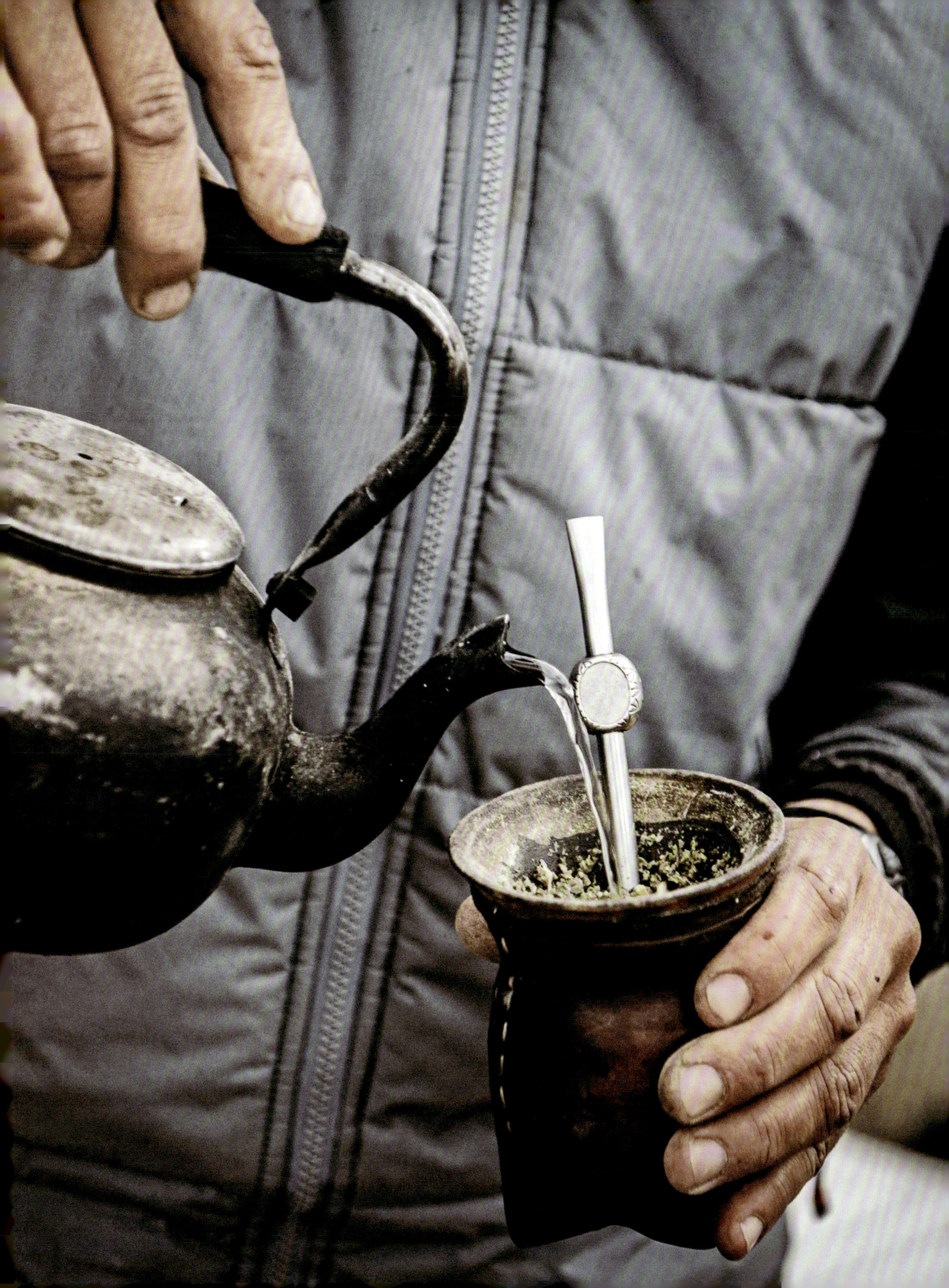

COLHEITA

Há muitos fatores que determinam a qualidade final do chá,
incluindo as condições de cultivo, processamento e armazenamento,
mas talvez o mais importante seja a própria folha do chá.
É importante colher as folhas perfeitas, com o método certo,
na época exata do ano, e que as folhas sejam processadas o mais rápido
possível após serem colhidas. A colheita é feita por colhedoras
de chá habilidosas, geralmente mulheres, cujas habilidades foram
passadas de geração em geração.

FAZENDAS E PROPRIEDADES DE CHÁ

Há dois tipos principais de sistemas de cultivo de chá: a fazenda de chá e a propriedade de chá, esta última às vezes chamada de plantação.

Tipicamente, uma plantação ou propriedade de chá é uma grande área sob o controle de uma organização central com vários campos onde os cultivos são feitos. Esse sistema é comum em lugares como Sri Lanka e Índia, onde muitos vilarejos estiveram sob o controle central de empresas coloniais de chá. Essas empresas foram criadas em especial pelos britânicos e rapidamente compraram a maior parte das terras para formar grandes propriedades que compartilhavam uma fábrica central onde ocorria o processamento.

Em geral, há uma estrutura hierárquica clara em uma plantação, com o gerente tradicionalmente alojado em um luxuoso bangalô no terreno. Os trabalhadores dos campos e da fábrica são funcionários da empresa que administra a plantação e, muitas vezes, também comem e dormem no local. Embora ainda hoje os proprietários e gerentes das plantações desfrutem de estilos de vida muito luxuosos em comparação com os dos trabalhadores, há menos mentalidade de "clube dos cavalheiros" em uma propriedade moderna.

Uma fazenda de chá, ou um conjunto de fazendas de chá, tende a ser administrada por um indivíduo e sua família, às vezes com a ajuda de trabalhadores da comunidade local. O agricultor é responsável por todos os aspectos da manutenção de seus campos, bem como pelo cultivo e pela colheita das plantas de chá. Não é comum que uma fazenda de chá tenha a própria fábrica ou instalação de processamento; portanto, geralmente há uma fábrica comunitária compartilhada por algumas vilas e seus agricultores, ou os agricultores vendem suas folhas colhidas, mas não processadas, a uma empresa ou propriedade próxima para serem processadas e vendidas. Fazendas de chá e coletivos de fazendas de chá são mais comuns em lugares como Japão, Quênia e algumas regiões da Índia.

Abaixo: Esta fotografia, tirada por volta de 1900 no Sri Lanka (chamado, à época, de Ceilão), mostra trabalhadores carregando os carros de boi com caixas de chá.

Vigiados por supervisores, colhedores fazem a triagem de folhas frescas de chá em uma plantação fundada pelo empresário britânico Thomas Lipton no Ceilão (atualmente Sri Lanka), por volta de 1900.

A VIDA DE UM COLHEDOR DE CHÁ

Na maioria dos países produtores de chá, ainda é muito comum que a força de trabalho das fazendas e fábricas seja composta principalmente de mulheres, mas alguns homens também estão começando a se dedicar à função. Na maior parte das plantações estabelecidas pelo Império Britânico (por exemplo, na Índia, no Sri Lanka e em algumas plantações africanas), ainda existe um sistema tradicional do "útero ao túmulo". Esse sistema e o funcionamento das plantações foram fortemente influenciados pela estrutura militar hierárquica que prevaleceu no Império Britânico durante a época de seu estabelecimento. O trabalho é árduo e os salários continuam baixos até hoje, mas a força de trabalho é cuidada pela propriedade desde o nascimento até a morte. As propriedades fornecem moradia, alimentação e, às vezes, educação para sua força de trabalho, e todos os membros da família estão incluídos nessa proteção, com as novas gerações também tendo a garantia de um emprego vitalício.

Os trabalhadores das propriedades no Sri Lanka e na Índia podem colher até 10 horas por dia, 6 dias por semana e em qualquer clima. Espera-se que eles colham mais de 16 kg de chá por dia, no mínimo, mas muitos são forçados a colher mais de 25 kg. O pagamento diário é de aproximadamente 2 dólares e espera-se que os colhedores trabalhem até a velhice.

Nos últimos anos, algumas melhorias foram feitas na vida dos colhedores de chá em vários países, incluindo salários mais altos e melhores condições de vida, bem como equipamentos aprimorados, como luvas e mochilas para substituir as cestas de vime que machucavam o pescoço com suas alças de transporte que passavam pela testa. Nos países em que a educação é obrigatória para todas as crianças, a propriedade também deve garantir que isso seja cumprido. No entanto, em algumas regiões, não é incomum que as meninas comecem a trabalhar nos campos de chá a partir dos 14 anos de idade, e ainda há um longo caminho a ser percorrido antes de podermos dizer que houve melhorias significativas e consistentes em todo o setor.

A introdução de certificações como a Rainforest Alliance (ver a página 68) e a Fairtrade (ainda na página 68) também incentivou os donos das propriedades a construírem relacionamentos com seus trabalhadores, ensinando-os sobre seu ambiente, seu trabalho e sua economia. As certificações também exigem que sejam feitas melhorias nos prédios e no maquinário para facilitar a vida dos trabalhadores da propriedade. Muitas fazendas observaram uma diminuição nas greves e um aumento na produtividade como resultado da introdução dessas alianças, pois os trabalhadores têm mais satisfação em suas funções, um ambiente de trabalho mais fácil e seguro e um melhor relacionamento com as empresas para as quais trabalham.

COLHEITA

COLHEITA MANUAL

A colheita manual das folhas de chá é o método tradicional de coleta das folhas para processamento. Tradicionalmente, a colheita do chá era uma função feminina, pois as mulheres eram consideradas mais hábeis no manuseio das folhas delicadas e os homens em geral estavam cultivando ou trabalhando na fábrica de chá. Embora as mudanças no estilo de vida tenham provocado uma redistribuição de papéis, com mais mulheres trabalhando nas fábricas e alguns homens participando da colheita, em muitos países, como o Sri Lanka, a força de trabalho da colheita ainda é predominantemente feminina.

Para produzir a maioria das variedades de chá, os colhedores procuram apenas as duas folhas superiores e o broto da planta. As folhas perfeitas ficam verde-claras e ainda um pouco enroladas e macias, quase felpudas, ao toque. As folhas inferiores, que são muito mais escuras, são muito finas e não são adequadas para a produção da maioria dos chás.

O método para arrancar as folhas de chá é semelhante ao movimento realizado para arrancar a tampa de uma garrafa. Se feita corretamente, essa técnica fará que o broto se solte na palma da mão sem a necessidade de força ou unhas. O arrancamento é feito com as duas mãos simultaneamente e, quando as duas palmas estão cheias de brotos, estes são gentilmente jogados em uma cesta carregada nas costas ou na cabeça.

Depois de colhido, o arbusto produzirá novos brotos em poucas semanas, e, se o clima for adequado para produzir chá constantemente durante todo o ano, eles serão colhidos a cada uma ou duas semanas.

Em áreas com clima mais variável, as colheitas são feitas sazonalmente, de uma a quatro vezes por ano. Em áreas onde o chá é colhido durante todo o ano, é comum a produção de diferentes tipos de chá durante a colheita de cada estação. Por exemplo, em muitas fazendas no Japão, a primeira colheita da primavera dura apenas um ou dois dias e produz o shincha, o chá verde mais procurado do ano. Em seguida, a colheita do final da primavera pode se voltar para o chá sencha, a colheita do verão pode ser para o bancha ou hojicha e a última colheita pode servir para o chá preto. Os agricultores também alteram as folhas que colhem da planta: os brotos mais finos são melhores para o shincha, mas, uma vez colhidos, desaparecem; no verão, as folhas um pouco mais baixas e duras são colhidas para o hojicha. Isso faz mais sentido do ponto de vista econômico, pois os produtores habilidosos sabem como adaptar seus métodos para garantir que seja extraído o máximo de suas plantas de chá a cada ano.

No final de cada temporada de colheita, os arbustos são podados até os talos marrons para estimular novos brotos. Isso facilita para os colhedores a identificação e a colheita das melhores folhas e garante que as plantas permaneçam saudáveis. Também ajuda a manter o formato curvo do arbusto, o que, mais uma vez, é útil para facilitar a colheita: os colhedores podem percorrer com facilidade os caminhos entre as fileiras e alcançar confortavelmente todos os lados do arbusto.

A cada 4 ou 5 anos, as plantas são submetidas a uma "poda profunda", quando são podadas até os galhos principais para estimular um novo crescimento e renovar as plantas.

COLHEITA MECÂNICA

Em países como Índia, Japão e China, a colheita com a ajuda de maquinário tem se tornado cada vez mais popular por três motivos principais:

1. Precisão e eficiência da colheita.
2. A mão de obra está se tornando mais escassa, pois os países que estão passando por um rápido crescimento econômico veem os trabalhadores se mudando para as cidades.
3. A colheita mecânica é muito mais econômica.

A máquina de colheita de chá mais comum é semelhante a um cortador de cerca viva, mas tem formato curvo e é operada por duas pessoas, que caminham pelas fileiras de chá, guiando-a pela parte superior. Toda a parte superior dos arbustos é cortada, com galhos e tudo, e a máquina sopra ar nas folhas, jogando-as em um saco preso atrás dela.

CHA

Cha é a palavra japonesa para "chá" e está presente na maioria dos nomes de chá japoneses, por exemplo: bancha, matcha, sencha, hojicha e genmaicha. O último nome é traduzido literalmente como "chá de arroz integral".

À esquerda: Usando as duas mãos, os colhedores de chá selecionam e colhem apenas as duas folhas do topo e o botão de cada broto em um arbusto de chá.

Em comparação com a colheita mecânica, o arrancamento manual é caro. No Sri Lanka, por exemplo, a mão de obra é responsável por mais de 60% do custo de produção. Uma grande máquina de colheita pode colher um campo de 1 hectare no Sri Lanka em um dia – seriam necessárias 60 a 90 pessoas para fazer isso no mesmo período.

Há argumentos a favor e contra essas máquinas, com muitos apontando que elas nunca poderiam se igualar à qualidade resultante da seleção manual de cada broto. Na maioria das áreas em que a colheita é realizada durante todo o ano e há uma força de trabalho acessível e prontamente disponível, até agora tem feito sentido continuar a seleção manual. Entretanto, em lugares como a China, há uma dependência da tecnologia para automatizar o processo o máximo possível, de modo que as pequenas comunidades agrícolas possam se dar ao luxo de produzir chá com equipes pequenas.

As principais preocupações são que as máquinas não sejam suficientemente seletivas e que as folhas sejam danificadas durante o processo. Para a maioria dos chás de qualidade média, isso não é realmente uma preocupação, pois as folhas serão classificadas, limpas e cortadas (por outras máquinas) durante o processamento de qualquer forma. Portanto, pode fazer sentido o uso de máquinas, em especial durante a época de pico da colheita.

No caso de alguns chás especiais de qualidade mais alta, como o White Silver Needle (Agulha de Prata – Bai Hao Yin Zhen), atualmente não há maquinário avançado o suficiente para selecionar apenas os novos brotos e arrancá-los delicadamente do caule no local exato. Para esse tipo de colheita de chá raro e luxuoso, é improvável que o arrancamento manual seja substituído em um futuro próximo.

Acima: A colheita automatizada, como é feita nesta plantação na Tailândia, é muito mais rápida do que a colheita manual, mas não é adequada para chás de qualidade superior que precisam do toque delicado e do olhar experiente do colhedor humano.

Os colhedores de chá em uma plantação perto de Haputale, no Sri Lanka, carregam mochilas leves e modernas, projetadas para serem mais seguras e confortáveis de usar do que as tradicionais cestas de vime, com alças de transporte que passam pela testa.

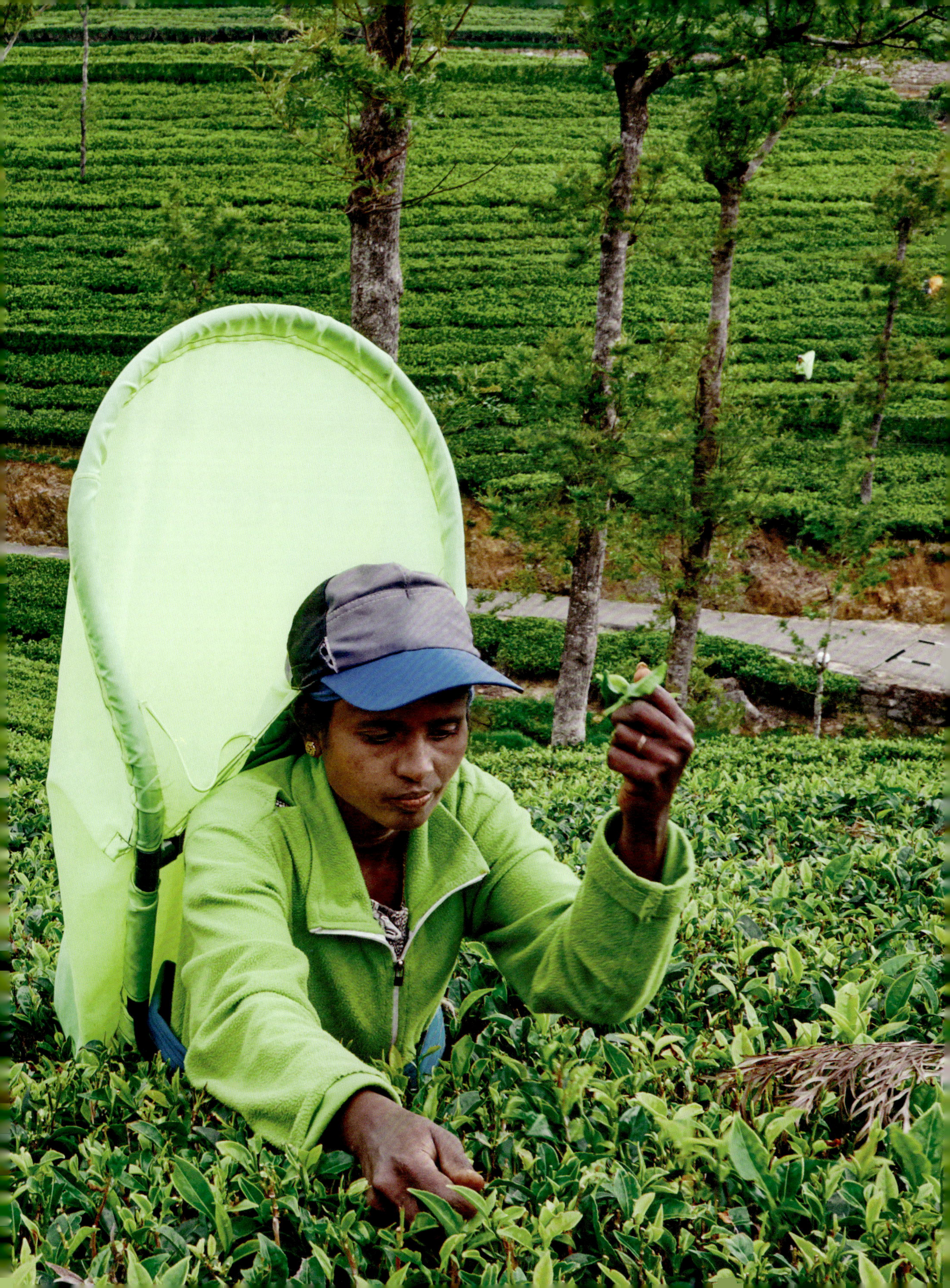

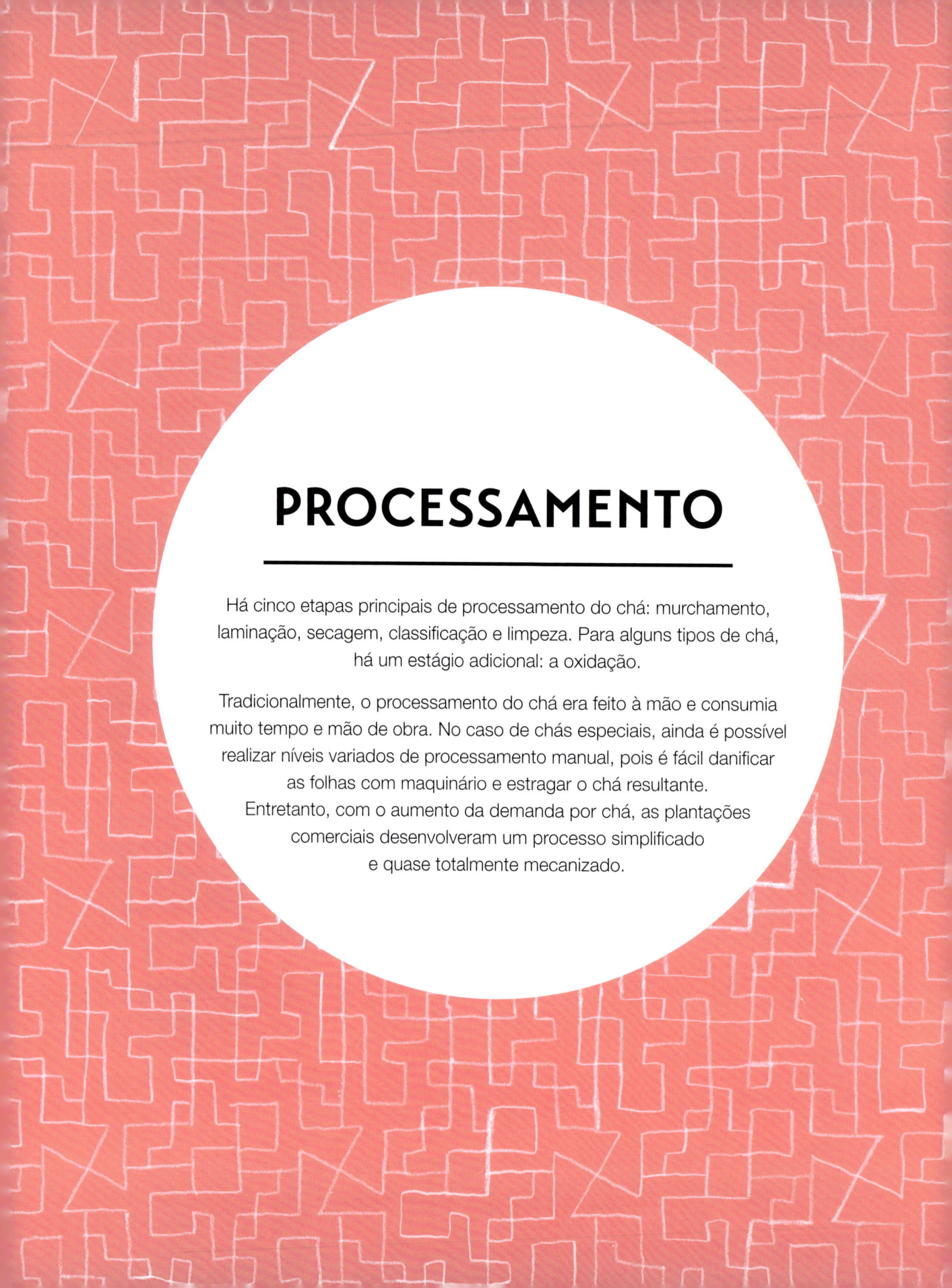

PROCESSAMENTO

Há cinco etapas principais de processamento do chá: murchamento, laminação, secagem, classificação e limpeza. Para alguns tipos de chá, há um estágio adicional: a oxidação.

Tradicionalmente, o processamento do chá era feito à mão e consumia muito tempo e mão de obra. No caso de chás especiais, ainda é possível realizar níveis variados de processamento manual, pois é fácil danificar as folhas com maquinário e estragar o chá resultante. Entretanto, com o aumento da demanda por chá, as plantações comerciais desenvolveram um processo simplificado e quase totalmente mecanizado.

O principal objetivo do processamento é reduzir o nível de água nas folhas. As folhas de chá frescas contêm quase 70% de água; portanto, para produzir 1 kg de chá, são necessários aproximadamente 4 kg de folhas. Combinadas, as etapas de murchamento, laminação (enrolamento) e secagem reduzem gradualmente a água contida nas folhas de chá para apenas 3%.

Diferentes métodos são utilizados e o maquinário é ajustado, dependendo da variedade de chá a ser produzida, e os vários métodos alteram radicalmente a aparência, o aroma e o sabor do chá final. As principais variedades produzidas são os chás branco, verde, oolong, preto e pu'erh (ver a página 57).

Na produção de chás preto, pu'erh e oolong, há um objetivo adicional no processamento: estimular a oxidação, que desenvolve mais o sabor e os compostos aromáticos. A etapa de oxidação é adicionada após a laminação, que estimula ainda mais essa oxidação ao machucar as folhas e quebrar suas paredes celulares (ver a página 47).

Antes de explorarmos o processamento do chá em mais detalhes, é importante observar que, embora a jornada de processamento seja semelhante, cada fábrica terá a própria variação de tempo, temperatura, maquinário e método em cada etapa da jornada.

De maneira ainda mais dinâmica, a maioria das fábricas varia mais esses fatores ao longo do ano, ou às vezes de um dia para o outro, a fim de ajustar o processamento à colheita. Muitos proprietários de plantações diriam que o controle desses fatores é a função mais habilidosa de todo o setor de chá e, mesmo em fábricas altamente mecanizadas, ainda são necessários anos de experiência para aprender a configurar cada etapa do processo com o intuito de produzir chás perfeitos.

Depois de colhidas, as folhas de chá são transportadas por caminhão para uma fábrica de processamento. É importante que as folhas sejam transportadas o mais rápido possível, pois elas começam a murchar assim que são colhidas.

Ao chegarem à fábrica, as folhas são pesadas para que seja possível controlar a quantidade de chá que está sendo colhida nos campos e produzida em cada lote. Em seguida, as folhas são transportadas, manualmente ou por uma esteira, para a sala de secagem.

Abaixo: Em uma fábrica de chá na província chinesa de Fujian, folhas de chá frescas são espalhadas em bandejas de bambu para murchar – a primeira de várias etapas que ajudam a reduzir o teor de umidade das folhas.

MURCHAMENTO

Na sala de secagem, as folhas são espalhadas ao longo de calhas por 8 a 14 horas, geralmente durante a noite. Nesse período, 35% da umidade é perdida, deixando as folhas moles e um pouco murchas, mas ainda verdes e de tamanho razoavelmente grande.

Tradicionalmente, a secagem ocorria nos pisos superiores da fábrica, e as melhores fábricas ficavam no topo de colinas para que a brisa natural ajudasse no processo de secagem. É por isso que muitas das fábricas de chá originais têm tantas janelas em seus andares superiores. No entanto, esse método pode levar dias e depende muito de um clima adequado, então foi abandonado em favor de tecnologias mais novas, como ventiladores de murchamento.

As folhas são colocadas em cima de uma tela de arame e os ventiladores de secagem bombeiam o ar pelas calhas. Se a noite estiver fria, às vezes o ar é aquecido um pouco, até cerca de 80°C. O controle da temperatura e do fluxo de ar, bem como a ação de virar as folhas algumas vezes, é importante para garantir um murchamento uniforme e evitar a formação de mofo.

A composição química da folha muda durante o murchamento, pois a perda de umidade e o início da oxidação começam a quebrar as moléculas e a ativar a atividade enzimática. Os níveis de clorofila começam a reduzir, enquanto os níveis de cafeína aumentam, e, o mais importante, são desenvolvidos os compostos aromáticos responsáveis pela criação do aroma e do sabor exclusivos do chá.

Na produção do chá verde, não há uma etapa prolongada de murchamento; em vez disso, as folhas vão direto à sala de laminação para serem aquecidas (ver o quadro "Matar o verde" na página 52). Durante a produção de chá branco, as folhas em geral são dispostas ao sol para murcharem mais lenta e naturalmente.

LAMINAÇÃO

Depois de murchas, as folhas são transportadas para a sala de laminação, seja manualmente ou por meio de calhas, até as máquinas de laminação nos pisos inferiores. As máquinas mais comumente utilizadas são grandes rotadores circulares que pressionam as folhas entre duas placas de madeira com ranhuras que as rasgam, apertam e machucam. As máquinas de laminação podem processar até 25 kg por vez e levam cerca de 20 minutos.

A laminação serve a três propósitos:
1. Esprema para retirar ainda mais umidade.
2. Quebra as células das folhas para estimular uma oxidação mais rápida e completa, provocando o desenvolvimento de "sucos de chá" (ou compostos de sabor) aromáticos e saborosos. Depois de secas, as folhas enroladas retêm esse sabor e aroma, prontos para serem liberados mais tarde, quando se abrirem na xícara.
3. Altera a aparência e o tamanho das folhas, o que pode modificar a força e também ajudar a estabilizar e preservar as folhas para o transporte e o armazenamento.

À esquerda, acima: Folhas frescas de chá sendo transportadas para a sala de secagem na Fábrica de Chá Dambatenne, no Sri Lanka. Construída por Thomas Lipton, a fábrica emprega 2 mil funcionários.

À esquerda, abaixo: Na sala de murchamento, as folhas de chá são então espalhadas uniformemente sobre uma tela de arame em calhas de cerca de 1,2 a 1,5 m de largura, onde murcharão por até 14 horas.

Ao lado: Após o estágio de murchamento, as folhas são transportadas para a sala de laminação, onde são espremidas entre placas ranhuradas em máquinas de laminação.

Depois de laminadas, é necessário peneirar as folhas por tamanho e formato e enviar as maiores de volta ao rolo. Isso se chama quebra do rolo e, às vezes, é considerada uma etapa à parte. A quebra do rolo pode ocorrer até quatro vezes, cada vez com pressão crescente, e a cada vez o chá é peneirado no tamanho e no formato corretos.

Antes da invenção das máquinas de laminar, esse processo era feito à mão e envolvia passar mais de 8 horas sacudindo, agitando em cestas ou amassando as folhas, com movimentos muito semelhantes aos de sovar e enrolar massa de pão.

Os chás verdes passam por um estágio adicional de secagem antes de serem laminados, caso seja necessário. Alguns chás verdes não são laminados e os chás brancos nunca são laminados, a não ser para fins de aparência, como é o caso, por exemplo, das pérolas de jasmim dragão, que são enroladas e amarradas à mão.

Na maior parte da produção comercial de chá verde, as folhas são passadas lentamente por uma máquina rotativa aquecida que fica sobre brasas a 65°C. Isso é chamado de "primeira secagem", "queima" ou "matar o verde" e serve para reduzir a umidade da folha em 20%, interrompendo a oxidação antes que as folhas passem para a máquina de laminar (ver o quadro "Matar o verde" na página 52).

OXIDAÇÃO

Todas as folhas de chá terão passado por uma pequena quantidade de oxidação natural durante as etapas que já discutimos, mas, para a maioria dos chás oolong, preto e pu'erh, é necessária uma oxidação adicional. Essa etapa às vezes é chamada de fermentação.

Quando as folhas atingem o tamanho e o formato desejados nas máquinas de laminação, elas são colocadas para oxidar, geralmente em longas mesas de cimento, mas às vezes no piso frio da fábrica. O período de oxidação pode ser de 30 minutos a 5 horas, dependendo do resultado desejado. Os trabalhadores habilidosos da fábrica sabem quando a fermentação está completa cheirando as folhas.

As fábricas precisam determinar a hora ideal do dia para processar seus chás, dependendo do clima local. Se estiver muito quente, as folhas podem fermentar demais e muito rapidamente, arruinando o sabor. Por exemplo, na região de Nuwara Eliya, no Sri Lanka, cujas fábricas são especializadas na produção de chás leves e perfumados, o processamento do chá é feito no início da manhã para evitar as horas mais quentes do dia.

Após a oxidação, as folhas ficam com uma aparência muito diferente da inicial, com cor mais escura e tamanho menor, além de um aroma distinto.

AS ETAPAS DO PROCESSAMENTO DO CHÁ

Depois que as folhas de chá são colhidas, elas são enviadas para uma fábrica a fim de serem processadas. As principais etapas do processamento do chá são o murchamento, a laminação, a oxidação, a secagem, a limpeza e a classificação. No entanto, nem todos os tipos de chá passam por todas essas etapas: alguns chás passam por apenas uma ou duas delas, enquanto outros passam por todas as seis antes de serem embalados em sacos de papel revestidos de alumínio, prontos para o transporte – tudo depende da aparência, do aroma e do sabor desejados para o chá que está sendo produzido.

1 MURCHAMENTO

As folhas são transferidas para uma sala de secagem, onde são colocadas em prateleiras de malha de arame em calhas. Os ventiladores bombeiam o ar para baixo através das calhas. A temperatura do ar e a taxa de fluxo são monitoradas e controladas para garantir uma secagem uniforme. As folhas também são viradas algumas vezes a fim de evitar o aparecimento de mofo durante a secagem.

O chá branco geralmente é colocado ao sol para secar e não passa por nenhuma outra etapa de processamento.

FOLHAS FRESCAS

As folhas de chá recém-colhidas são transportadas – rapidamente, pois começam a murchar no momento em que são colhidas – para a fábrica, onde são pesadas.

PARTE UM FUNDAMENTOS DO CHÁ

MATAR O VERDE

Depois de murchar, os chás verde e oolong passam por uma primeira etapa de secagem. "Matar o verde" é o processo de aquecimento que desativa enzimas nas folhas de chá para interromper a oxidação.

Vários métodos diferentes de secagem podem ser utilizados nessa etapa, desde a torrefação e o aquecimento em panelas até o cozimento das folhas no vapor ou o assamento no forno.

2 LAMINAÇÃO

Em seguida, as folhas são transferidas para a sala de laminação, onde são prensadas em máquinas específicas. Isso retira mais umidade e quebra as células das folhas.

Antes de existirem as máquinas de laminação, os funcionários das fábricas de chá tinham que sacudir ou jogar as folhas em cestos por muitas horas ou amassá-las manualmente.

ENROLAMENTO À MÃO

Alguns chás ainda hoje são enrolados à mão, mas menos como um método para reduzir o teor de umidade do que por razões de sabor e estética – chás verdes e oolong de alta qualidade são cuidadosamente enrolados em pequenas pérolas.

PROCESSAMENTO

3 OXIDAÇÃO

As folhas são então colocadas em uma mesa ou no chão para oxidar, um processo enzimático que afeta o sabor e o aroma do chá, bem como sua aparência.

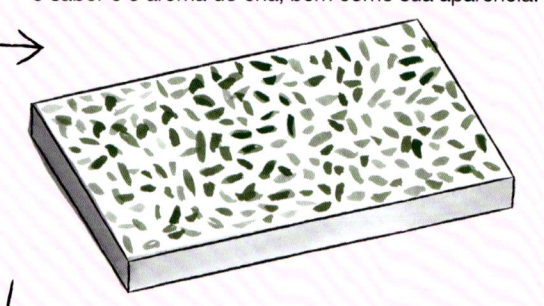

Os chás pretos são totalmente oxidados, mas o processo é interrompido mais cedo na produção de chás oolong, que são, portanto, apenas parcialmente oxidados. O grau de oxidação varia de acordo com o resultado desejado.

Os chás verde e branco não passam por essa etapa de oxidação.

4 SECAGEM

Para interromper o processo de oxidação e reduzir ainda mais o teor de umidade, as folhas passam por secadores de esteira ou fornos. Depois de seco, o chá pode ser guardado na prateleira – os sabores permanecerão como estão até que o chá seja preparado.

Para os chás verdes, que já passaram pelo processo de "matar o verde", isso marca uma segunda etapa de secagem, e alguns chegam a passar por uma terceira.

EMPILHAMENTO ÚMIDO

No passado, os chás pu'erh fermentavam durante a longa viagem da China pela Rota do Chá e dos Cavalos. Hoje, os chás pu'erh passam por um processo de amadurecimento muito mais rápido, semelhante ao da compostagem.

PRENSA E ENVELHECIMENTO

Após a secagem, os chás pu'erh são prensados em bolos ou tijolos e deixados para envelhecer em um local fresco e úmido.

POLIMENTO (APENAS CHÁS VERDES)

Logo antes de serem embalados, alguns chás verdes são polidos em tambores de polimento por algumas horas. Isso dá às folhas um brilho prateado – uma aparência preferida em alguns mercados –, mas não altera o sabor.

5 LIMPEZA

Os talos, as fibras e as veias são removidos das folhas secas durante o processo de limpeza. Esses resíduos costumam ser reaproveitados posteriormente como adubo.

6 CLASSIFICAÇÃO

As folhas de chá limpas são então classificadas. As máquinas de classificação contêm camadas de malha de tamanho crescente e vibram, permitindo que as folhas sejam separadas de acordo com o tamanho delas.

7 EMBALAGEM

Na sala de embalagem, as folhas de chá são embaladas em sacos revestidos com alumínio. Esses sacos são então carimbados com a classificação ou qualidade, o peso, a data da embalagem e a origem do chá.

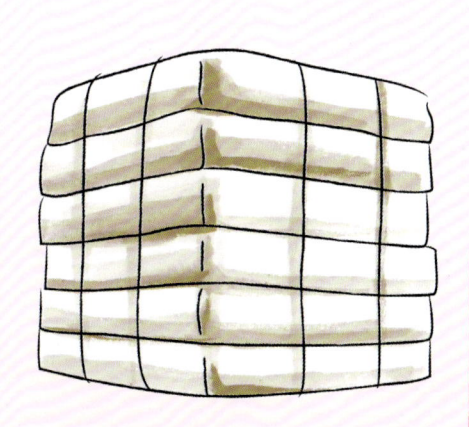

A ciência por trás da oxidação

O processo de oxidação é uma reação enzimática que altera a estrutura química da folha e o sabor, o aroma e a aparência do chá.

Depois que a folha é arrancada do caule, ela não pode mais ser nutrida pelas reações químicas normais que ocorrem na planta e, portanto, começa a quebrar os carboidratos e as proteínas armazenados. Quando laminadas, as células da superfície se rompem, liberando enzimas (polifenóis) que absorvem oxigênio e produzem compostos de sabor e aroma: teaflavinas e tearubiginas (ver a página 20). Eles ajudam a criar um sabor limpo e fresco, além de dar corpo ao líquido do chá e tornar a folha mais escura. O aquecimento desativa as enzimas oxidativas, interrompendo o processo de oxidação e preservando o novo sabor e os compostos aromáticos.

SECAGEM

O estágio final de secagem é utilizado para interromper o murchamento ou a oxidação da folha e para preservá-la em uma forma estável até que chegue à sua xícara. Alguns métodos de secagem, como a defumação, também podem ser adotados para dar sabor às folhas, enquanto outros podem ser utilizados para interromper a oxidação no início do processo (ver o quadro "Matar o verde" nesta página).

Há uma variedade de métodos de secagem, específicos de cada país e região, cada um alterando o aroma, a aparência e o sabor da folha e da bebida final do chá. Os mais comuns são a secagem em forno ou esteira, torrefação ou frigideira, vaporização, defumação e secagem natural ao sol ou ar quente.

O método de secagem mais comum para chás pretos é passar as folhas por um forno comercial em uma esteira de movimento lento. Os fornos são aquecidos a 88-113°C e as folhas descem lentamente pelas prateleiras ou, às vezes, em um movimento circular, reduzindo a umidade em mais 30%. Os processos químicos que ocorrem na folha já foram interrompidos e o nível de umidade está em torno de 3%. As folhas de chá permanecerão como estão até serem preparadas em sua xícara.

Para os chás verdes, essa é uma segunda etapa de secagem, e as folhas podem passar ainda por uma terceira e última etapa. Isso pode ocorrer durante a noite em máquinas cilíndricas semelhantes a betoneiras. Essas máquinas giram suavemente as folhas, fazendo que elas se enrolem.

A maioria dos chás brancos é seca sem o uso de fornos ou estufas; eles são simplesmente colocados para secar naturalmente ao ar quente, em geral em esteiras de bambu. Isso mantém o delicado equilíbrio de sabor e nutrientes nas folhas de chá branco.

"MATAR O VERDE"

A palavra em mandarim *shaqing*, que significa "matar o verde", é o processo de aquecimento e desativação das enzimas na folha para interromper a oxidação. Aplicado principalmente aos chás verde e oolong, essa primeira etapa de secagem em geral envolve virar as folhas à mão em uma panela ou uma wok, assá-las em um secador ou passá-las por um tambor rolante, no qual são vaporizadas.

No Japão, é adotado um processo de vaporização no qual as folhas são rapidamente aquecidas a uma temperatura de 150°C para "filtrar" o chá. As folhas permanecem com a cor verde brilhante e com sabor fresco e vegetal.

Na China, o chá é normalmente aquecido em panelas, um processo que demora mais até atingir a temperatura máxima. As folhas têm um aroma tostado e torrado e são mais amarelas.

Acima, à esquerda: Um trabalhador em uma fábrica de chá na Índia despeja folhas de chá no tambor de uma máquina de secagem.

Ao lado, acima: Os chás brancos são secos naturalmente, colocando-se as folhas em esteiras de bambu ao ar livre, como é feito aqui em um jardim de chá em Fuding, na província chinesa de Fujian.

Ao lado, abaixo: Trabalhadores em Assam, que é a maior região produtora de chá da Índia e do mundo, carregam folhas em um secador de chá comercial.

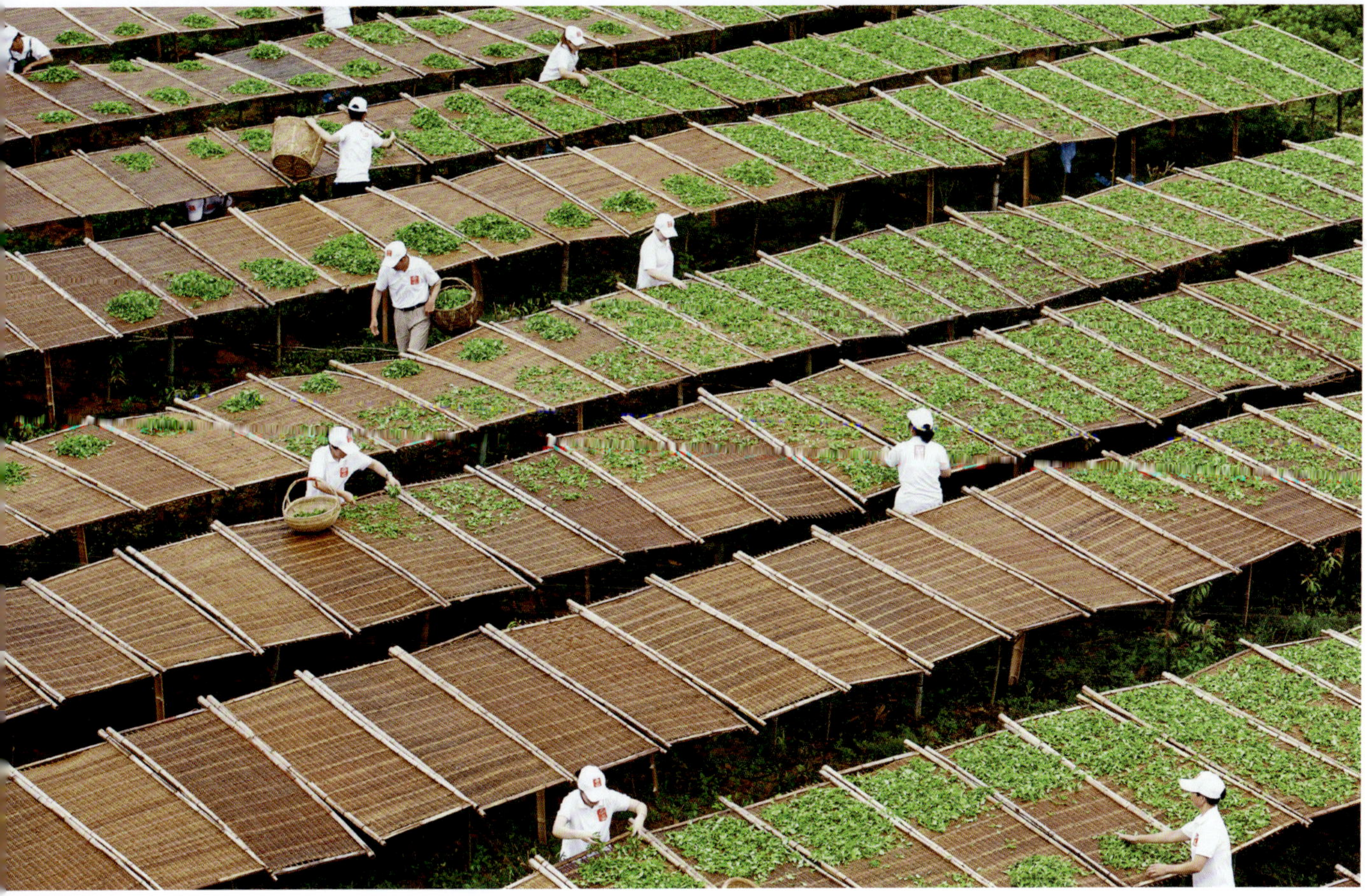

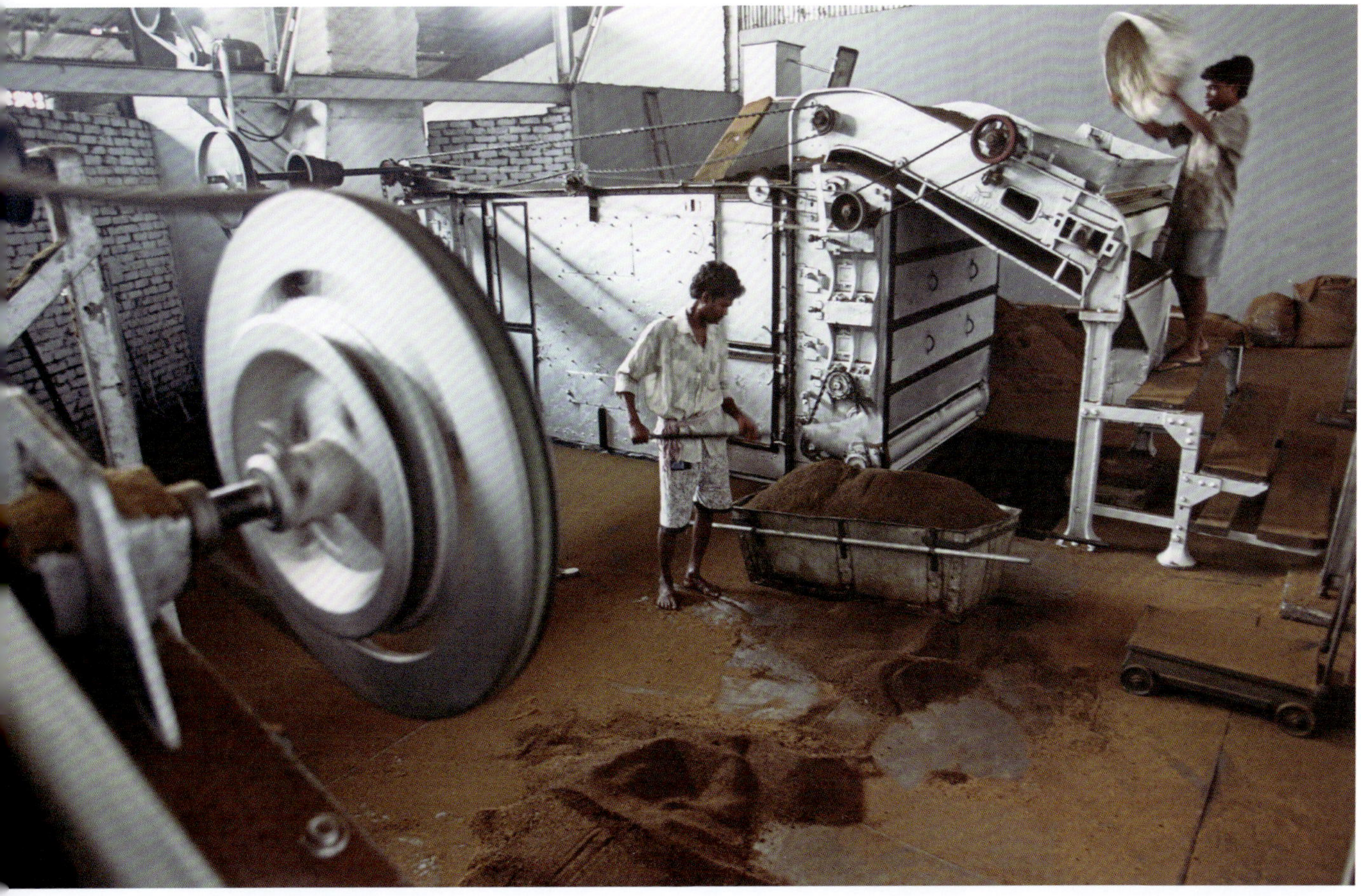

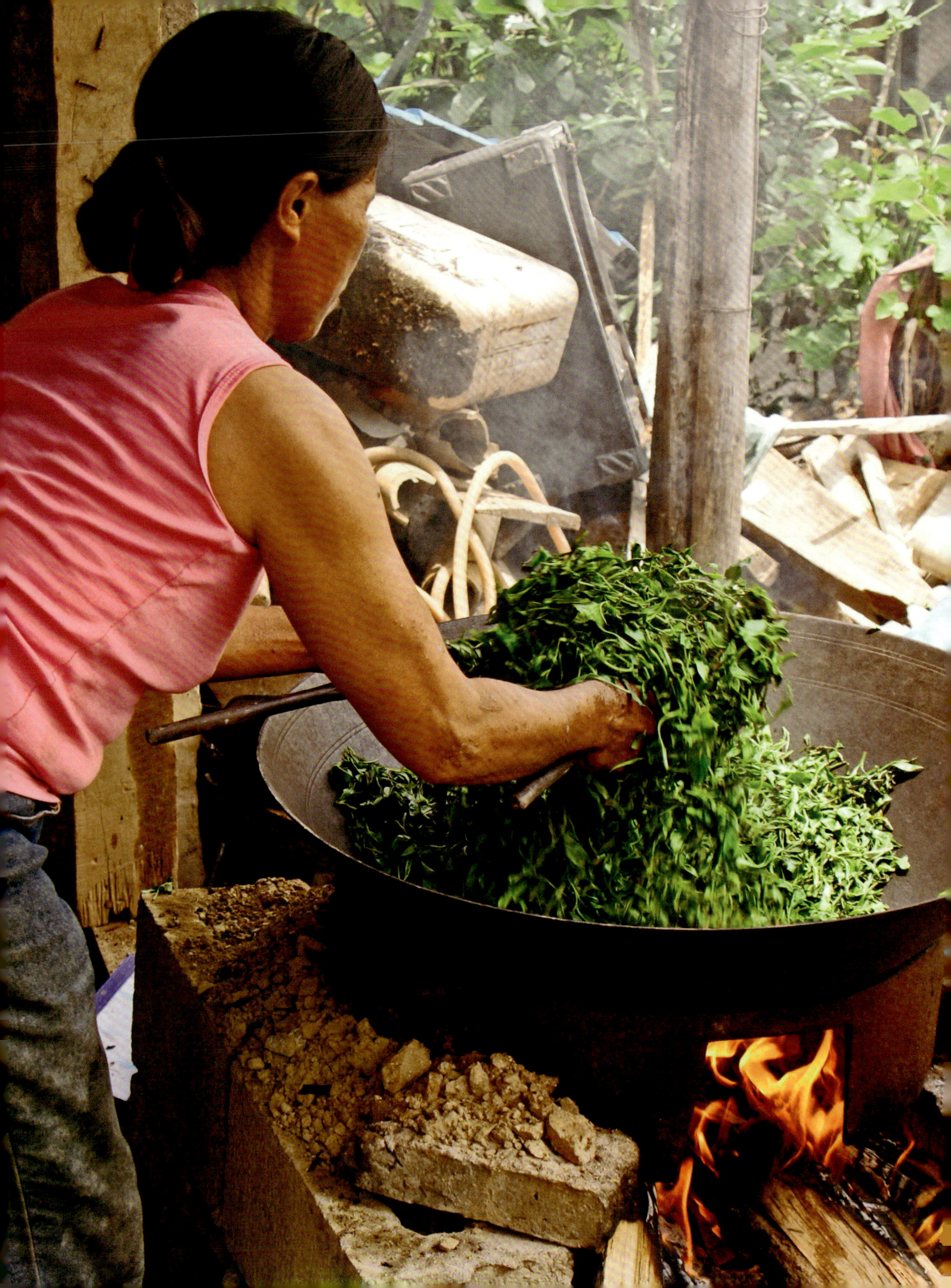

Pode ser desejável criar um sabor ou aroma defumado durante a produção do chá, por exemplo, para produzir um tipo como o lapsang souchong. Esse tipo de secagem defumada foi originalmente obtido por acidente ao longo das rotas comerciais das caravanas russas (ver a página 32). O método moderno de criar esses tipos de sabor ainda envolve fogo e madeira, mas em geral na forma de madeira de pinheiro adicionada a um forno comercial pelo qual o chá passa.

LIMPEZA E CLASSIFICAÇÃO

Depois de secas, as folhas passam por uma sala separada e mais fria na fábrica para serem limpas, selecionadas e classificadas.

A limpeza consiste na remoção de talos, fibras e veias das folhas secas para garantir que a qualidade do lote seja a melhor possível. A maioria das máquinas de limpeza utiliza estática para atrair os talos e as fibras, filtrando-os das folhas desejáveis. Máquinas de limpeza mais avançadas usam câmeras e sensores de cor para detectar a cor marrom-clara dos caules e disparam jatos de ar para soprá-los por uma calha diferente daquela das folhas de chá.

A classificação é o processo de separar diferentes tamanhos de folhas em lotes. A maioria das máquinas de classificação consiste em deslocadores rotativos, feitos de camadas de peneiras de malha de tamanho crescente, que vibram para peneirar as folhas de acordo com o tamanho das partículas.

Dependendo da fábrica, pode haver de 6 a 20 categorias de chá separadas nesse ponto. Algumas fábricas se especializam na produção de determinado tipo de chá, mas a maioria analisa o mercado da época para estabelecer o chá mais desejável naquele momento e ajusta seu processo de acordo com ele. Elas também podem utilizar uma máquina para cortar folhas maiores em pedaços pequenos, caso queiram produzir tipos quebrados ou CTC a fim de atender às demandas do mercado (ver a página 25).

Os resíduos da produção de chá – as fibras e os caules marrom-claros – são geralmente coletados e reciclados na

BANANAS E MAÇÃS

É mais fácil entender o processo do chá comparando-o com o que acontece com uma banana ou uma maçã:

Se for arrancada da planta e abandonada, a banana ou a maçã ficará marrom por conta própria com o tempo – é como a etapa de murchamento.

Se for aquecida e seca, como banana chips ou fatias de maçã em uma torta, a fruta não ficará marrom, mas será preservada em sua cor natural – é como o estágio de secagem ou fixação.

Se você deixar uma banana na sacola o dia todo, ela começará a ficar marrom onde a superfície foi machucada e começará a reagir com o oxigênio do ar – esse é o estágio de laminação (enrolamento) e corte.

Ao lado: O chá verde ainda é seco à mão em alguns lugares da China. Ele é aquecido na panela, sendo jogado em uma grande wok em fogo aberto.

À direita, acima: A maior parte da limpeza é feita por máquinas, mas em algumas regiões ela ainda é realizada manualmente. Nesta fábrica de chá em Mae Salong, na Tailândia, as mulheres peneiram com cuidado as folhas, removendo os talos, as fibras e as veias.

À direita, abaixo: O chá passa por uma máquina de classificação para dentro de sacos em uma fábrica de chá em Tamil Nadu, na Índia. A Índia é o segundo maior produtor de chá do mundo, depois da China.

À esquerda: Depois de passar por todas as etapas de processamento, o chá é embalado e rotulado, pronto para ser enviado a clientes de todo o mundo.

Na sala de embalagem de uma fábrica de chá verde, você também poderá ver uma máquina que lustra as folhas por 2 a 3 horas, até obter um brilho quase prateado. Não há nenhuma razão específica para que alguns chás verdes sejam mais procurados na forma polida, pois isso não altera em nada o sabor ou o aroma do chá.

A PRODUÇÃO DO MATCHA

Matcha é um chá verde japonês em pó, apreciado tanto na cerimônia espiritual do chá quanto na vida cotidiana, que tem se tornado cada vez mais popular em todo o mundo graças a seus benefícios à saúde. Como consumimos a folha inteira, moída, obtemos um nível muito alto de antioxidantes, vitaminas e minerais do que com a infusão de chá verde em água quente habitual.

A maior parte do matcha japonês é cultivada na região de Uji, no Japão. As plantas de chá utilizadas para o matcha são sombreadas de 2 a 6 semanas antes da colheita, cobertas com palha ou protegidas pela construção de um abrigo de bambu ao redor delas – atualmente, são usados lençóis pretos. Essa técnica impede que a luz solar chegue às folhas e adia o período final de crescimento, causando um aumento nos níveis de clorofila e aminoácidos nelas e estimulando o surgimento de brotos tenros e frescos. Assim, garante-se que as folhas colhidas e processadas estejam verdes brilhantes, cheias de sabor e umidade e sem nenhum traço de amargor.

Depois de colhidas – o matcha da mais alta qualidade é colhido à mão –, as folhas são separadas, limpas e parcialmente secas antes de serem refrigeradas, sendo, então, chamadas de tencha. Como as folhas perfeitas só podem ser colhidas uma ou duas vezes por ano, devem ser refrigeradas nas 48 horas seguintes a fim de que o tencha seja usado para fazer matcha o ano todo. Para produzi-lo, as folhas de tencha são secas novamente até chegar a apenas 3% da umidade e depois moídas lentamente em uma pedra de moinho esculpida à mão. Esse método pode levar cerca de 20 minutos para moer 10 g de pó de matcha e não pode ser concluído com mais rapidez para evitar o atrito excessivo e o aquecimento do pó, garantindo que fique mais fino. As fábricas modernas utilizam moedores mecânicos para processar uma maior quantidade de tencha. Suas salas de moagem são mantidas escuras e com temperatura controlada para que a cor verde brilhante e o sabor não sejam danificados durante o processamento.

forma de composto. Em alguns casos, eles são cortados e processados como chá barato e de baixa qualidade, considerado adequado para o consumo do mercado local.

EMBALAGEM

Por fim, as folhas de chá são embaladas em sacos de papel revestidos de alumínio na sala de embalagem e carimbadas com sua qualidade, seu peso, sua data de acondicionamento e a origem da fábrica/propriedade. Em cooperativas ou em países onde o setor de chá é de propriedade, operado ou regulamentado de maneira centralizada, geralmente há um peso definido que cada tipo de chá deve atingir para encher uma saca.

UMAMI

Um lote de matcha de alta qualidade não deve ter qualquer traço de amargor e deve ter um umami fantástico. Junto aos mais conhecidos doce, azedo, amargo e salgado, o umami é um dos cinco sabores básicos e é comumente usado no Japão para descrever uma nota salgada distinta encontrada em alimentos que contêm um aminoácido específico – o glutamato. Os caldos de carne e os alimentos que foram fermentados ou envelhecidos geralmente são ricos em umami, e o sabor também está associado a uma sensação intensa na boca. Outros alimentos que se dizem serem ricos em componentes umami incluem cavala, algas marinhas, pastas à base de levedura como Marmite, cogumelos shiitake, queijo parmesão, molho de soja e chá verde, especialmente matcha.

PROCESSAMENTO DE TIPOS ESPECÍFICOS DE CHÁ

CHÁ BRANCO

O processo do chá branco é muito simples, pois envolve apenas a etapa de secagem. As folhas são manuseadas com muita delicadeza e deixadas para secar naturalmente ao ar livre ou em um tambor em fogo muito baixo, se a região tiver clima úmido ou frio. Não há etapa de oxidação ou laminação, a menos que as folhas estejam sendo transformadas em pérolas ou chá florido. Esse processo suave produz uma folha ou broto leve e felpudo e um sabor delicado quando o chá é preparado.

CHÁ VERDE

O processamento do chá verde é comum no Japão e na China, incluindo Taiwan. Em geral, há uma etapa adicional de secagem para os chás verdes, às vezes chamado de "matar o verde" ou fixação, em que as folhas são aquecidas para interromper o processo de oxidação, geralmente em panelas ou por vaporização, antes de serem laminadas e moldadas (ver a página 52). A fixação em panelas significa girar as folhas em grandes tambores de metal aquecidos. No método de vaporização, as folhas são passadas pela câmara de vapor por apenas 30 a 120 segundos. O método de secagem utilizado nessa etapa inicial adiciona aromas e sabores interessantes ao chá verde, e o aquecimento em panela geralmente transmite notas de torrefação. Já o método de vaporização traz sabores de grama e do mar. Posteriormente, as folhas passarão pela etapa final de secagem para garantir que estejam totalmente secas.

CHÁ OOLONG

O oolong passa por todas as etapas de processamento, mas é apenas parcialmente oxidado. O processo de oxidação é semelhante ao do chá preto, mas as folhas são deixadas por um período mais curto antes da secagem. Elas também são laminadas e moldadas, às vezes várias vezes, antes da secagem. Ele tende a compartilhar algumas de suas características com os chás verde e preto, sendo mais complexo no sabor do que o chá verde, mas não tão forte quanto o chá preto. Há uma enorme variedade de oolongs, com oxidações entre 5% e 80%, e laminações feitas em muitos tipos de formas.

CHÁ PRETO

Os chás pretos são quase sempre produzidos em grande escala com maquinário automatizado e passam por todas as etapas de processamento. Eles podem ser de folha inteira ou cortados para expor mais da superfície da folha ao processo de oxidação – isso cria o sabor forte do chá preto apreciado com leite pela maioria dos consumidores ocidentais de chá.

CHÁ PU'ERH

Os chás pu'erh também passam por todos os estágios de processamento, inclusive a oxidação, mas são embalados em bolos ou tijolos e armazenados em um local escuro e úmido por um longo período antes de serem vendidos. Isso pode ser chamado de fermentação, mas é mais como um processo de envelhecimento que cria um sabor complexo, terroso e maltado. Alguns chás pu'erh são envelhecidos por muitos anos, como um uísque ou um vinho.

Chá verde sencha

Matcha

Chá branco Pai Mu Tan

Chá branco Agulha de Prata

Um campo de chá sombreado no Japão. O sombreamento do chá por algumas semanas antes de ser colhido aumenta os níveis de clorofila nas folhas, tornando-as verde-escuras e ricas em sabor. Os chás japoneses de alta qualidade – gyokuro e tencha – usados para o matcha são cultivados assim, à sombra.

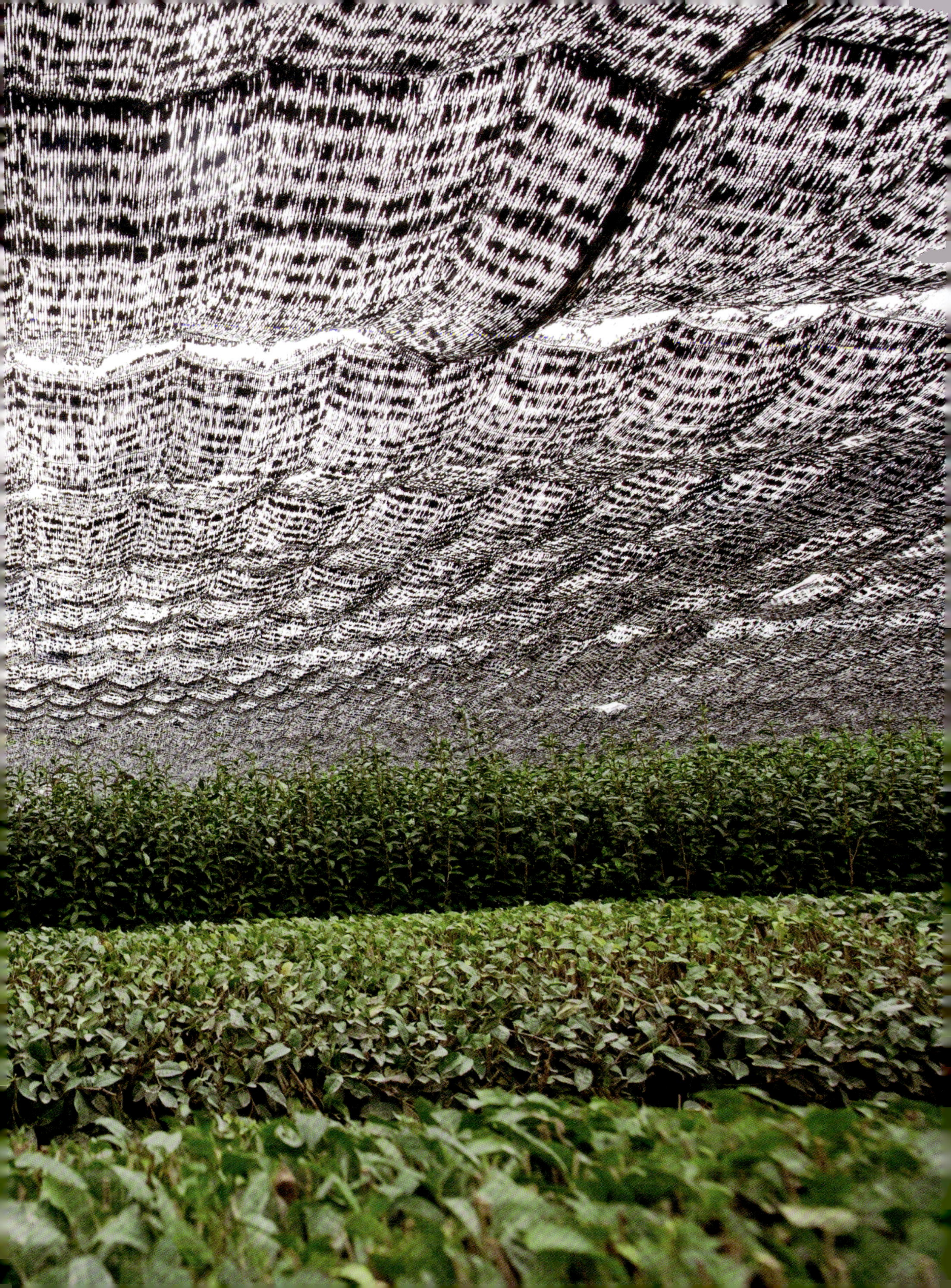

UMA BREVE HISTÓRIA DO CHÁ

Nossa humilde bebida, o chá, tem uma história muito rica e dramática que começou há quase 7 mil anos nos remotos monastérios da China. Desde o início de sua história, quando tinha um papel fundamental na saúde, na espiritualidade e nos costumes, ele era comercializado nos cantos mais distantes do mundo por algumas das rotas comerciais mais perigosas e intrépidas conhecidas pela humanidade. Guerras foram travadas por causa dele, reis foram destronados por causa dele, nações inteiras dependeram dele. Muita coisa aconteceu ao longo dos anos para levar sua xícara de chá diariamente à sua mesa. As tendências mais recentes vêm despertando um grande aumento no consumo de chá, em particular de chás especiais, de ervas e blends.

A DESCOBERTA DO CHÁ

Há uma infinidade de histórias sobre a descoberta do chá, e talvez a mais famosa delas seja a do mítico imperador Shennong, que gostava de beber uma xícara de água fervida em seu jardim todos os dias. Um dia, enquanto ele dormia, algumas folhas de uma árvore *Camellia sinensis* por perto caíram despercebidas em seu bule de água quando ela fervia, criando assim a primeira xícara de chá. Acredita-se que Shennong, que teria nascido no século 28 a.C., também tenha inventado o arado e ensinado o povo da China a cultivar a terra.

Não sabemos se essa fábula tem raízes na realidade, mas a descoberta oficial mais antiga de plantas de chá cultivadas data de cerca de 6.000 a.C., na remota colina de Tianluo, no leste da China. Originalmente, o chá era cultivado em jardins de mosteiros e prescrito como tônico medicinal para aliviar diversos sintomas, incluindo vômitos e fadiga, bem como para elevar os ânimos ou melhorar a constituição. Ele continuou sendo uma bebida espiritual e medicinal até muito mais tarde, durante a dinastia Tang (séculos VI a IX d.C.), quando o primeiro livro sobre chá foi escrito por Lu Yu, um escritor de Tianmen. Em *O clássico do chá*, Lu Yu relata os mitos que cercam as origens do chá na China e descreve como ele é cultivado, colhido, processado, preparado e consumido.

Durante esse período, o chá ganhou popularidade tanto por seu sabor quanto por sua reputação medicinal, mas ainda era produzido em uma escala relativamente pequena e permaneceu reservado, em grande parte, para a espiritualidade e a elite. A cerimônia de servir e armazenar o chá estava se tornando uma parte cada vez mais importante da demonstração de riqueza e cultura para as classes dominantes da China, e, por isso, servia-se chá aos visitantes estrangeiros regularmente como boas-vindas.

Foi por volta dessa época que o chá foi introduzido no Japão por monges budistas que trouxeram sementes de visitas de estudo aos monastérios da China. Novamente, o chá era compartilhado entre os monastérios e a classe dominante e passou a desempenhar um papel central tanto em cerimônias quanto na espiritualidade do Japão.

DISSEMINAÇÃO PELA ÁSIA

Durante o século XII, o monge zen japonês Eisai ficou fascinado com os hábitos dos chineses com o chá. Ele escreveu um livro intitulado *Kissa Yojoki* (*Como se manter saudável bebendo chá*), descrevendo os benefícios do chá para a saúde e a espiritualidade e comparando-o aos princípios zen-budistas de equilíbrio e harmonia. Eisai apresentou à classe guerreira, os samurais, esses princípios, bem como

Acima: Diz a lenda que o imperador Shennong descobriu acidentalmente o chá em 2.737 a.C. quando folhas de um arbusto de chá selvagem caíram em sua xícara de água quente.

a moda chinesa da época de tomar chá em pó, que logo se tornou popular entre os que buscavam equilíbrio espiritual.

No século XV, a cerimônia do chá, como a conhecemos hoje, foi estabelecida sob a liderança do zen-budista Sen no Rikyu, e, atualmente, a arte da cerimônia do chá ainda é ensinada por seus descendentes. No século XVIII, ocorreu um período interessante de inovações no chá, com novos métodos de produção, como o método Uji (ver a página 212), sendo desenvolvidos no Japão. Outra descoberta influente foi a de que o sombreamento da copa das árvores ajudava a desenvolver as notas suaves e doces e as qualidades mais altas de gyokuro e matcha. Isso aumentou a popularidade desses tipos de chá no Japão e no exterior.

A EUROPA E ALÉM

Os franceses, os britânicos e os holandeses faziam comércio com o Extremo Oriente durante os séculos XVII e XVIII e logo tomaram conhecimento das antigas indústrias de chá da China e do Japão. As rotas comerciais que passavam pela Rússia por terra e pela Indonésia pelo mar permitiram que os comerciantes europeus espalhassem o chá por todo o mundo. Em muitos países europeus, o chá foi adotado pelas classes mais altas e ricas como um bem luxuoso e uma forma de demonstrar riqueza.

O chá tornou-se particularmente popular na Grã-Bretanha, onde era apreciado em todos os tipos de situações e levou à invenção de novos conceitos, como os jardins de chá, onde as pessoas passeavam por espaços bem cuidados e socializavam tomando uma xícara de chá. Outra grande invenção social dessa época foi o chá da tarde (ver a página 29). Em 1839, a Grã-Bretanha acabou entrando em guerra com a China em decorrência de desentendimentos quanto ao comércio ilegal de ópio e, portanto, seu suprimento de chá ficou ameaçado. Os britânicos já haviam notado que outra variedade muito semelhante da planta do chá era nativa em regiões do norte da Índia e começaram a cultivar suas próprias plantações lá.

É muito provável que o setor comercial do chá teria sido estabelecido independentemente dos desafios que os britânicos enfrentaram com o comércio no Extremo Oriente durante esse período, mas a guerra com a China certamente atuou como um catalisador. Os métodos de cultivo utilizados pelos britânicos na Índia abriram caminho para uma nova variedade da planta do chá, a *Camellia sinensis* var. *assamica*, que possibilitou o cultivo em muitos outros países. Durante o século XIX, as plantações de chá foram estabelecidas na Índia e no Sri Lanka pelos britânicos, na Indonésia pelos holandeses e no Vietnã pelos franceses. A Turquia e o Irã também começaram a cultivar chá, o primeiro sob o domínio otomano e o segundo sob os esforços individuais do príncipe iraniano Mohammad Mirza.

No século XX, o Quênia, a Tailândia e a Argentina começaram a desenvolver as próprias indústrias de chá, e os três países rapidamente deixaram suas marcas no cenário internacional.

COMO O CHÁ É COMERCIALIZADO HOJE

Os principais estágios do comércio de chá são:
1 Cultivo
2 Comércio com uma fábrica para processamento (a menos que o chá seja cultivado em uma propriedade com fábrica)
3 Mistura
4 Comércio com um corretor
5 Comércio com uma empresa de embalagem (em alguns países, os corretores fazem a mistura e a embalagem antes de venderem o chá)
6 Comércio com um atacadista
7 Comércio com um varejista
8 Venda para o consumidor final

Não é incomum haver três ou quatro níveis de comércio para atacadistas e varejistas, que então vendem o chá a outros. O chá também é comercializado como um investimento em mercadorias.

O comércio internacional de chá tem alguns participantes importantes, alguns dos quais também são produtores. A Unilever e a Tata, por exemplo, estão envolvidas em todos os estágios do comércio, da posse de propriedades nos países produtores à administração de corretoras que compram e comercializam o chá, bem como casas de distribuição e mistura que depois o distribuem, tudo sob sua própria marca. Para a maioria dos outros participantes, há uma grande cadeia de comércio para enviar o chá ao mundo. Alguns chás mudam de mãos dezenas de vezes antes de chegarem ao seu supermercado local.

Embora existam alguns órgãos internacionais que informam sobre o comércio de chá em todo o mundo, como a Organização das Nações Unidas para a Alimentação e a Agricultura, não há um órgão regulador global para o comércio de chá. Alguns países, como o Sri Lanka, têm um órgão administrado pelo governo que regula o comércio de chá, incluindo a definição dos preços e a restrição a quem deseja se tornar corretor, mas muitos países não têm esse tipo de organização.

À esquerda: *Clippers* de chá ao lado de navios a vela nas docas das Índias Orientais de Londres em 1892. Projetados para serem velozes, os *clippers* eram usados para transportar chá à Europa rapidamente, a fim de atender à crescente demanda pela nova mercadoria.

Ao lado: Um pequeno grupo fazendo uma festa do chá sob cerejeiras em flor nesta xilogravura do artista japonês Kitao Shigemasa (1739-1820).

三月
飛鳥山
花見

咲きみたるゝ花や
あすかの
花のあと
みる山

O comércio do chá – via marítima

Em 1610, a Companhia Holandesa das Índias Orientais trouxe a primeira remessa de chá da China para a Europa. A Companhia Inglesa das Índias Orientais, originalmente criada em 1600 para participar do comércio de especiarias asiáticas, seguiu o exemplo em 1669, transportando o chá chinês para Londres por meio de portos na Indonésia. No final do século XVII, o chá era uma mercadoria de luxo, mas, no início do século XIX, era a bebida favorita da Grã-Bretanha.

Por volta de 1800, os enormes navios de carga da Companhia Inglesa das Índias Orientais, conhecidos como East Indiamen, levavam quase dois anos para fazer a viagem de ida e volta para a China – a velocidade era menos importante do que manter os custos baixos, pois a empresa detinha o monopólio. A partir de 1834, o chá passou a ser comercializado livremente e, na década de 1860, os mais velozes *clippers* de chá faziam a travessia de 22.500 km da China para a Inglaterra em 100 dias. Entretanto, os navios a vapor eram ainda mais rápidos, especialmente após a abertura do canal de Suez em 1869. Inadequado para navios a vela, o canal reduziu significativamente a rota marítima entre a Europa e o oceano Índico, e os dias do *clipper* de chá logo chegaram ao fim.

LEGENDA

- ---- Rotas dos navios de chá, rumo ao leste
- —— Rotas dos navios de chá, rumo ao oeste
- —— A Grande Rota do Chá
- ---- A Rota do Chá e dos Cavalos

O comércio do chá – via terrestre

A partir do século VII, as mercadorias eram comercializadas entre as regiões de cultivo de chá da província de Sichuan, na China, e Lhasa, no Himalaia, ao longo de uma rede de trilhas que se estendia por 2.200 km, conhecida como a Rota do Chá e dos Cavalos. Os carregadores de chá partiam da cidade chinesa de Yaan com mochilas que pesavam entre 68 e 90 kg, e o chá era trocado por pôneis tibetanos em Lhasa. O chá também era comercializado ao longo de rotas que iam de Yunnan à China Central e a Bengala, via Birmânia. Essas trilhas foram utilizadas até meados do século XX.

Nos séculos XVIII e XIX, o chá era comercializado por terra ao longo da Grande Rota do Chá, de Pequim, passando pela Mongólia e pela Sibéria, até Moscou, e depois para a Europa Ocidental, com caravanas de camelos que acabaram sendo substituídas pela ferrovia Transiberiana.

UMA BREVE HISTÓRIA DO CHÁ

A QUESTÃO DA SUSTENTABILIDADE

Embora não seja uma necessidade, o chá é certamente considerado um produto de consumo diário por milhões de pessoas em todo o mundo. A produção, o comércio e o consumo dessa simples bebida têm um enorme impacto sobre a sociedade e a economia, tanto em níveis nacionais quanto globais. No entanto, seu futuro está ameaçado. Infelizmente, algumas das melhores regiões para a produção de chá são as mais vulneráveis a desafios como mudanças climáticas, instabilidade política, doenças e crescimento populacional. Esses fatores, além de alterações na cultura de compra de alimentos dando preferência a produtos que priorizam o custo e a conveniência, estão prejudicando bastante o setor, portanto a sustentabilidade precisa ser uma prioridade absoluta.

O IMPACTO ECONÔMICO E SOCIAL DO CHÁ

O chá é cultivado em 35 países e comercializado em muitos mais, gerando empregos para milhões de pessoas. Pense em todas as pessoas envolvidas na longa jornada da planta à xícara: trabalhadores de plantações, colhedores de chá, podadores e jardineiros das propriedades, processadores nas fábricas, laminadores de folhas, classificadores de folhas, corretores, comerciantes, misturadores, atacadistas, varejistas e degustadores de chá.

É fácil ver como as mudanças negativas na indústria do chá podem ter um efeito dominó com consequências muito mais devastadoras do que simplesmente não ter como tomar nossa dose diária de chá. Em um nível micro, é comum que uma fábrica ou propriedade de chá seja a espinha dorsal da economia de um vilarejo inteiro, geralmente em algumas das regiões mais pobres do mundo. Em um nível macro, o chá pode ser uma das principais exportações de um país, sustentando toda a economia.

Para que o setor continue a apoiar todas essas pessoas e economias, é preciso haver mudanças positivas na sustentabilidade em muitas áreas, abrangendo tudo, desde a força de trabalho – o sustento, as comunidades e as habilidades das pessoas – até as plantações – métodos de produção – e nosso planeta, protegendo a terra e os climas necessários para o cultivo do chá e a economia de mercado.

DESAFIO 1: O CLIMA

A produção de chá depende de um suprimento constante de água e energia, que podem se tornar menos disponíveis nos próximos anos. Além disso, as regiões ideais para o cultivo de chá também são as mais vulneráveis às alterações de temperatura e precipitação causadas pela mudança climática. Essa mudança pode afetar toda a agricultura, portanto, além de a produção sofrer diretamente, é provável que o setor de chá também esteja lutando contra as culturas de alimentos básicos pelo acesso a terras férteis e recursos.

Já na Índia e no Sri Lanka, o aumento das temperaturas e das chuvas teve um impacto sobre as estações secas e úmidas que regulam naturalmente a produção de chá. O aumento das chuvas pode levar à erosão do solo, enquanto as temperaturas mais altas causam mais períodos de seca, além de incentivar uma variedade maior de pragas e doenças que podem atacar as plantas de chá.

DESAFIO 2: A POPULAÇÃO

O enorme crescimento da população em muitos países produtores de chá tem provocado um aumento na demanda pela bebida, o que é bom. No entanto, o aumento da população significa maior urbanização, de modo que as terras anteriormente utilizadas para a produção de chá estão sendo procuradas para moradia e outros cultivos.

O aumento da demanda por chá também significa que muitos países produtores estão começando a consumir os próprios produtos, em vez de exportá-los. Combinado com a entrada de economias emergentes, como as do Oriente Médio e da África, no mercado de chá, isso cria ainda mais demanda e pressiona a oferta. Outro fator a ser considerado é que a colheita e o processamento do chá são trabalhos manuais árduos e, atualmente, mal remunerados. Com o crescimento da população, mais pessoas estão se mudando para as cidades em busca de oportunidades melhores, o que gera uma escassez de mão de obra nas plantações e nas fábricas de chá. Isso incentiva ainda mais a mecanização do processo de produção e, embora possa ajudar a eficiência da produção,

PAÍSES DE BAIXA RENDA COM DÉFICIT ALIMENTAR

Os Países de Baixa Renda com Déficit Alimentar (LIFDC – Low-Income Food-Deficit Countries) são uma lista, compilada pela Organização das Nações Unidas para a Alimentação e a Agricultura, das nações mais pobres do mundo, conforme determinado pela renda e pelo déficit de alimentos básicos. Um país entra na LIFDC se seus cidadãos estiverem abaixo de um nível aceitável de renda ou de gêneros alimentícios básicos, conforme definido pelas Nações Unidas e pelo Banco Mundial.

Dos 54 países da lista em 2015, 20 deles produzem chá e 33 exportam. Isso significa que 60% dos países mais pobres do mundo dependem do chá como parte de suas frágeis economias. Ainda mais notável é o fato de que dois dos principais países produtores de chá do mundo – Quênia e Índia – estão nessa lista, enquanto um terceiro país, o Sri Lanka, só saiu dela em 2015. Uma vez na lista, um país só pode ser removido quando estiver constantemente acima dos déficits por três anos consecutivos.

O LIFDC destaca alguns fatos importantes para o setor de chá: 2.161.931 toneladas de chá por ano são produzidas em países onde a força de trabalho vive na pobreza, está desnutrida e ganha salários baixos. É óbvio que a indústria do chá tem o potencial de causar um impacto importante, tanto positivo quanto negativo, na subsistência de milhões de pessoas que atualmente vivem abaixo da linha da pobreza.

também significa que as pessoas que estão sendo treinadas para ingressar no setor são poucas e difíceis de encontrar.

A RESPONSABILIDADE DO CONSUMIDOR

Como a cultura de escolha de alimentos, especialmente no mundo ocidental, está priorizando cada vez mais o preço e a conveniência, os consumidores se importam cada vez menos com as origens dos alimentos que consomem. Não é incomum comprar alimentos tendo pouco conhecimento sobre sua origem, os custos de sua produção ou até mesmo seus ingredientes ou seu potencial impacto sobre nossa saúde.

É ótimo que o chá seja amado o suficiente para ser considerado um produto de consumo diário, mas isso leva à presunção de que ele está, e sempre estará, prontamente disponível e barato. Enquanto as principais empresas de chá lutam entre si para oferecer os preços mais baixos nas prateleiras dos supermercados, toda a cadeia de suprimentos está tendo de atender a essas demandas pressurizadas. Isso deixa a indústria aberta à produção de chá de baixa qualidade e a tratamento e remuneração injustos dos trabalhadores para a obtenção do menor preço possível pelo produto.

Para que esse setor seja preservado às pessoas que trabalham nele e para que os ambientes necessários à produção de chás de boa qualidade sejam sustentáveis, há certa responsabilidade que é sua, consumidor de chá: a de considerar onde, como e a que custo o chá em sua xícara é produzido. Pagar um pouco mais por chás de boa qualidade que você sabe que foram obtidos de maneira ética, que apoiam as comunidades que trabalham para produzi-los e que também têm um sabor excelente oferece um resultado final muito mais saudável.

PARCERIAS E CERTIFICAÇÕES

Com tudo isso em mente, há vários esquemas, organizações, parcerias e certificações que foram criados com o objetivo de mudar a indústria do chá para melhor.

Fairtrade

A iniciativa Fairtrade (Comércio Justo) tem o objetivo honroso de garantir que as empresas paguem um preço justo pelos produtos para que os produtores e os agricultores possam se sustentar. Funciona assim: todos os produtos Fairtrade são vendidos a um preço predefinido que é determinado (pela Fairtrade) após a análise de todos os fatores de mercado. Os benefícios são óbvios: como os agricultores têm esse preço garantido, eles podem se dar ao luxo de investir em seus filhos, em seus negócios e em sua comunidade. A Fairtrade também faz muito para apoiar e educar os agricultores independentes nas regiões produtoras de chá.

No entanto, o mal-entendido comum de que Fairtrade significa livre comércio pode ser prejudicial. O principal problema é que o controle e a tomada de decisões ainda não estão nas mãos dos produtores, e o sistema atual de compra, comércio e venda de chá sempre fará que o comerciante final ganhe mais dinheiro e o produtor, menos – o valor é agregado no ponto final de venda e de comercialização. Portanto, seria melhor atuar no sistema como um todo e vincular os produtores aos vendedores finais de maneira mais equilibrada, em vez de apenas acrescentar alguns centavos extras ao preço do chá.

Rainforest Alliance

A Rainforest Alliance (Aliança da Floresta Tropical) se concentra em educar e apoiar os produtores de chá para que produzam sem causar impacto negativo na vida silvestre ao redor. Eles ensinam e avaliam métodos agrícolas sustentáveis, oferecem treinamento e formação de pessoal e monitoram os níveis de pesticidas e de erosão do solo.

É benéfico para todos, especialmente ao agricultor, cuidar das fazendas de chá para cultivos futuros, mas é caro obter a certificação da Rainforest Alliance. Muitas vezes, isso significa que apenas as plantações e as empresas maiores obtêm a certificação, o que aumenta o preço de seus produtos no mercado e afeta negativamente aqueles que não têm orçamento para isso.

Ethical Tea Partnership

A Ethical Tea Partnership (Parceria Ética do Chá) combina um pouco do que fazem a Fairtrade e a Rainforest Alliance. Ela também se esforça para melhorar a indústria, monitorando e certificando produtores e vendedores que atendem a padrões predefinidos, fornecendo apoio e educação para os produtores e ajudando a combater as mudanças climáticas por meio da indústria do chá.

A ETP cobra uma taxa de adesão dos vendedores e varejistas de chá para se tornarem membros da parceria. Além disso, eles devem comprovar que compram chá de fontes consideradas éticas quando avaliadas em uma ampla variedade de condições estabelecidas pela ETP, que incluem a saúde e a segurança dos trabalhadores, práticas de cultivo sustentáveis e outros parâmetros. A ETP usa o dinheiro arrecadado com a associação e outras doações beneficentes para retribuir às comunidades locais de chá, organizando workshops e estágios a fim de educar e elevar os padrões.

Ao lado: Uma colhedora na propriedade de chá Chamraj. Localizada nas colinas de Nilgiri, em Tamil Nadu, no sul da Índia, a propriedade produz chá ético e possui ambas as certificações Fairtrade e Rainforest Alliance.

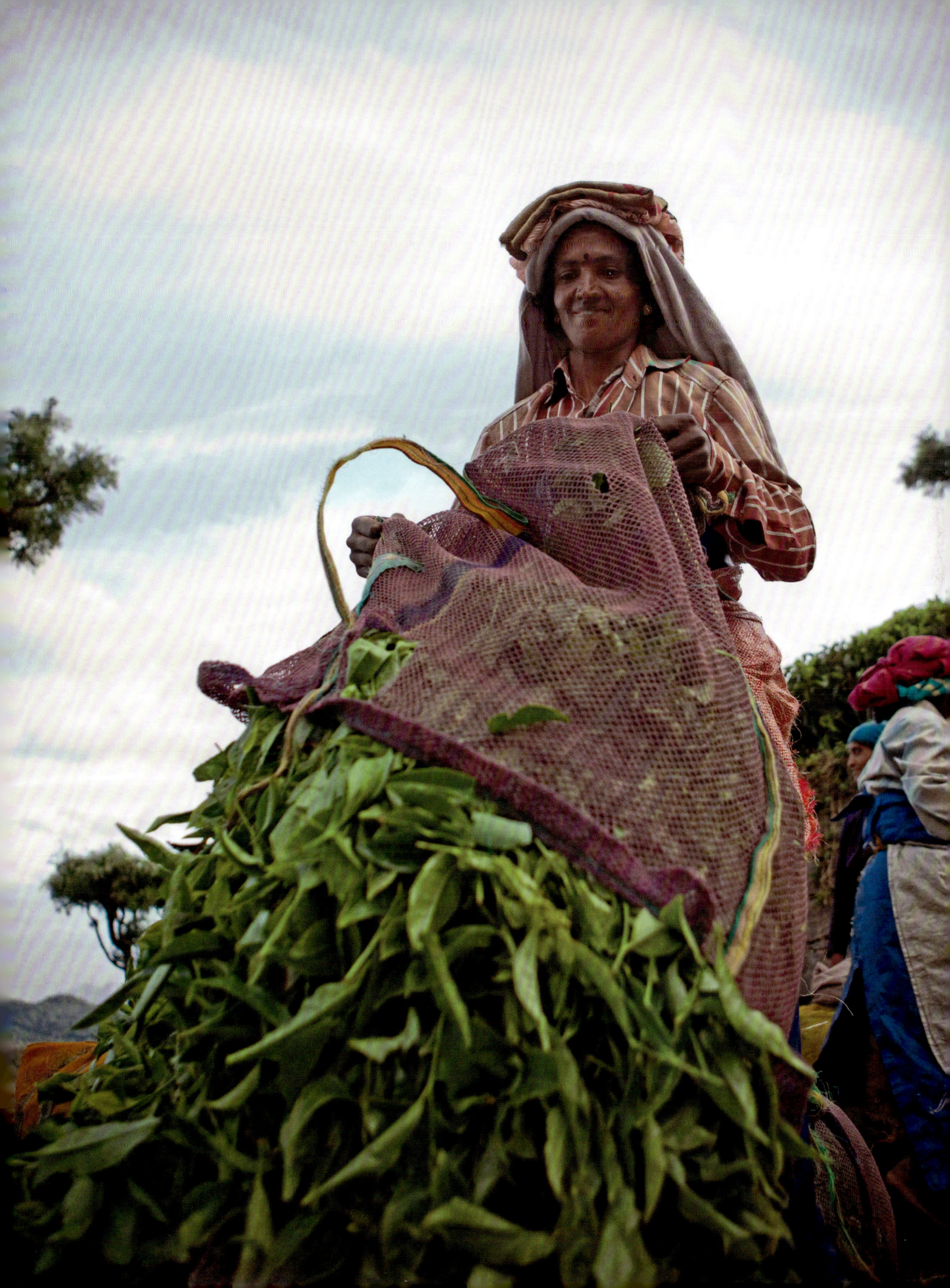

PARTE DOIS

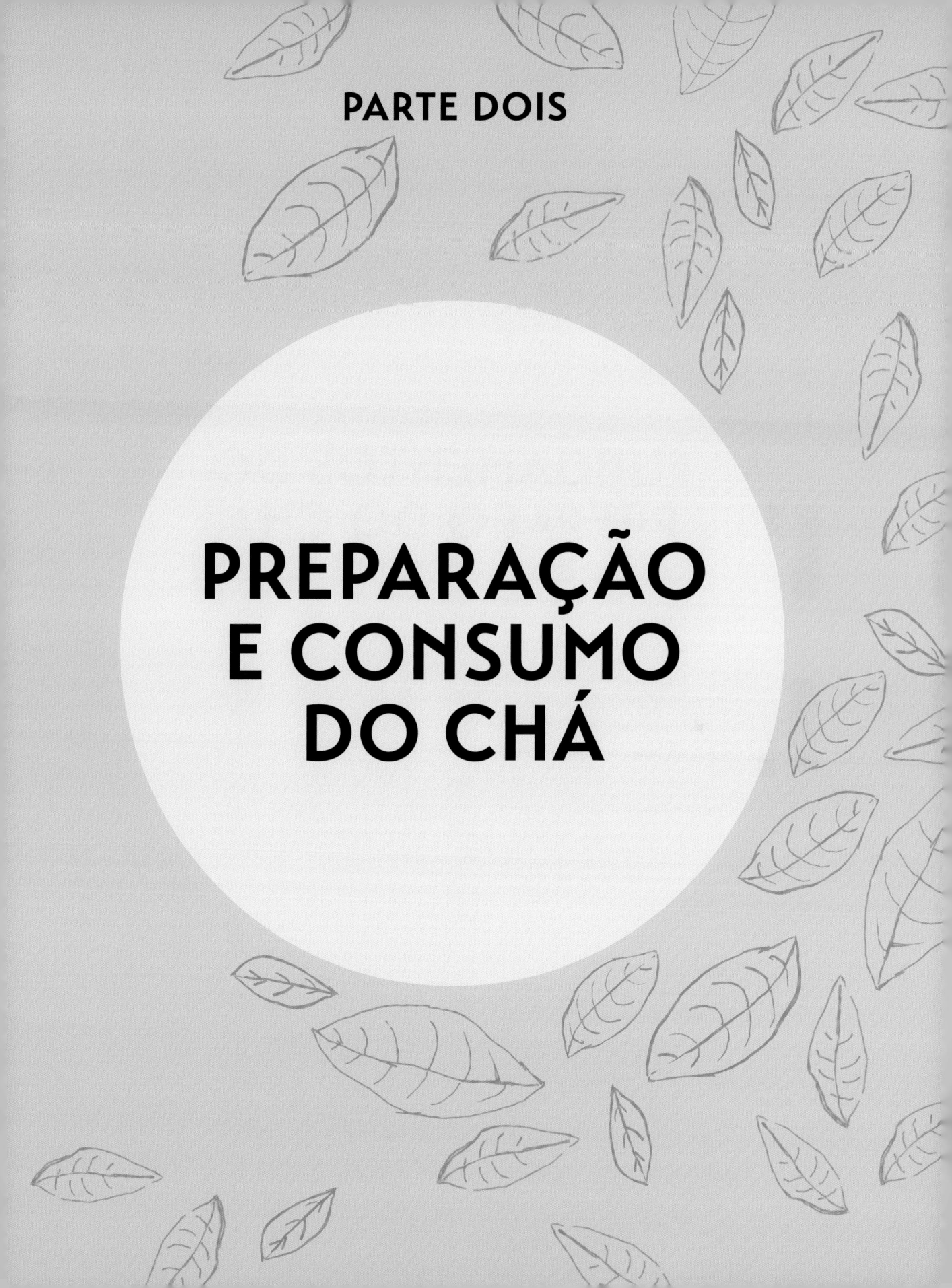

PREPARAÇÃO E CONSUMO DO CHÁ

FUNDAMENTOS DO PREPARO DO CHÁ

Há alguns elementos importantes a serem considerados no preparo da xícara de chá perfeita, incluindo a qualidade e a temperatura da água, a quantidade de chá a ser usada e o tempo de infusão. Embora preparar uma xícara de chá possa parecer uma tarefa relativamente simples, fazer pequenos ajustes na técnica e no equipamento pode melhorar muito o sabor e a qualidade do resultado. Essas dicas sobre os principais elementos e as técnicas básicas de preparo ajudarão em sua preparação cotidiana do chá, e as técnicas mais avançadas de preparo permitirão que os recém-aficionados do chá aprendam de fato a extrair o máximo das diferentes variedades.

OS ELEMENTOS FUNDAMENTAIS

ÁGUA

Água é só água, certo? Não necessariamente. Como uma xícara de chá é 99% água, a qualidade e o sabor do líquido utilizado afetarão a xícara de chá final. O oxigênio na água desempenha um papel fundamental na infusão das folhas, extraindo seu sabor e liberando seu aroma. O conteúdo mineral da água também pode afetar o processo de infusão e a qualidade resultante.

É melhor usar água fria recém-tirada da torneira, mas tenha cuidado se morar em uma área onde a água da torneira é "dura" ou tem um nível anormalmente alto de cloro, fluoreto ou calcário. Se esse for o caso, talvez seja melhor filtrá-la primeiro ou usar água mineral de garrafa.

Também é importante abastecer a chaleira com água nova toda vez que for fervê-la. Se você encher a chaleira com água quente da torneira ou usar água que já tenha sido fervida anteriormente, pode obter um chá "plano" ou com detritos na superfície. Isso ocorre porque essa água contém menos oxigênio, que é necessário para permitir que todos os sabores do chá sejam infundidos adequadamente na xícara.

FOLHAS SOLTAS *VERSUS* SAQUINHOS DE CHÁ

Há um debate de longa data sobre usar chá de folhas soltas ou saquinhos de chá; o principal argumento a favor das folhas soltas é sua maior qualidade, e o principal argumento contra é a conveniência. Desde sua invenção (acidental!) pelo americano Thomas Sullivan no início dos anos 1900 (ver o quadro na página 74), os saquinhos de chá são vistos como o primo "fast food" do chá de folhas soltas e, antigamente, com razão, pois a qualidade era de fato significativamente inferior.

Originalmente, o saquinho de chá de seda de Sullivan não foi prontamente adotado fora dos Estados Unidos por esse motivo, mas, após a invenção do saquinho de chá de papel retangular com etiqueta e cordão na década de 1950, o chá de qualidade inferior encontrado nos saquinhos foi superado, ou talvez esquecido, pelos consumidores, já que o saquinho de chá rapidamente se tornou uma mercadoria.

Nos últimos anos, a qualidade de alguns saquinhos de chá melhorou muito, assim como as opções oferecidas – até mesmo nas prateleiras dos supermercados. Figuras importantes na indústria do chá educaram com sucesso o consumidor comum sobre o que procurar e o que esperar de seus saquinhos de chá, e o desejo por "saquinhos de chá de folhas inteiras" de maior qualidade cresceu. Os saquinhos de chá não são mais vistos apenas como um item de valor ou mercadoria, e os consumidores estão mais do que satisfeitos em gastar mais em seu chá para garantir maior qualidade e sabor.

Por mais conveniente que seja o saquinho de chá, muitas pessoas ainda adoram visitar uma loja especializada em chás para escolher suas folhas soltas favoritas e usar o bule em ocasiões especiais.

À esquerda: Colhedoras de lúpulo relaxam com uma xícara de chá após um dia de trabalho nos campos de lúpulo em Kent, Inglaterra, em 1932.

QUEM INVENTOU O SAQUINHO DE CHÁ?

No início dos anos 1900, o comerciante de Nova York Thomas Sullivan começou a distribuir suas amostras de chá de folhas soltas em saquinhos de seda finos. Os infusores populares (ver a página 85) nessa época eram bolas de metal de tamanho e formato semelhantes aos saquinhos de seda de Sullivan, portanto acredita-se que alguns clientes confundiam o próprio saquinho com um infusor e o colocavam diretamente em seus bules.

Obviamente, com a seda, o chá não fazia infusão muito bem, mas Sullivan viu nisso o início de uma grande invenção, então adaptou os saquinhos, fazendo-os de um material de gaze de malha, com um cordão e uma etiqueta. Esses primeiros saquinhos de chá se tornaram bastante populares nos Estados Unidos nas décadas seguintes.

Foi na Grã-Bretanha dos anos 1950, durante a era das bugigangas de praticidade e das invenções que economizavam tempo, que o saquinho de chá vingou fora dos Estados Unidos. A facilidade de usar o saquinho de chá em vez do bule conquistou os corações e as canecas de uma nação inteira e depois se espalhou pelo mundo.

Hoje, os saquinhos de chá são essenciais em qualquer lista de compras de supermercado, com mais de 95% do mercado consistindo em usuários desses saquinhos.

TEMPERATURA

A temperatura da água também é um fator importante no desenvolvimento do sabor do chá: se estiver muito quente, ele terá um sabor amargo; se estiver muito fria, o chá não fará uma infusão muito proveitosa.

Na maioria das circunstâncias, a água recém-fervida funciona, mas, para obter a temperatura de água absolutamente perfeita a cada tipo de chá, você deve mirar nos 96-98°C para chás pretos e em cerca de 80-85°C para chás brancos, verdes e oolongs. Todos os tipos de tisanas, inclusive rooibos e mate, podem receber água fervente sem que o sabor seja afetado.

Há um equívoco geral de que os chás mais leves, como os chás verde e branco, têm um sabor amargo e de taninos. Quando preparados corretamente, isso não deve acontecer. Para simplificar: o amargor se deve ao fato de a temperatura da água estar muito alta e queimar as folhas. Para entrar em mais detalhes: diferentes compostos de sabor se dissolvem em diferentes temperaturas, e muitos dos sabores mais doces e aromáticos são causados por aminoácidos que se dissolvem em torno de 60°C. Além disso, a maioria dos sabores amargos e adstringentes é causada por taninos, que se dissolvem em torno de 80°C. A chave para uma xícara de chá verde perfeitamente equilibrada é obter a quantidade certa de cada composto dissolvido sem deixar que nenhum deles se sobreponha aos outros.

É possível ser ainda mais técnico em relação aos vários tipos de folhas e até mesmo à época da colheita para determinar a temperatura ideal de preparo (mais uma vez, isso depende do nível de aminoácidos e outros compostos encontrados nas folhas), mas, como regra geral, siga a tabela de temperaturas de infusões na página 77.

QUANTO CHÁ USAR?

Para a maioria dos chás, use uma colher de chá cheia para cada 350 mL de água (essa é a capacidade de uma caneca de chá comum). Algumas pessoas gostam de seguir a tradição de adicionar uma colher extra "para o bule" ao usar um bule de chá. Isso pode ser feito se você preferir um sabor muito forte ou se estiver usando canecas ou xícaras particularmente grandes.

Com alguns chás – oolongs, por exemplo –, você pode repetir a infusão várias vezes, deixando as folhas no bule ou no infusor para utilizá-las novamente. Enxágue as folhas em água fria depois de removê-las e coloque-as em um prato ou pires para reutilizá-las mais tarde.

INTENSIDADE

Todo mundo tem a própria intensidade ideal de chá, geralmente determinada pela cor da bebida após a infusão. Entretanto, o termo "intensidade" pode ser aplicado para descrever não apenas uma medida de cor ou concentração do sabor, mas também a profundidade do sabor.

O uso de uma quantidade maior de chá, o aumento da temperatura da água e a alteração do tempo de preparo podem afetar a intensidade de uma xícara de chá. Se você tomar o chá com leite, é importante usar uma quantidade suficiente de chá e deixá-lo em infusão pelo tempo necessário para que a adição de leite não domine o sabor.

É HORA DA INFUSÃO

Se você estiver usando saquinhos de chá comuns, o tempo de preparo não é uma preocupação tão grande, pois eles foram projetados para infusões rápidas. As partículas de folhas de chá dentro de um saquinho são pequenas, portanto a maior área de superfície os torna perfeitos para uma rápida

---

Ao lado: Representando mais de 95% do mercado, os saquinhos de chá foram inventados pelo comerciante de Nova York Thomas Sullivan no início do século XX.

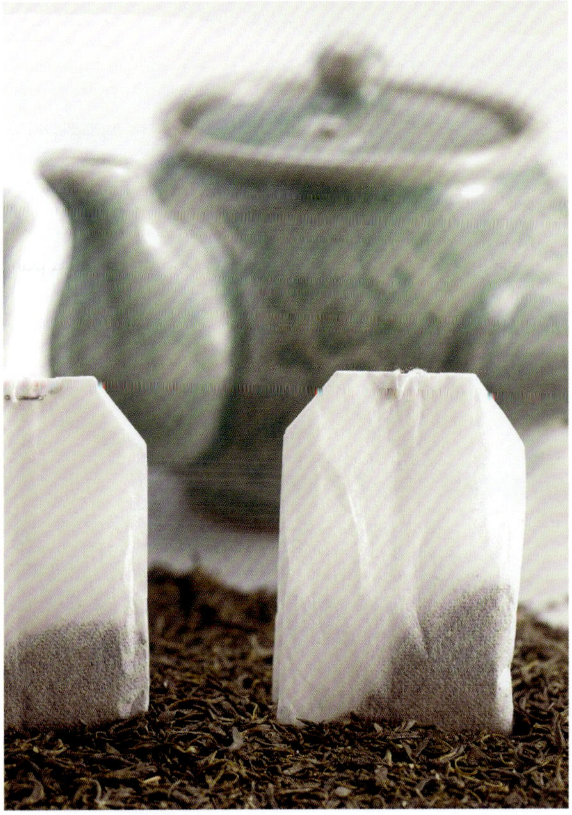
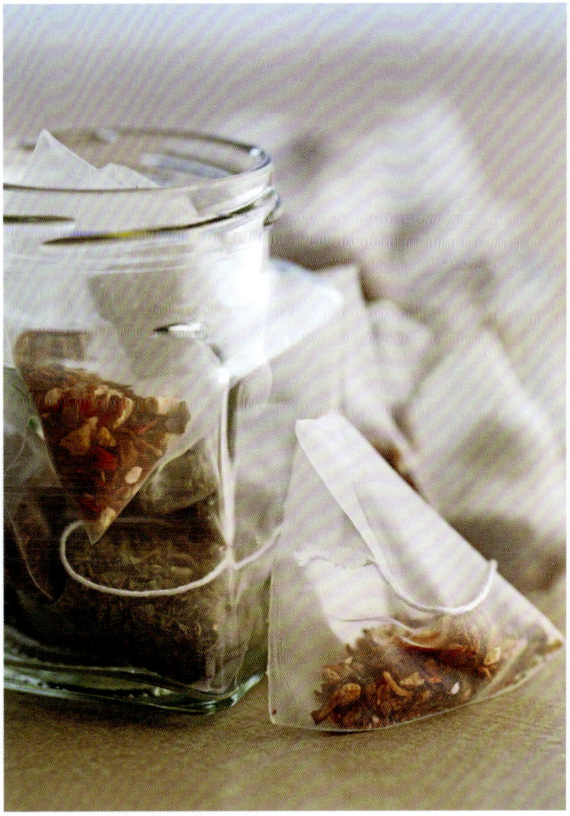
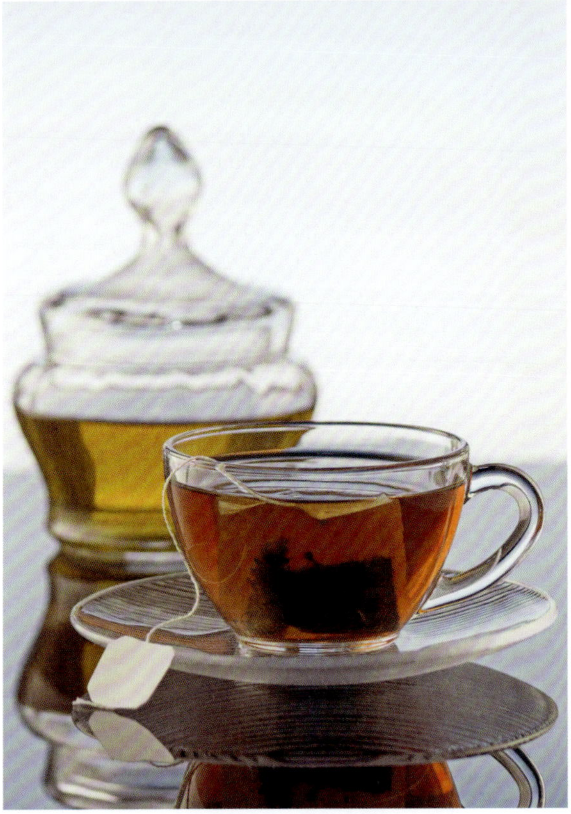
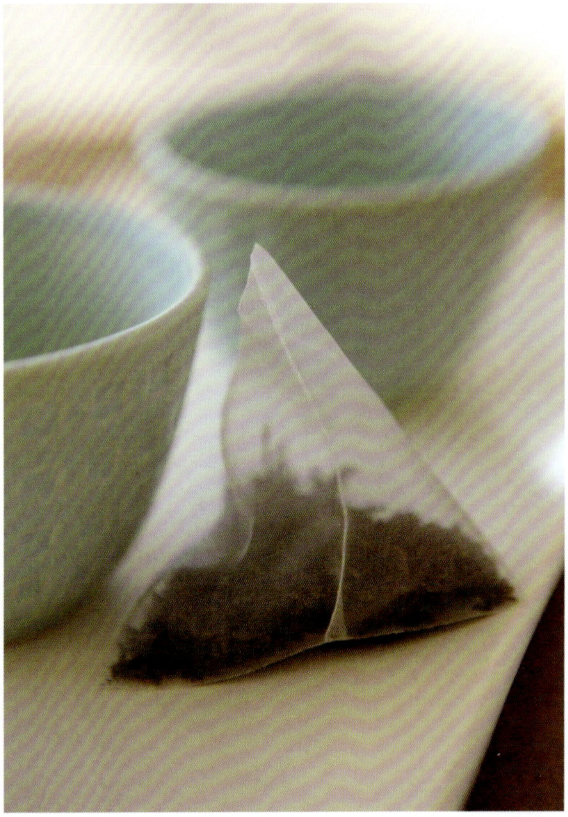

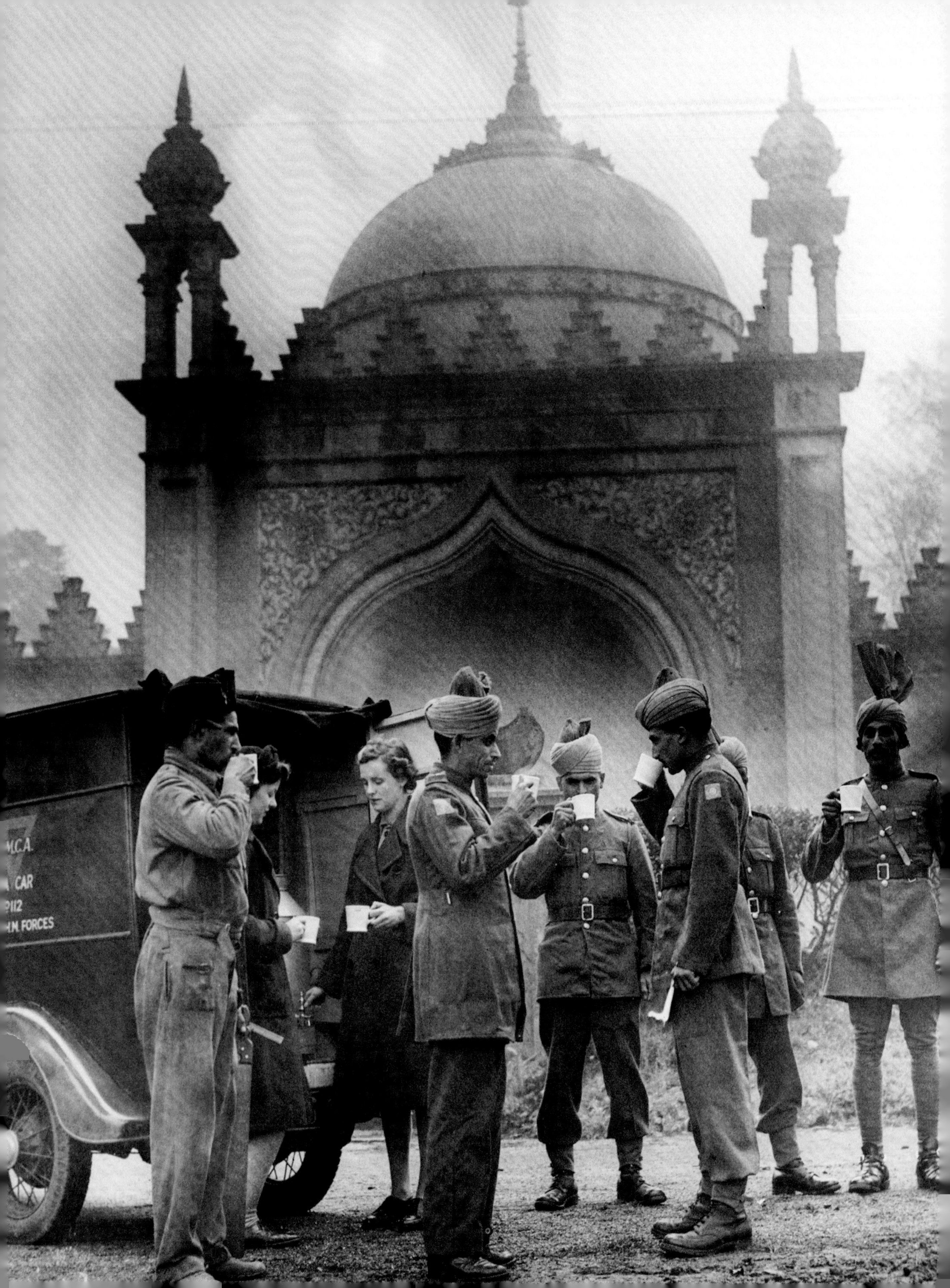

CAR
H.M. FORCES

imersão. Se estiver usando um saquinho de chá de folhas inteiras ou optar por folhas soltas, o tempo de preparo deve ser ajustado de acordo.

Os chás branco, verde e oolong não devem ser deixados por mais de 3 minutos, pelo mesmo motivo que se deve garantir que a temperatura da água não esteja muito alta (ver anteriormente) – para assegurar que o chá não fique com um sabor amargo.

Os chás preto e pu'erh devem ser deixados em infusão por 3 a 5 minutos, com um tempo de infusão mais longo se você for tomar o chá com leite. Alguns chás pretos podem desenvolver um forte sabor de tanino se deixados em infusão por muito tempo, então tenha cuidado.

Os chás de ervas, rooibos, frutas e mate podem ser deixados pelo tempo que você quiser, pois não contêm os polifenóis que tornam a folha amarga quando em infusão excessiva. Esses tipos de chá devem ser preparados por pelo menos 4 minutos, mas você pode deixá-los por mais tempo se quiser um sabor mais intenso.

LEITE, AÇÚCAR E LIMÃO

Os britânicos criaram a tradição de adicionar leite e açúcar ao chá no final dos anos 1700. Até então, todos os chás eram consumidos sem leite, com uma exceção: algumas comunidades agrícolas nas regiões montanhosas do norte da Ásia adicionavam manteiga ou leite ao chá para consumir mais calorias e se manterem aquecidas, além de acrescentar sal para ajudar na hidratação (ver a página 162).

Não se sabe se isso influenciou o hábito britânico de tomar chá com leite, mas outras possíveis explicações incluem a crença de que adicionar leite à xícara antes do chá quente protegeria a porcelana nova de rachaduras e manchas, ou a crença de que tomar leite com o chá seria benéfico à saúde. Os britânicos também apreciam alguns chás pretos com uma fatia bem fina de limão, que é deixada em infusão no chá, mas retirada antes do consumo. Esses acréscimos parecem ser um costume exclusivo dos britânicos, pois poucos de seus vizinhos adotaram o hábito de tomar chá com leite ou limão.

A adição de açúcar ao chá não é tão exclusivamente britânica, pois em muitas áreas do Leste Europeu e da Rússia as pessoas gostam de chás pretos bem doces. Acredita-se que a adição de açúcar na Grã-Bretanha era originalmente uma forma de mascarar o amargor e a baixa qualidade de alguns chás, principalmente durante a Segunda Guerra Mundial, quando o produto era escasso e racionado. Um desenvolvimento muito mais recente, o chá gelado americano também é altamente adoçado (ver a página 117).

A adição de leite ou adoçante é uma preferência pessoal, mas, com alguns tipos de chá, como o verde, o branco e a maioria dos oolongs, isso acaba com o sabor e deve ser evitado.

Ao lado: Uma cantina móvel abastece soldados indianos com chá do lado de fora de uma mesquita em Woking, Inglaterra, durante a Segunda Guerra Mundial.

TABELA DE INFUSÕES

CHÁ	TEMPERATURA	TEMPO DE INFUSÃO	ADICIONAR LEITE
Branco	80°C	3 minutos	Sem leite
Verde	80°C	3 minutos	Sem leite
Oolong	80-90°C	3 minutos	Sem leite*
Preto	90-97°C	3+ minutos**	Com ou sem leite
Mate	97-100°C	4+ minutos	Sem leite
Rooibos	97-100°C	4+ minutos	Com ou sem leite
Ervas	97-100°C	4+ minutos	Sem leite
Frutas	97-100°C	4+ minutos	Sem leite

* A maioria dos chás oolong deve ser tratada como chá verde, portanto deve ser tomada sem leite, mas alguns estão mais próximos de um chá preto claro, assim, podem receber uma pequena quantidade de leite. O oolong é especialmente saboroso com uma pitada de leite.

** Sempre deixe o chá preto em infusão por mais tempo se for adicionar leite.

Esta fotografia das "Gibson Girls" é uma síntese do hábito de tomar chá como atividade social. No início do século XX, nos Estados Unidos, as chamadas Gibson Girls, nomeadas em homenagem ao ilustrador Charles Dana Gibson, buscavam uma forma idealizada de beleza, moda e etiqueta.

MISS CARLY

MISS CLARKE "THE GIBSON GIRLS"

UTENSÍLIOS PARA O CHÁ

A maioria dos amantes de chá tem prazer na cerimônia de preparação de seu chá favorito com sua coleção preferida de utensílios e ferramentas específicos. Os utensílios desempenham um papel importante na cultura do chá em muitas sociedades, não apenas pelo impacto no sabor resultante, mas também por seu simbolismo e sua beleza. O utensílio mais comum e mais apreciado é o bule, mas também é comum o uso de cestas ou bolas infusoras. Os recentes aparelhos inovadores, que facilitam o preparo de chá com folhas soltas, ajudaram a impulsionar o renascimento desse preparo com base na conveniência, sem sacrificar o sabor.

ESCOLHA DO BULE CERTO

O uso de um recipiente com formato de tigela para preparar as folhas de chá data de milhares de anos atrás na China, mas abrange quase todas as culturas de consumo de chá. Tradicionalmente, o bule em forma de tigela continha e infundia as folhas em água quente e, quando pronto, o chá era despejado em uma xícara por meio de um pequeno orifício, malha ou coador. Isso assegurava que as folhas permanecessem no bule e que apenas o chá recém-preparado fosse parar na xícara. O design moderno do bule com alça, tampa, bico e, às vezes, cesto infusor ou coador de malha embutido foi inventado somente no século XVI.

Em muitas culturas, o bule desempenha um papel único nas cerimônias de chá e em outras ocasiões sociais, não apenas no preparo de um chá com sabor perfeito, mas também na transmissão de mensagens cerimoniais por meio de seu uso e até mesmo de seu design. Muitos bules são elegantemente pintados à mão, e o uso de um bule com decorações complexas é, há muito tempo, um sinal de classe e sofisticação no Extremo Oriente – e, posteriormente, também na Europa.

Ao escolher um bule, é importante considerar se você quer algo funcional ou atraente, além de levar em conta o tamanho certo para suas necessidades. Você também precisará pensar se vai preparar chá de folhas soltas no bule ou se vai usar saquinhos de chá. Se for o primeiro caso, você também precisará de um cesto infusor embutido ou de um coador para despejar o chá (ver a página 85).

Há milhares de modelos de bule disponíveis, com a opção de combinar essa peça com a decoração da cozinha ou até mesmo com a estação do ano. O bule usado em uma cerimônia de chá japonesa, por exemplo, é escolhido para refletir a época do ano ou a ocasião. Com os outros utensílios de chá utilizados na cerimônia, o bule pode apresentar desenhos que reflitam a mudança das estações, desde cerejeiras em flor até a queda das folhas.

Os bules podem ser feitos de diversos materiais, como pedra não esmaltada, porcelana, vidro, ferro fundido, prata e aço inoxidável – todos eles afetam o sabor do chá resultante de maneiras únicas. Alguns materiais são mais adequados para determinadas variedades da bebida.

Abaixo: O serviço de chá em prata ocupa um lugar de destaque em *Chá* (c. 1880), uma pintura da artista americana Mary Cassatt (1844-1926), que viveu e trabalhou em Paris no final do século XIX.

Um bule Yixing da dinastia Qing, de meados do século XIX, com tampa, bico e alça em estanho e jade.

Um bule Yixing da dinastia Qing (c. 1820) de Yang Pengnian (1767-1831) com caligrafia de Chen Mansheng (1768-1822).

Um bule de porcelana chinesa (1890) com decoração floral.

CERÂMICA

Os bules feitos de materiais cerâmicos, como a argila, são fabricados manualmente há dezenas de milhares de anos, originalmente na China. Como regra geral, quanto mais alta a temperatura de queima, mais dura é a cerâmica resultante. A cerâmica é um produto popular para bules de chá, pois tende a reter muito bem o calor. É possível obter acabamentos esmaltados ou não esmaltados.

O primeiro bule "oficial" é o bule cerâmico Yixing, que remonta à China do século XVI. A louça Yixing era feita de argila porosa e não era esmaltada para que o bule absorvesse o aroma e os sabores do chá que continha. Portanto, um bule cerâmico é excelente para realçar os sabores mais fortes dos chás verdes chineses torrados, pu'erhs maltados e chás pretos defumados. Porém, em virtude da natureza absorvente da argila, é importante que você tenha um bule diferente para cada tipo de chá.

Pelo mesmo motivo, se estiver usando um bule de cerâmica não esmaltada, também é preciso garantir que nunca seja lavado com sabão, pois ele absorverá o sabor – em vez disso, basta enxaguá-lo com água fria, garantindo que todas as folhas e partículas sejam removidas, e depois deixá-lo secar. Talvez seja essa a origem da crença de longa data de que não se deve usar água com sabão para limpar qualquer bule, muito menos colocá-lo na lava-louça. No entanto, muitos bules de porcelana modernos projetados para uso diário podem ser lavados na lava-louça, e lavá-los com água e sabão não afetará o sabor do chá.

PORCELANA

A porcelana verdadeira, um tipo de cerâmica branca fina e translúcida, cozida em altas temperaturas, é originária da China, onde foi refinada durante os séculos XIII e XIV. Ela é feita de pedra de porcelana moída misturada com caulim, também conhecido como argila de porcelana. Desenvolvida pela primeira vez em Staffordshire, Inglaterra, por volta de 1800, a porcelana de ossos é um tipo de porcelana feita com a adição de cinzas de ossos à mistura de argila e pedra de porcelana. A porcelana de ossos costuma ter aparência muito semelhante à porcelana verdadeira, mas há diferenças sutis, principalmente no peso, na translucidez e na espessura.

Os bules de porcelana são ótimos para chás mais leves, como os verdes, oolongs e chás pretos mais leves, como o Darjeeling. A porcelana de ossos é geralmente considerada o melhor material para bules e, apesar de seu preço mais elevado, sua aparência delicada e elegante a torna a melhor opção como parte de um conjunto de chá da tarde.

Um bule de vidro transparente com infusor central de vidro, com base em um projeto do designer industrial alemão Wilhelm Wagenfeld (1900-1990).

Uma chaleira japonesa de ferro fundido, ou *tetsubin*, do Período Edo (1603-1868), decorada com uma textura de pedras de granizo.

Esse estilo de bule é comum de ver nos lares modernos.

VIDRO

Pode-se dizer que o vidro é um material pouco prático para um bule de chá, pois não retém muito bem o calor, mancha facilmente e é frágil. Contudo, os bules de vidro são perfeitos para preparar chás bonitos, especialmente chás floridos, pois oferecem uma visão fascinante das folhas em infusão no interior. Eles também permitem ver quando o chá atingiu a concentração perfeita. É comum que um bule de vidro venha com um aquecedor correspondente, que possibilita a colocação de uma vela sob o bule para mantê-lo aquecido.

FERRO FUNDIDO

Os bules de ferro fundido tiveram origem no Japão no século XVII, onde são conhecidos como *tetsubin*. Antes disso, o ferro fundido já era utilizado na fabricação de recipientes para aquecer água no fogo, pois o ferro aquece rapidamente e retém bem o calor quando atinge a temperatura desejada. Seu uso mais específico para chá de folhas soltas data da mesma época em que o chá sencha de folhas soltas (diferentemente do matcha em pó) se tornou popular no Japão. Um bule de ferro fundido é semelhante a um bule de cerâmica não esmaltada, pois absorve alguns dos sabores do chá que contém. Portanto, é igualmente importante que não se use sabão para limpar um bule desse tipo. Além disso, ele deve ser completamente seco após o uso, para evitar que enferruje.

Em geral decorados com estampas detalhadas, os bules de ferro fundido rapidamente se tornaram um símbolo de status no Japão e eram com frequência dados como presentes luxuosos. Até hoje, eles continuam sendo os bules mais caros para ter, mas sua fabricação artesanal e especializada significa que podem durar a vida inteira.

PREPARAÇÃO DA XÍCARA DE CHÁ PERFEITA

1. Encha a chaleira com água fria recém-filtrada ou com água mineral, se desejar.

2. Após a fervura, despeje um pouco de água no bule, gire-o para aquecê-lo levemente e, em seguida, jogue a água fora. Isso serve para garantir que o bule retenha o máximo de calor possível.

3. Adicione ao bule o número necessário de colheres de chá cheias de chá de folhas soltas ou saquinhos de chá para a quantidade de xícaras que está preparando.

4. Encha o bule até o nível desejado com a água na temperatura correta, tentando cobrir todas as folhas de chá. A água diretamente da chaleira estará a 97-98°C. Se precisar de água com temperatura mais baixa para uma infusão ideal, use uma chaleira com temperatura controlada ou adicione um quinto de água fria ao bule antes da água fervida, usando um termômetro para medir a temperatura com precisão.

5. Se houver algumas folhas flutuando na superfície da água, mexa com uma colher de chá para cobri-las.

6. Recoloque a tampa do bule e deixe o chá em infusão pelo tempo desejado (ver a tabela de infusões na página 77).

7. Depois de pronto, se estiver usando um bule simples (sem um infusor embutido), despeje o chá na xícara através de um coador. Se estiver usando um bule com um infusor embutido, remova-o antes de despejar o chá.

8. Adicione leite, se desejar, e saboreie. Se for tomar sem leite, deixe o chá esfriar um pouco antes de beber.

INFUSORES

Se você estiver começando a apreciar os chás de folhas soltas, a ferramenta mais econômica é um bom infusor de xícara. Há infusores de todas as formas e tamanhos, e todos funcionam fornecendo uma barreira de malha entre as folhas e a água quente. Depois que o chá é preparado, basta remover o infusor, e você terá uma xícara da bebida com infusão perfeita.

O consumo de chá de folhas soltas teve um renascimento nos últimos anos, e muitas ferramentas e aparelhos inovadores foram inventados para torná-lo descomplicado, como uma cesta infusora que se prende à lateral da xícara, permitindo que você beba o chá enquanto ela ainda está presa. Isso possibilita testar a intensidade do chá, para garantir o tempo de infusão perfeito, antes de remover o infusor. Como alternativa, você pode deixá-lo no lugar: muitas pessoas que tomam chás de ervas preferem não remover as folhas enquanto bebem.

Outra maneira econômica de preparar chá de folhas soltas é usar saquinhos de papel descartáveis. Você adiciona uma colher de folhas do chá de sua escolha ao saquinho, criando seu próprio saquinho de chá customizado. Alguns desses saquinhos vêm com um cordão, igual a um saquinho de chá convencional, enquanto outros têm um formato alto e retangular, com a parte superior projetada para ficar sobre a borda da xícara. Os primeiros são melhores, pois podem ser movidos mais facilmente pela xícara para estimular a infusão e não pingam.

Outra opção é usar um coador de chá, que é diferente de um infusor, pois você o segura sobre a xícara ou o equilibra apoiado nela e derrama o chá do bule para o recipiente através dele. O coador captura as folhas quando o chá passa por ele. Os coadores se parecem um pouco com colheres grandes, geralmente são feitos de aço inoxidável e podem ter um design ornamentado.

CANECAS INFUSORAS E RECIPIENTES A VÁCUO

As canecas com infusor de chá embutido no design estão se tornando cada vez mais populares e são ideais para preparar apenas uma xícara, dispensando o uso do bule e do coador. O cesto infusor fica acoplado na borda da caneca, logo abaixo da parte superior. A tampa ajuda a manter a água quente durante a infusão e depois se transforma em um pires para apoiar a cesta que está pingando. As canecas infusoras são uma opção prática para o uso no escritório ou na escola, por exemplo, onde um bule pode não estar disponível.

Outra inovação recente são os recipientes a vácuo com infusor embutido. As garrafas térmicas a vácuo são usadas há anos para transportar chá pré-preparado ou água quente, já as garrafas com infusor embutido permitem preparar e transportar o chá em um único utensílio, mantendo-o quente por várias horas. Você também pode deixar as folhas em infusão enquanto estiver em trânsito.

Infusor esférico | Infusor de cesto removível | Infusor acoplável

Uma grande variedade de bules cerâmicos com diferentes esmaltes e acabamentos em exposição em um mercado movimentado em Kowloon, Hong Kong. Os primeiros bules cerâmicos foram queimados à mão na China há dezenas de milhares de anos.

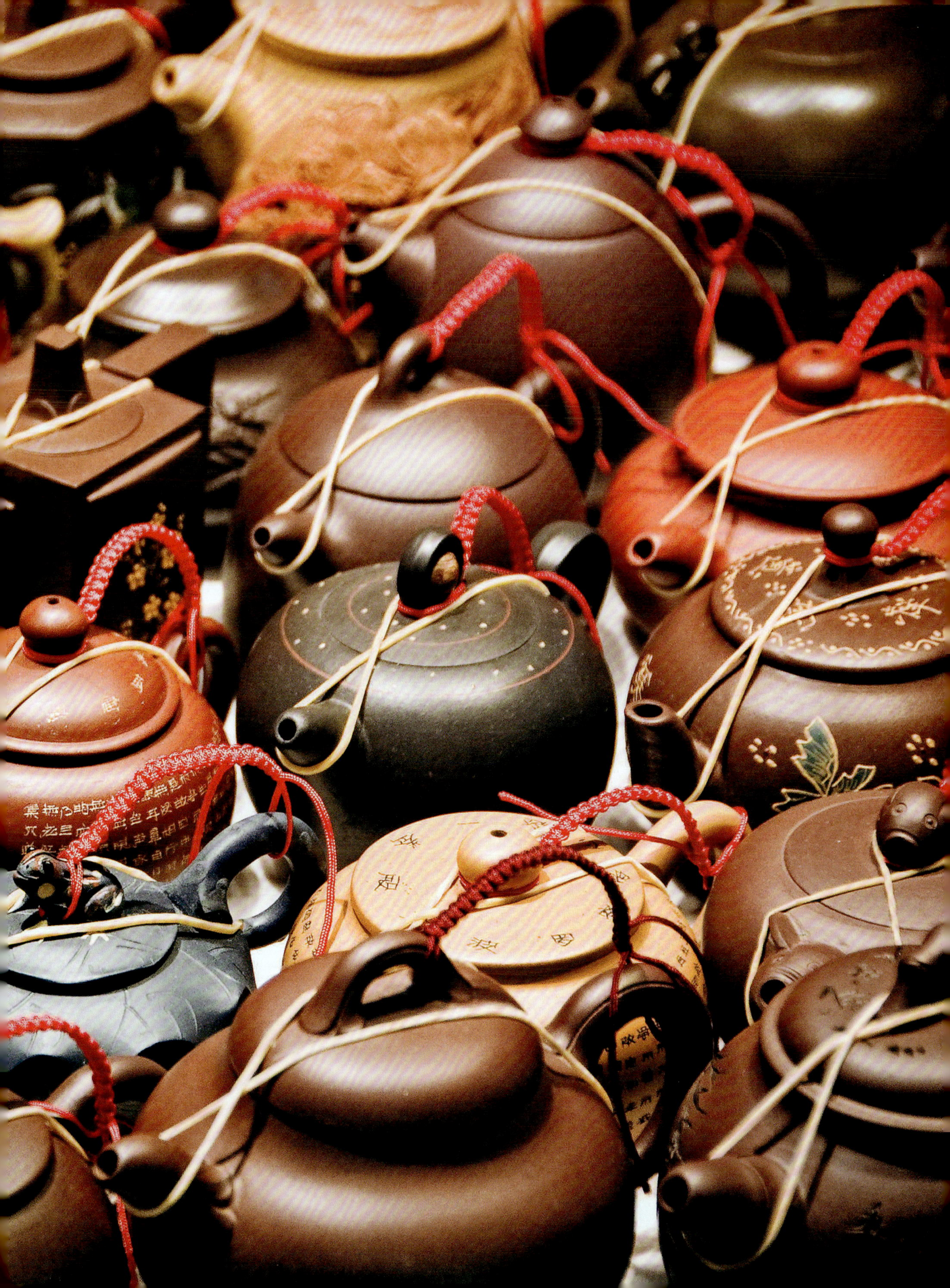

IMERSORES POR GRAVIDADE

O imersor por gravidade é uma invenção bastante moderna que tem tudo para levar o consumo de chá de folhas soltas a um novo patamar. Seu design é semelhante ao de um bule de chá, pois contém água quente e folhas de chá e pode ser utilizado tanto para preparar quanto para servir a bebida. No entanto, o imersor por gravidade difere do bule por ter uma malha fina na parte inferior da câmara de infusão que funciona como um coador quando o chá é servido. A parte realmente inteligente é a maneira como o chá preparado é despejado na xícara: basta colocar o imersor por gravidade em cima da xícara de chá, o que faz que um mecanismo semelhante a um portão se abra e o chá escorra pela malha, deixando as folhas na câmara e o líquido na xícara.

Quando você levanta o imersor por gravidade da xícara, ele para automaticamente de derramar, para que não haja gotejamento ou sujeira. Em seguida, basta jogar fora as folhas (ou adicioná-las à pilha de compostagem) e enxaguar o imersor. O conjunto todo é desmontável para facilitar a limpeza e também pode ir na lava-louça.

PREPARAÇÃO DE CHÁ COM UM IMERSOR POR GRAVIDADE

1. Adicione as folhas de chá ao imersor por gravidade.

2. Encha com água recém-fervida e deixe em infusão pelo tempo desejado (ver a página 77).

3. Coloque o imersor por gravidade em cima da caneca de chá.

CHALEIRAS PARA FOLHAS SOLTAS

Na categoria mais sofisticada de equipamentos para preparo de chá estão as chaleiras elétricas, que não apenas aquecem a água a temperaturas específicas, mas também preparam as folhas para você. As chaleiras com controle de temperatura já existem há algum tempo e são ótimas para definir a temperatura correta da água a tipos específicos de chá. As chaleiras de folhas soltas são uma invenção muito mais recente e levam a preparação do chá um passo adiante, permitindo que você defina a temperatura e o tempo de infusão.

A chaleira funciona aquecendo a água em um compartimento de vidro até a temperatura desejada, que é definida pelo usuário, e, em seguida, um compartimento de folhas embutido é colocado na água pelo tempo desejado, novamente definido pelo usuário. Depois que o chá é preparado, o compartimento de folhas é retirado da água e você pode servi-lo da mesma forma que faria com a água de uma chaleira normal.

Essas chaleiras são ótimas para a preparação precisa do chá, mas, como qualquer outra ferramenta especializada, exigem atenção e esforço para serem mantidas limpas e receberem manutenção. Além disso, embora seja possível preparar até cinco xícaras de chá por vez, elas requerem que todos estejam consumindo o mesmo tipo de chá. Portanto, se quiser preparar diferentes tipos, uma chaleira padrão e cestas de infusores individuais podem ser uma opção melhor.

UTENSÍLIOS COMERCIAIS PARA CHÁ

Para os proprietários de cafeterias, o tipo de máquina de café que usam é provavelmente a principal consideração, e o equipamento geralmente ocupa uma posição central na loja. As ferramentas comerciais para chá não são tão glamourosas ou essenciais: muitos salões de chá exigem apenas um bom recipiente e uma seleção de bules ou cestas de infusão. Assim como na preparação de chá em casa, é importante considerar a qualidade da água, a temperatura e o tempo de preparação, portanto uma loja de chá ou café decente sempre deve ter um filtro de água de boa qualidade adequado para o recipiente e usará temporizadores e termômetros para obter os melhores resultados.

Nos últimos anos, foram inventadas algumas máquinas de chá comerciais que estão sendo testadas aos poucos em todo o mundo. Essas máquinas garantem precisão absoluta, agilizam o serviço e permitem a preparação de bebidas mais elaboradas à base de chá, como chá com leite, *bubble tea* e chás gelados. Os fabricantes também estão desenvolvendo máquinas que aceitam cápsulas de chá de dose única, como as máquinas de café em cápsula que são populares no uso doméstico.

Acima: As cafeterias e casas de chá usam recipientes ou torneiras de água fervente para maior rapidez e conveniência ao preparar quantias maiores de chá.

COMPRA E ARMAZENAMENTO DO CHÁ

Você pode comprar chá em uma grande variedade de lugares, desde supermercados até lojas especializadas, há muitas opções. Mas comprar o chá certo para você não precisa ser confuso. Os segredos são estabelecer primeiro seus sabores preferidos, encontrar um fornecedor de chá experiente em quem você confie, preparar-se para experimentar novidades e armazenar o chá corretamente quando chegar em casa. A menos que você experimente primeiro, geralmente não há como garantir que você gostará de um chá quando o comprar pela primeira vez. Aqui, no entanto, exploraremos algumas maneiras de aumentar suas chances.

SUPERMERCADO, VENDEDORES DE CHÁ OU ON-LINE?

Dê uma olhada no supermercado local, especialmente quando ainda estiver descobrindo seus gostos, pois geralmente há uma ou duas marcas de boa qualidade disponíveis. No entanto, esteja ciente de que não é necessariamente verdade que se, por exemplo, você gostar dos saquinhos de chá de English Breakfast de determinada marca, também gostará do sencha de folhas soltas deles. Isso ocorre porque muitas marcas do chá de supermercado se especializam em chás mais cotidianos, que são consistentes, mas de baixa qualidade. Também vale a pena observar que uma embalagem bonita não garante um produto de alta qualidade.

A maioria dos chás pré-embalados nas prateleiras dos supermercados deve conter informações sobre a concentração, notas de degustação e métodos de preparo para ajudá-lo a decidir antes de comprar. Essas informações também podem ser encontradas nas páginas de produtos das lojas on-line. É igualmente uma boa ideia consultar as avaliações on-line de outros apreciadores, pois isso pode ajudá-lo a ter uma ideia real do sabor daquele chá.

Para experimentar as variedades de chá de maior qualidade e mais especializadas, você precisará visitar um mercado de alimentos decente, o setor de alimentos de uma loja de departamentos de alto padrão ou um comerciante de chá especializado, pessoalmente ou on-line. Um bom comerciante de chá geralmente tem mais opções e conhecimento aprofundado para poder orientar em relação a algo que lhe agrade. Às vezes, também é possível experimentar amostras, mas não se esqueça de perguntar como elas foram preparadas, verificando se foi adicionado açúcar, por exemplo. Um comerciante de chá deve ser capaz de responder a todas as perguntas que você tiver sobre colheita, origem, frescor, rastreabilidade e notas de sabor. Se não souberem dizer, talvez seja melhor tentar em outro lugar.

CLASSIFICAÇÃO E QUALIDADE

Você deve poder examinar a folha seca, seja na loja física ou on-line, e isso lhe ajudará a determinar os ingredientes e a qualidade. Folhas mais cheias e brilhantes, com uma

---

Abaixo: Este pôster da década de 1930 do Empire Marketing Board, formado em 1926 para promover o comércio em todo o Império Britânico, incentiva os consumidores a comprarem chá do Ceilão e salmão canadense.

Siwa Thee

SIWA Theeimport-Gesellschaft Stuttgart u. London.

Siwa-Thee schmeckt gut

cor consistente, geralmente são um forte indicador de alta qualidade. Se preferir folhas menores, certifique-se de que as partículas sejam todas do mesmo tamanho e que não contenham gravetos ou talos – uma cor marrom característica muitas vezes denuncia isso.

ORIGEM E FRESCOR

Uma das melhores coisas a perguntar à equipe de uma loja especializada em chá é se eles têm um vínculo direto com um produtor ou propriedade. Se não tiverem, é provável que estejam comprando de um catálogo de alguma casa de mistura de chás ou por um corretor (ver a página 62). Às vezes, isso pode significar que o chá não é tão fresco, pois geralmente fica muito tempo com o corretor antes de chegar aos varejistas finais. Também pode ser uma indicação de que o proprietário ou a empresa de chá não tem tanto conhecimento sobre seus produtos quanto se espera.

QUANTO COMPRAR

A maioria dos comerciantes vende por peso e, como regra geral, é melhor começar com uma quantidade menor e experimentar algumas variedades para descobrir do que você gosta. Se você descobrir a preferência por um tipo de chá particularmente especializado ou caro, ainda assim é melhor comprar em quantidades menores, com mais regularidade, para que ele esteja mais fresco. No entanto, se estiver comprando um chá que só é colhido uma vez por ano, talvez seja melhor investir em uma quantidade maior para durar o ano todo. Como acontece com qualquer chá, é importante armazená-lo corretamente quando chegar em casa.

ARMAZENAMENTO DE CHÁ EM CASA

1. **MANTENHA-O EM RECIPIENTES HERMÉTICOS.** É importante manter o chá em um recipiente hermético para evitar que ele estrague. A maioria dos chás é vendida em algum tipo de embalagem hermética, como uma bolsa de plástico ou uma lata hermética, mas nem todas as embalagens podem ser fechadas novamente. Se não for possível fechar novamente a embalagem original, você precisará transferir o chá para um recipiente ou lata hermética que feche bem.

2. **GUARDE-O EM UM LUGAR ESCURO.** O chá é sensível à luz e, se for deixado sob a luz do sol, perderá o sabor, portanto, embora os potes de vidro sejam bonitos, eles não são adequados – recipientes de estanho ou plástico são melhores.

3. **MANTENHA-O FRESCO.** Além da luz, o chá também é afetado pelo calor. Um local fresco, como um armário, deve ser suficiente para o armazenamento. Não há necessidade de refrigerar o chá.

4. **MANTENHA-O SECO.** Uma lata hermética em um armário fresco também deve manter o chá seco e agradável, o que é perfeito, pois o chá úmido mofa.

5. **MANTENHA-O LONGE DE CHEIROS FORTES.** O chá é incrivelmente sensível ao aroma, portanto mantenha-o longe de cheiros fortes, como o de comida cozida ou fumaça de cigarro. Sempre recoloque a tampa e guarde o chá assim que terminar de consumi-lo.

Ao lado: Uma mulher japonesa usando trajes tradicionais tomando uma xícara de chá neste pôster publicitário alemão. A Siwa era uma empresa anglo-alemã de importação de chá.

À direita: Bules de chá à venda na rua Dashilar. Localizada perto da praça Tiananmen, essa é a rua comercial mais antiga e mais famosa de Pequim.

A movimentada sala de embalagem de uma empresa inglesa de comércio de chá em 1932. Como podemos ver aqui, esse era um trabalho realizado principalmente por mulheres.

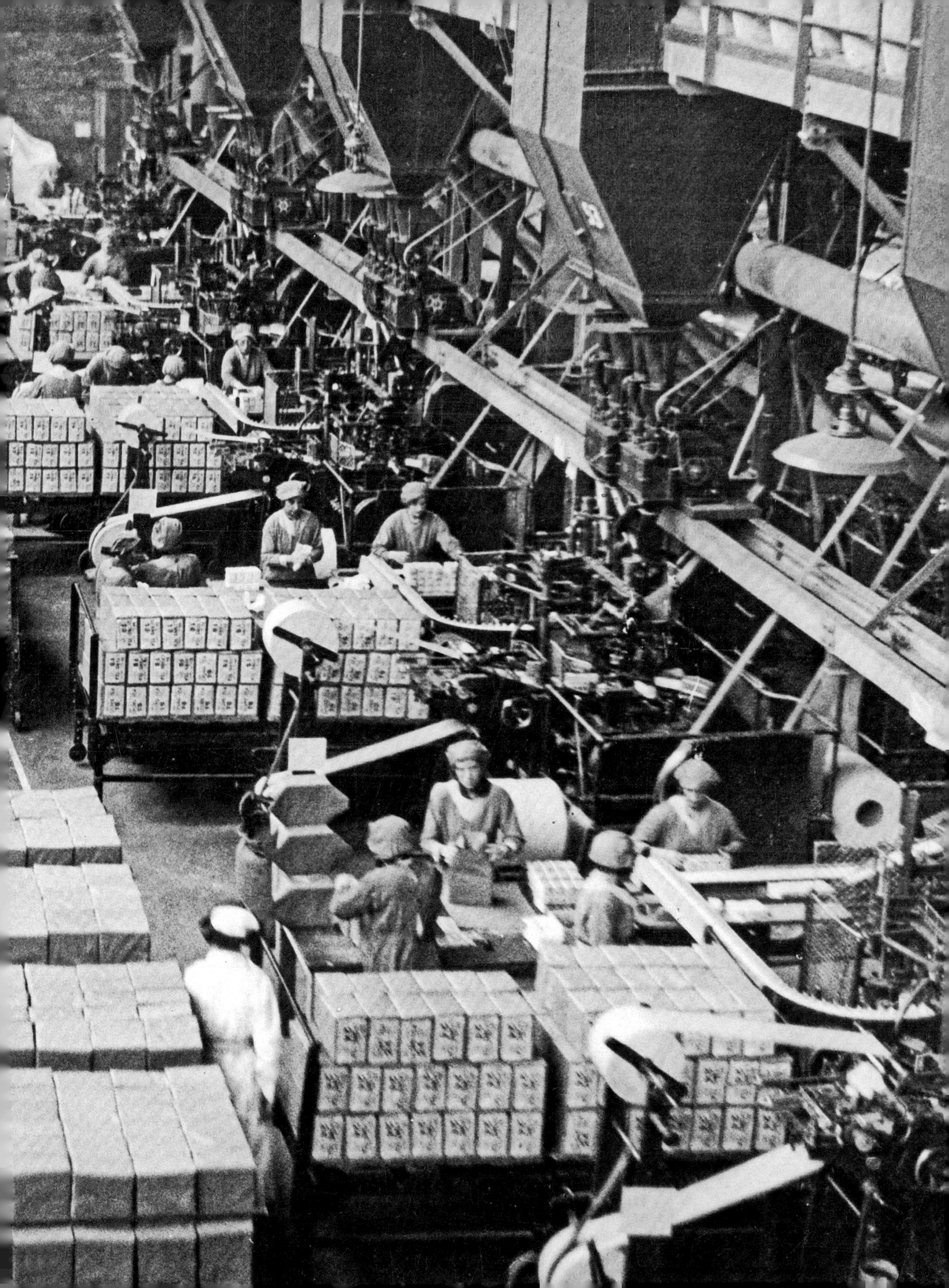

A DEGUSTAÇÃO DO CHÁ

Tomamos chá em uma grande variedade de situações e circunstâncias cotidianas: socialmente com amigos, durante reuniões ou compromissos e como parte de nossa rotina diária. Mas você já parou para pensar de verdade no gosto que tem seu chá? Qual é a aparência das folhas ou quais aromas preenchem seu olfato quando você toma um gole? É isso que os degustadores e corretores de chá fazem no trabalho todos os dias: submetem o chá que você toma a rigorosos testes de degustação para garantir o equilíbrio correto de aroma e sabor. Se você parar não apenas para beber, mas para realmente "degustar" seus chás, certamente descobrirá um mundo sedutor de sabor e deleite.

DEGUSTAÇÃO PROFISSIONAL DE CHÁ

Ser um degustador de chá profissional pode parecer o trabalho perfeito: saborear chá o dia inteiro. Na realidade, são necessários anos de experiência, um conhecimento profundo do processo de cultivo do chá, excelente percepção sensorial e um conjunto brilhante de papilas gustativas.

A degustação do chá ocorre em vários estágios da jornada dessa bebida até sua xícara. Na plantação, cada colheita é degustada para a classificação e o teste do qualidade; nos grandes mercados compradores de chá, os atacadistas fazem a degustação enquanto procuram produtos para exportar, e as empresas de chá enviam seus degustadores em busca da xícara perfeita para vender a seus clientes.

Para as empresas de chá, os provadores internos também são responsáveis pela degustação de cada lote a fim de garantir que cada xícara vendida seja consistente. Esse é um trabalho complexo e qualificado, pois os provadores devem ser capazes de detectar as diferenças mais sutis entre variedades e classificações de folhas quase idênticas. É fundamental que todos os elementos do processo de degustação de chá sejam precisos e iguais todas as vezes, inclusive

Abaixo: Os provadores de chá profissionais inspecionam as folhas úmidas, além de provar e cheirar o líquido do chá.

AS FERRAMENTAS DO DEGUSTADOR PROFISSIONAL DE CHÁ

Jogo de xícaras de cerâmica
Colher
Balanças
Água recém-filtrada
Temporizador
Roda de degustação/cartão de notas (ver a página 98)

o peso do chá, a qualidade, a temperatura e o volume da água, o equipamento e a técnica e o tempo de preparo.

A TÉCNICA DE "SORVER"

O "conjunto de degustação" é usado para provar o chá e é sempre de cor branca para permitir o exame da bebida e da folha. O conjunto consiste em uma xícara pequena com tampa, na qual as folhas são colocadas com a água para a infusão, e uma xícara pequena e arredondada para a degustação do chá.

Após a infusão, as folhas úmidas são deixadas na tampa da xícara para serem examinadas enquanto a bebida é observada, cheirada e, em seguida, "sorvida". Uma técnica eficaz de "sorver chá" tem como objetivo borrifar o chá em todos os receptores gustativos da língua enquanto o provador inala ar para realçar os sabores. Pode parecer falta de educação à mesa, mas, quanto mais alto for o gole, melhor. Depois de degustada, a bebida é cuspida em vez de engolida.

É possível sorver diretamente da xícara, como um profissional faz, ou usar uma colher para sorver.

Para a degustação profissional, o chá é preparado muito mais forte do que aquele que tomamos em casa, usando-se mais folhas e um tempo de imersão mais longo. Isso permite que os sabores e os aromas complexos se desenvolvam em seu potencial máximo.

PERFIS DE DEGUSTAÇÃO

Durante uma sessão de degustação, a aparência da folha, tanto seca quanto úmida, o aroma da folha e do licor, a sensação na boca e o sabor são todos examinados. As folhas de chá são classificadas e as notas de degustação são desenvolvidas, utilizando um vocabulário-padrão para descrever o chá.

Algumas das descrições-padrão incluem:

Corpo – com concentração total
Claro – líquido de cor clara
Vivo – vívido e revigorante
Cobreado – quanto à cor, não ao sabor
Profundo – pode se referir tanto à cor quanto ao sabor
Opaco – o oposto de claro
Plano – falta em completude de sabor, sem corpo
Floral – notas florais
Maltado – notas de lúpulo, intenso e profundo
Aveludado – sabor uniforme e completo, sem amargor
Pungente – adstringente, porém não amargo
Arredondado – gosto suave e completo
Tanino – gosto adstringente, frequentemente descrito como amargo
Ralo – sem muito corpo ou concentração
Instável – pontinhas brancas ou douradas das folhas presentes
Vegetal – notas vegetais, frescas e terrosas

As notas de degustação geralmente vão além desses termos mais gerais, muitas vezes com a ajuda de uma roda de degustação que atribui sabores e aromas positivos e negativos ao chá. Cada variedade de chá tem um perfil de sabor diferente na roda de degustação, portanto um sabor que é positivo para uma variedade pode ser negativo quando detectado em outra. Por exemplo, ao degustar um oolong de leite, um perfil de sabor de "nozes e manteiga" pode ser um sabor favorável e positivo; no entanto, ao degustar um lapsang souchong, esse seria um sabor ou aroma negativo, pois você estaria procurando um perfil positivo de "defumado e amadeirado", e vice-versa.

Ao lado, acima: Darjeeling, um chá leve de regiões montanhosas do Ceilão ou um blend English Breakfast combinariam bem com os bolos e sanduíches servidos em um chá da tarde tradicional.

À esquerda: Uma roda de degustação é uma ferramenta útil para avaliar os sabores do chá.

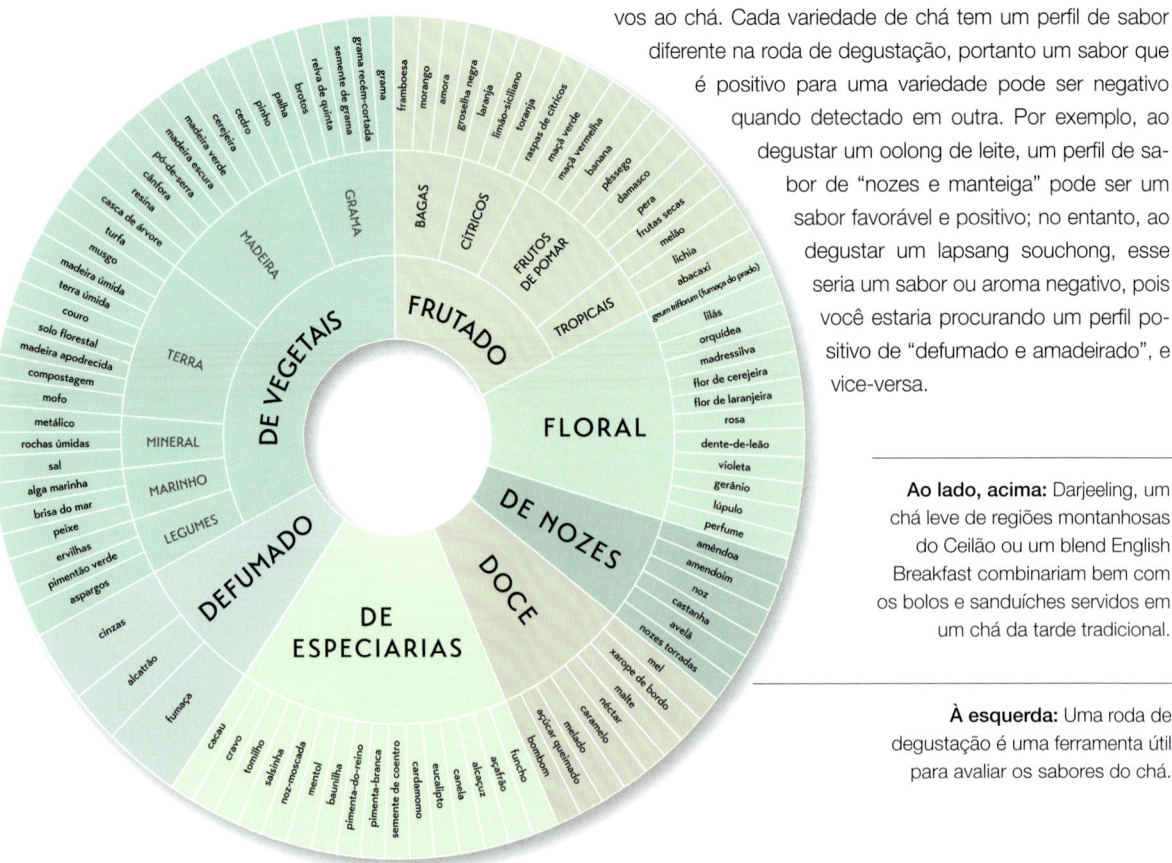

COMBINAÇÕES DE CHÁS COM ALIMENTOS

O chá é um ótimo parceiro para muitos alimentos e pode gerar uma discussão interessante em um jantar ou clube de degustação. Da mesma forma que na degustação e harmonização de vinhos, diferentes chás combinam bem com diferentes tipos de alimentos, pois alguns contrastam com determinados sabores e aromas e outros os complementam.

Se quiser experimentar combinações de chá e comida, dê uma olhada nas sugestões a seguir como ponto de partida, mas lembre-se de que o mais divertido é encontrar suas combinações preferidas!

ALIMENTO	CHÁ
Gelato ou sorvete	Earl Grey ou chá preto com aroma de lavanda.
Frituras	Chás fortes e maltados como Assam, lapsang souchong ou chás pretos do Quênia.
Comidas apimentadas	Complemente com um chá forte no caso de alimentos fritos ou contraste com um chá verde floral de jasmim.
Chocolate	Um chá do Ceilão de cultivo em baixas altitudes, Darjeeling ou qualquer chá de frutas com base de hibisco.
Queijo defumado	Genmaicha, chás verdes torrados da China ou chás frutados de maçã.
Salmão	Darjeeling, Earl Grey ou um oolong leve.
Chá da tarde	Darjeeling, um chá leve de regiões montanhosas do Ceilão ou um blend English Breakfast.

OS BENEFÍCIOS DO CHÁ À SAÚDE

Há milhares de anos, o chá tem desempenhado um papel importante no apoio à saúde e ao bem-estar das pessoas em muitas culturas do mundo. Sua rica história como prescrição medicinal começa na China, onde, em vez de ser apreciado principalmente por seu sabor, o chá era receitado para todos os tipos de doença, como fadiga, dores de cabeça e até mesmo tuberculose. Nos anos mais recentes, as pessoas têm recorrido aos chás de ervas quando tentam evitar a cafeína, mas os benefícios do chá para a saúde não se limitam à esfera das ervas. Foram realizadas pesquisas significativas sobre os benefícios dos chás verde, preto e branco, principalmente sobre os efeitos positivos de seus níveis de antioxidantes. Por ter mais de 95% de água, o chá também pode ajudá-lo a se manter hidratado, o que melhora as funções físicas e mentais.

A PESQUISA E AS EVIDÊNCIAS

Como já mencionamos, o chá contém antioxidantes e minerais como magnésio, zinco e potássio (ver a página 20). Os antioxidantes podem ter um efeito positivo na saúde, pois atuam no combate aos radicais livres que podem causar danos às células do corpo. Foi comprovado que o consumo de altos níveis de antioxidantes ajuda a reduzir o risco de doenças cardíacas, derrames e alguns tipos de câncer.

O chá também é uma boa fonte de fluoreto, que é útil para a saúde dos dentes e das gengivas. Embora beber uma grande quantidade de chá preto possa manchar os dentes, o fluoreto também ajuda a fortalecê-los e a reduzir as bactérias na boca.

Diversos estudos também foram realizados para testar crenças de longa data de que o chá pode reduzir o colesterol, ajudar a digestão e retardar os processos de envelhecimento, principalmente da pele. Muitas dessas descobertas ainda estão sendo desenvolvidas, para que se possa aprender mais sobre os efeitos do chá no corpo.

CAFEÍNA

Após o *boom* do café nos últimos anos, surgiram preocupações sobre os efeitos negativos da cafeína, um componente natural do café e do chá (ver a página 21). A cafeína é totalmente segura se consumida em quantidades razoáveis. Na verdade, ela pode até causar efeitos colaterais positivos, como aumento de energia e função cognitiva mais alerta. A dose máxima recomendada de cafeína é de 400 mg por dia, o que equivale a quatro xícaras de café, três bebidas energéticas ou dez xícaras de chá.

É interessante considerar o efeito da cafeína no chá, especificamente quando comparado ao café. Como discutimos anteriormente (ver a página 20), alguns dos compostos naturais encontrados no chá – polifenóis, como as catequinas, antioxidantes e o aminoácido L-teanina – afetam a taxa de absorção e os efeitos da cafeína no organismo. Os efeitos colaterais físicos, como coração acelerado ou tremores nos membros, são muito menos dramáticos, mas o aumento dos níveis de energia pode ser prolongado.

É importante observar que diferentes tipos de chá contêm diferentes níveis de cafeína. Como regra geral, os chás mais processados têm níveis mais altos de cafeína, pois ela tende a se desenvolver durante os estágios prolongados de murchamento e fermentação (ver as páginas 46-7). O chá branco (ver a página 57) geralmente tem a menor quantidade de cafeína porque não passa por esses processos prolongados, embora nem sempre seja o caso. Isso ocorre porque alguns chás brancos são feitos a partir dos brotos e botões mais jovens da planta, que geralmente têm um alto nível de cafeína em suas células, pois isso ajuda a repelir insetos e outros predadores que gostam de mastigar as nutritivas folhas jovens.

Abaixo: A quantidade máxima de cafeína que devemos consumir diariamente é 400 mg, o que equivale a quatro xícaras de café, três latas de bebida energética ou dez xícaras de chá.

O CHÁ VERDE É TUDO ISSO MESMO?

O chá verde tem a reputação de ser saudável por ter menos cafeína e maior teor de antioxidantes. A ausência de uma etapa de oxidação durante o processamento e a etapa adicional de secagem (ver a página 52) significam que as folhas de chá preservam grande parte de sua estrutura química original, retendo antioxidantes e não desenvolvendo tantos compostos de cafeína.

PARTE TRÊS

MISTURA DE CHÁS

MISTURA DE CHÁS

O principal objetivo da mistura comercial de chá é criar o sabor, a aparência e o aroma perfeitos para cada comprador e, em seguida, garantir que essa mistura seja produzida de modo consistente durante todo o ano e por muito tempo. Misturar chá em casa é uma tarefa relativamente fácil e pode ser muito gratificante desenvolver um blend de que você goste bastante.

Há três razões principais para a mistura de chá:
1 A mistura comercial de chá é uma forma de garantir a consistência do lote em uma escala em massa.
2 A mistura de folhas de chá com ervas e especiarias para fins de saúde holística tem uma história rica nas culturas chinesa e indiana.
3 Misturar, perfumar ou aromatizar chás é uma forma popular de adicionar notas de sabor interessantes e mais complexas a seus chás favoritos.

MISTURA COMERCIAL DE CHÁS

Uma parte essencial da indústria, a mistura do chá anda de mãos dadas com a degustação – ambas são geralmente de responsabilidade de especialistas em corretoras de chá ou casas de mistura.

Os lotes de chá podem variar por causa de mudanças no clima ou de pragas, métodos de colheita e processamento, mesmo quando colhidos durante a mesma safra ou cultivados na mesma propriedade. Por esses motivos, geralmente é mais estável misturar vários chás que foram colhidos em uma variedade de áreas e, às vezes, em várias colheitas. Portanto, a mistura de chás é uma parte muito importante da indústria, pois os vendedores dependem de seus misturadores e corretores a fim de garantir que os chás que compram sejam sempre consistentes para seus clientes.

Acima: Os misturadores de chá comerciais misturam produtos de diversas fontes para obter um resultado consistente para seus clientes, que esperam que sua xícara de chá favorita tenha sempre o mesmo sabor.

TÉCNICAS DE MISTURA DE CHÁ

Criar misturas interessantes combinando ingredientes à base de ervas com chá não é uma invenção moderna. No entanto, como o apreciador de chá moderno procura uma variedade maior de sabores e opções de seus fornecedores, o uso de misturas de ervas está se tornando cada vez mais popular.

Há três técnicas principais de mistura de chá: mistura de ervas, inclusões e aromatização. Ao criar um blend de chá, você pode usar uma dessas técnicas ou uma combinação delas para obter o sabor desejado.

1. MISTURA DE ERVAS

As ervas de mistura mais comuns são rosa, camomila, hortelã-pimenta, hibisco, gengibre e hortelã, e elas são misturadas em diferentes quantidades com folhas de chá para criar o blend desejado. Geralmente, ingredientes como raízes, especiarias, frutas e ervas são combinados para fins medicinais ou de sabor. Você também pode omitir a folha de chá para fazer uma mistura apenas de ervas e, em geral, naturalmente descafeinada. Esses chás costumam ser chamados de tisanas ou chás de ervas.

A mistura em si pode ser feita manualmente ou comercialmente em grandes tambores de mistura, semelhantes aos misturadores de cimento. Para garantir a consistência, o peso e a porcentagem de cada ingrediente são registrados, assegurando que um blend com o sabor idêntico possa ser feito novamente.

2. INCLUSÕES

As inclusões são ingredientes que acrescentam um elemento estético ou de saúde a uma mistura de chá, mas não alteram o sabor ou o aroma. As inclusões são comumente usadas quando o foco é a mistura para fins de saúde, e o sabor e o aroma são em geral fatores secundários. Dito isso, as inclusões podem, na verdade, enaltecer ou arruinar o sabor de uma boa mistura de chá, e os misturadores de chá inovadores as utilizam com maestria. Apesar de não acrescentarem nada ao perfil de sabor, elas são capazes de adicionar uma estética interessante capaz de "enganar" nossa mente de modo a visualizarmos o sabor que estamos prestes a apreciar.

Por exemplo, uma mistura de chá de morango pode ser difícil de criar sem o uso intenso de aromatizantes. No entanto, se você adicionar grandes pedaços de morangos secos ou apenas ingredientes de inclusão cuidadosamente selecionados, a mente do bebedor já pensará em morangos mesmo antes de o chá tocar suas papilas gustativas.

A goji berry pode ser adicionada a uma mistura de chá como uma inclusão. Ela mudará a estética, mas não o sabor da bebida resultante.

Fatias finas de laranja também podem ser usadas para adicionar cor, aroma e textura a uma mistura de chá.

3. AROMAS

É interessante notar que o chá pode adotar aromas característicos do ambiente em que é cultivado. Por exemplo, muitos chás japoneses que são cultivados perto do mar têm sabor marítimo e vegetal depois de preparados. Também é possível adicionar aromas ao chá na etapa de processamento ou de mistura, dependendo do aroma que se deseja transmitir. Os aromas mais comumente adotados são o jasmim, tradicionalmente usado para perfumar os delicados chás branco e verde, e o óleo de bergamota, utilizado para perfumar a mistura mais moderna do Earl Grey.

O chá pode ser perfumado durante o processamento com flores frescas, como jasmim, orquídea ou rosa. Essa prática ocorre há milhares de anos e teve origem na província chinesa de Fujian. A flor é colocada em cima das folhas processadas e secas por até 4 horas. Isso é feito durante a noite para evitar que a flor se abra antes da hora. Em chás altamente especializados, as flores podem ser trocadas por outras frescas e o chá é submetido a mais rodadas de perfumação para garantir a melhor qualidade de aroma. Quando esse objetivo é alcançado, o chá é seco novamente para assegurar que permaneça fresco até ser preparado na xícara.

Ingredientes aromáticos, como pétalas de rosa, flor de jasmim ou flores de lavanda, também podem ser adicionados na forma seca durante a etapa de mistura, mas, diferentemente do método de aromatização anterior, nesse caso as pétalas são deixadas na mistura final.

O uso de um óleo essencial, como o de bergamota, é um método muito mais recente de aromatizar o chá. O óleo geralmente é aplicado durante a etapa de mistura: é borrifado nas folhas em lotes enquanto elas são viradas para garantir uma distribuição uniforme. A maioria dos aromas de frutas no chá é desenvolvida com uma combinação de ingredientes de mistura e óleos essenciais, que ajudam a aprimorar o aroma e o sabor. Há três tipos principais de óleo aromatizante usados na área dos chás: natural, idêntico ao natural e sintético.

O aroma natural refere-se a um perfume, óleo ou essência que foi retirado ou fabricado a partir de um ingrediente natural, como uma laranja ou uma rosa. Os aromatizantes idênticos aos naturais têm a mesma composição molecular que seus equivalentes naturais, mas são feitos em laboratório. Muitos chás são aromatizados com óleos aromatizantes idênticos aos naturais porque esses são mais baratos de produzir, são mais estáveis do que os óleos naturais e não são limitados pela variação sazonal. Por fim, os aromatizantes sintéticos não correspondem à composição molecular de nenhum elemento encontrado na natureza.

AS MISTURAS DE CHÁ NA MEDICINA AIURVÉDICA

A prática aiurvédica está centrada na crença de que os seres humanos são compostos e influenciados por três energias naturais, ou doshas – *vata*, *pitta* e *kapha* – que precisam ser mantidas em equilíbrio para o bem-estar e a saúde em geral. Embora todas essas energias estejam funcionando dentro de nós, a crença aiurvédica é que uma delas será mais dominante em cada pessoa. Para manter o equilíbrio, podemos querer reduzir os efeitos de uma energia ou aumentar os níveis de outra.

Uma das principais maneiras de fazer isso é por meio do que comemos e bebemos. Como a planta do chá vem crescendo na Índia há centenas de anos, ela foi misturada com ervas e especiarias aiurvédicas como parte desse sistema de crenças. Algumas misturas de chá aiurvédico são "tridoshicas" (ou seja, adequadas para todos os tipos de *dosha*) enquanto outras visam equilibrar um *dosha* dominante.

Um exemplo seria uma mistura de cardamomo e lavanda, que teria como objetivo reduzir os efeitos ansiosos e inquietos do *vata*. Essas receitas de chá terapêutico foram passadas de geração em geração e ainda hoje são apreciadas por muitos indianos.

Pétalas de centáurea secas misturadas com folhas de chá produzem uma bebida perfumada.

Uma grande variedade de ingredientes secos coloridos para uso em misturas de chá oferecida para venda no bazar Mısır Çarsısı, em Istambul.

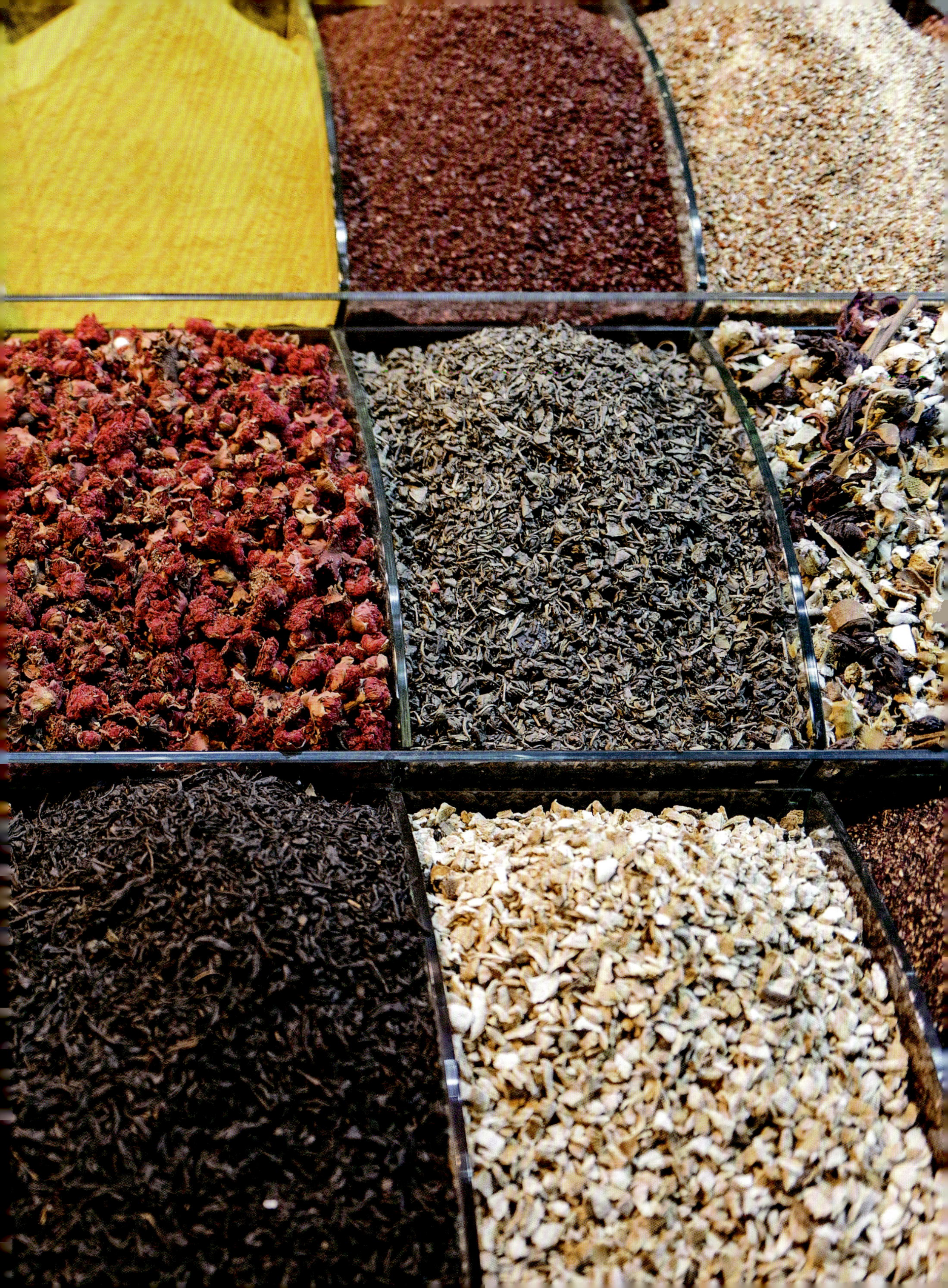

MISTURA DE CHÁS EM CASA

Muitas pessoas optam por criar as próprias misturas de chá em casa porque têm preferências de sabor específicas, é relativamente rápido e fácil de fazer e geralmente mais barato do que comprar misturas, e ainda porque o processo de experimentar várias combinações diferentes até encontrar a perfeita é divertido. Você pode optar por criar uma mistura apenas com ingredientes que comprou ou usar as ervas e as plantas que tem em seu jardim. Uma combinação dos dois também funciona muito bem.

ONDE COMPRAR OS INGREDIENTES PARA MISTURAS

Muitos ingredientes ótimos para misturas podem ser encontrados na seção de ervas e especiarias de seu supermercado local, enquanto outros ingredientes mais especializados podem ser vistos em lojas de produtos naturais ou on-line, geralmente em pequenas quantidades e por um preço razoável.

Especiarias como canela, cravo, anis-estrelado, cardamomo e grãos de pimenta funcionam bem para criar chás pretos chai caseiros, ao passo que ingredientes como gengibre, coco (em flocos ou desidratado), nibs de cacau, raiz de alcaçuz e pimenta podem ser combinados com muitos tipos de chá para criar misturas realmente saborosas. Se tiver interesse em misturar um chá mais sutil, atenha-se a ingredientes vegetais ou frutados. Você deve comprá-los secos, e lojas de ervas e especiarias, sejam elas locais ou on-line, são de fato os melhores lugares para encontrá-los.

Muitos ingredientes são vendidos soltos e sem embalagem, então certifique-se de transferi-los para recipientes herméticos. Todos os itens vendidos em embalagens plásticas também devem ser mantidos em recipientes herméticos depois de abertos.

Abaixo: O blend de chá Delícia de Rooibos com Lavanda e Coco é feito com alguns ingredientes inusitados e deliciosos. Ver a receita na página 114.

Chá rooibos

Lavanda

Nibs de cacau

Coco desidratado

INGREDIENTES ENCONTRADOS EM SEU JARDIM

O melhor de misturar seus próprios chás é que há muitos ingredientes que você pode encontrar em seu jardim ou em lojas de jardinagem locais.

Você pode fazer uma mistura "úmida" (com ingredientes recém-colhidos do jardim, como folhas de hortelã ou pétalas de rosa) ou uma mistura "seca" (com ingredientes que passaram por um processo de desidratação, como pétalas de rosa secas ou folhas de hortelã secas), dependendo de sua preferência e do tempo e equipamento disponíveis. Os ingredientes que são bons para adicionar a uma mistura úmida são hortelã (há muitas variedades de hortelã – a hortelã-brava e a hortelã de alcaçuz são particularmente eficazes), urtiga, erva-cidreira, camomila, rosa, verbena-limão, erva-doce (folhas ou sementes) e coentro (folhas ou sementes). Basta colher as folhas, as flores, as raízes ou sementes frescas, esmagá-las entre as palmas das mãos para quebrar as células e liberar aromas e óleos saborosos e colocá-las em uma caneca. Cubra com água fervente e deixe em infusão por pelo menos 8 minutos e, em seguida, sirva como se fosse uma xícara de chá comum.

Se quiser criar uma mistura de ingredientes secos, que é ótima para armazenar, primeiro você precisa secar as folhas, as sementes ou as raízes (alcaçuz seco, gengibre, raízes de chicória ou de erva-doce, por exemplo, são ótimos para adicionar a misturas secas). Há diversos métodos para fazer isso. Ao secar ingredientes, você precisa pegar cortes maiores, geralmente o caule ou a raiz inteira da planta. Em seguida, espalhe-os em bandejas ou amarre-os em feixes e deixe-os em um local quente e bem ventilado (como um armário de secagem ou um armário de cozinha). Após cerca de 5 dias, remova as folhas ou as sementes e armazene-as em um recipiente hermético.

Outra técnica de secagem, muito mais rápida, consiste em espalhar as folhas, sementes ou raízes em uma assadeira forrada com papel-manteiga e colocá-las no forno em fogo muito baixo por cerca de 4 horas. Para o método mais rápido e fácil de secar os ingredientes, você pode comprar um desidratador de alimentos, embora ele consuma muita energia.

Limão e hortelã fresca

AROMATIZAÇÃO DO CHÁ EM CASA

Perfumar um chá em casa é fácil, mas requer tempo e paciência. Você pode usar um chá já perfumado, como o lapsang souchong defumado ou o chá floral de jasmim, para misturar e perfumar outros chás, ou pode utilizar ingredientes aromáticos como pétalas de flores, vagens de baunilha ou grãos de café para perfumar o próprio chá.

Se você optar por um chá pré-perfumado, há uma infinidade de combinações a experimentar, dependendo se você deseja complementar os sabores ou contrastá-los. O processo depende de algumas tentativas e erros para descobrir o que funciona e do que você gosta, portanto o melhor é misturar em quantidades menores e fazer anotações durante o processo.

Se quiser usar os próprios ingredientes para perfumar as folhas, a melhor base para perfumar é um chá de boa qualidade, mas suave, como um chá preto do Ceilão de folhas inteiras ou um chá verde chinês. Esses tipos absorvem bem o aroma e são sutis o suficiente para não se sobreporem aos sabores do perfume. Bons ingredientes para perfumar são maçãs, casca ou óleo de frutas cítricas, grãos ou essência de baunilha, grãos de café, pétalas de flores frescas ou secas, anis-estrelado e pimenta.

Para perfumar o chá com qualquer uma das opções anteriores, você precisará misturar suavemente as folhas com o ingrediente de mistura ou outras folhas de chá perfumadas e colocá-las em um recipiente hermético por pelo menos 48 horas. Você pode deixar a mistura por mais tempo, se desejar, e pode deixar os ingredientes perfumados na mistura, em vez de removê-los antes de preparar o chá, se quiser. No entanto, esteja ciente de que, ao utilizar um ingrediente fresco em vez de um seco, ele precisará ser separado da mistura depois que ela estiver perfumada, caso contrário, ele se deteriorará no recipiente com o tempo. A maneira mais simples de fazer isso é colocar o ingrediente da mistura em uma bolsa ou envelope de musselina para que ele possa ser facilmente removido. Seja qual for a maneira que você escolher para perfumar o chá, o resultado será delicioso.

MISTURA DE CHÁS EM SEIS ETAPAS

Antes de começar, considere se você deseja misturar para obter um benefício específico à saúde ou simplesmente para dar sabor. Se quiser que sua mistura tenha um benefício específico para a saúde, faça uma pesquisa sobre os ingredientes que visam reforçar esse aspecto em particular.

Se estiver misturando para dar sabor, considere que tipo de sabores e aromas gostaria de obter – frutado, de especiarias ou floral, por exemplo – e se deseja criar uma mistura complementar ou contrastante. Para obter sabores florais, ótimos ingredientes complementares seriam pétalas, como rosa ou jasmim, ou flores inteiras, como camomila ou lavanda. Com o intuito de obter um contraste único com sabores florais, você pode combinar sua base floral com sabores doces, como coco, ou especiarias, como cardamomo ou canela.

Depois de ter uma ideia do que quer, você pode começar. Lembre-se de que a mistura de chás pode ser uma questão de experimentação, então misture em pequenos lotes e prove seus chás à medida que progride, ajustando onde necessário. Tudo isso faz parte da diversão!

INGREDIENTES

Chá de base
Uma variedade específica de chá, um tipo de erva ou uma planta, como o rooibos

Ervas para mistura
Ervas frescas ou secas, como camomila, hortelã-pimenta, hibisco, gengibre ou rosa; especiarias como canela, cardamomo ou cravo

Inclusões
Flores secas; frutas secas, como cascas de frutas cítricas ou bagas

Aroma
Flores frescas, óleos essenciais

1. Adicione 5 colheres de chá do chá de base em uma bolsa ou lata com fecho *ziplock*. O chá de base será seu ingrediente principal e pode ser um chá específico, como o Assam, ou uma erva, como a camomila.

2. Escolha uma erva de mistura e adicione 1 colher de chá cheia à base. Essa erva de mistura será o elemento mais proeminente e você pode aumentar a quantidade se desejar um sabor mais forte.

3. Escolha uma segunda e, se quiser, uma terceira erva de mistura e adicione 1 colher de chá cheia à base. Identifique suas principais notas de sabor e considere quais ervas de mistura complementarão umas às outras, por exemplo, sabores florais ou notas frutadas. Como regra geral, não use mais de três ervas de mistura, pois blends mais simples costumam funcionar melhor.

4. Adicione inclusões, se desejar, e misture bem. As inclusões não adicionam sabor à sua mistura, mas podem ser acrescentadas para fins estéticos ou de benefícios à saúde.

5. Se for perfumar o chá, adicione o aroma e deixe o chá em um local sem ventilação, seco e fresco por pelo menos 48 horas.

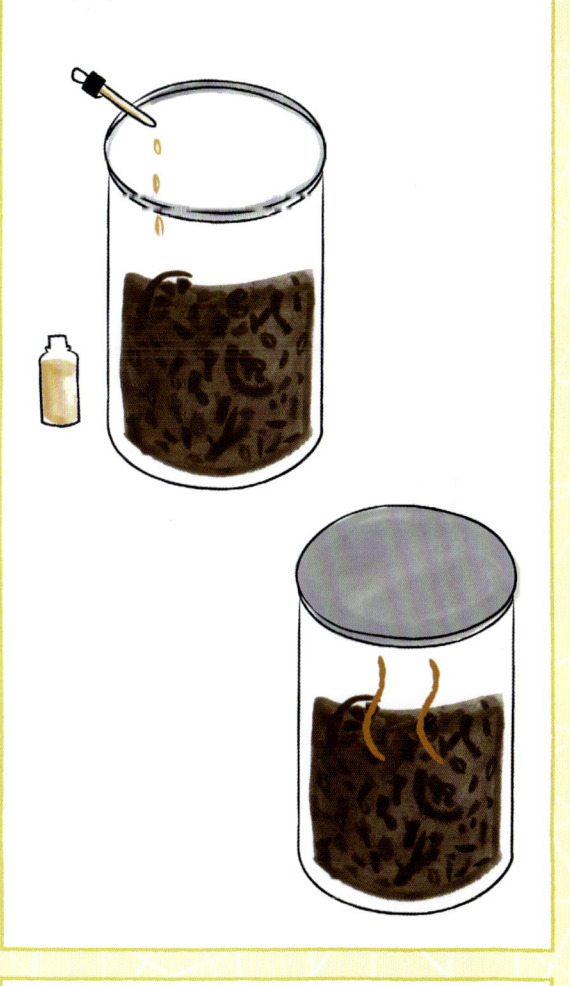

6. Prove o chá e ajuste a receita até ficar satisfeito com ela.

MISTURA DE CHÁS

CHÁ DE BASE
+
ERVA PARA MISTURA 1
+
ERVA PARA MISTURA 2 /INCLUSÕES/AROMA
+
INCLUSÕES/AROMA

ALGUMAS IDEIAS DE MISTURA

CHAI DE LARANJA COM ESPECIARIAS
5 colheres de chá de um chá preto à sua escolha
1 colher de chá de cravo
1 colher de chá de bagas de cardamomo
1 colher de chá de gengibre seco picado grosseiramente
1 colher de chá de casca de laranja seca picada

Outras opções para a base: Rooibos ou erva-mate
Outras opções para misturar: Adicione 1 colher de chá de nibs de cacau para obter uma nota de chocolate ou ½ colher de chá de canela em pau picada grosseiramente para um toque especial.

DELÍCIA DE ROOIBOS COM LAVANDA E COCO
5 colheres de chá de rooibos
1 colher de chá de flores secas de lavanda
1 colher de chá de coco desidratado
1 colher de chá de nibs de cacau

Outras opções para a base: Camomila, chá verde ou chá preto
Outras opções: Experimente adicionar 1 colher de chá de camomila seca e/ou pétalas secas de rosa para obter uma nota ainda mais floral.

BLEND JARDIM DO DESPERTAR
5 colheres de chá de um chá verde à sua escolha
2 colheres de chá de capim-limão seco ou fresco, picado ou fatiado
1 colher de chá de folhas secas ou frescas de tomilho-limão
1 colher de chá de pétalas de rosa secas ou frescas
1 colher de chá de pétalas de flor de hibisco secas ou frescas

Outras opções para a base: Rooibos, hortelã-pimenta, camomila, blend de chá verde à sua escolha
Outras opções: Adicione ½ colher de chá de flores secas de camomila e/ou lavanda para obter uma nota mais floral ou 1 colher de chá de canela seca para dar uma leve picância.

CHÁ VERDE COM HORTELÃ E GOJI BERRY
3 colheres de chá de um chá verde à sua escolha
3 colheres de chá de folhas secas ou frescas de hortelã
1 colher de chá de goji berry
1 colher de chá de pétalas de rosa frescas ou secas
1 colher de chá de pétalas de flor de hibisco frescas ou secas

Outras opções para a base: Hortelã-pimenta, camomila, capim-limão
Outras opções: Para predominar o frescor da hortelã sobre o sabor frutado da goji berry, não inclua o hibisco e aumente a quantidade de hortelã a gosto.

Ao lado: Um vendedor ambulante mistura folhas de chá, frutas secas e ervas para fazer chá na antiga cidade de Kashgar, a mais ocidental da China.

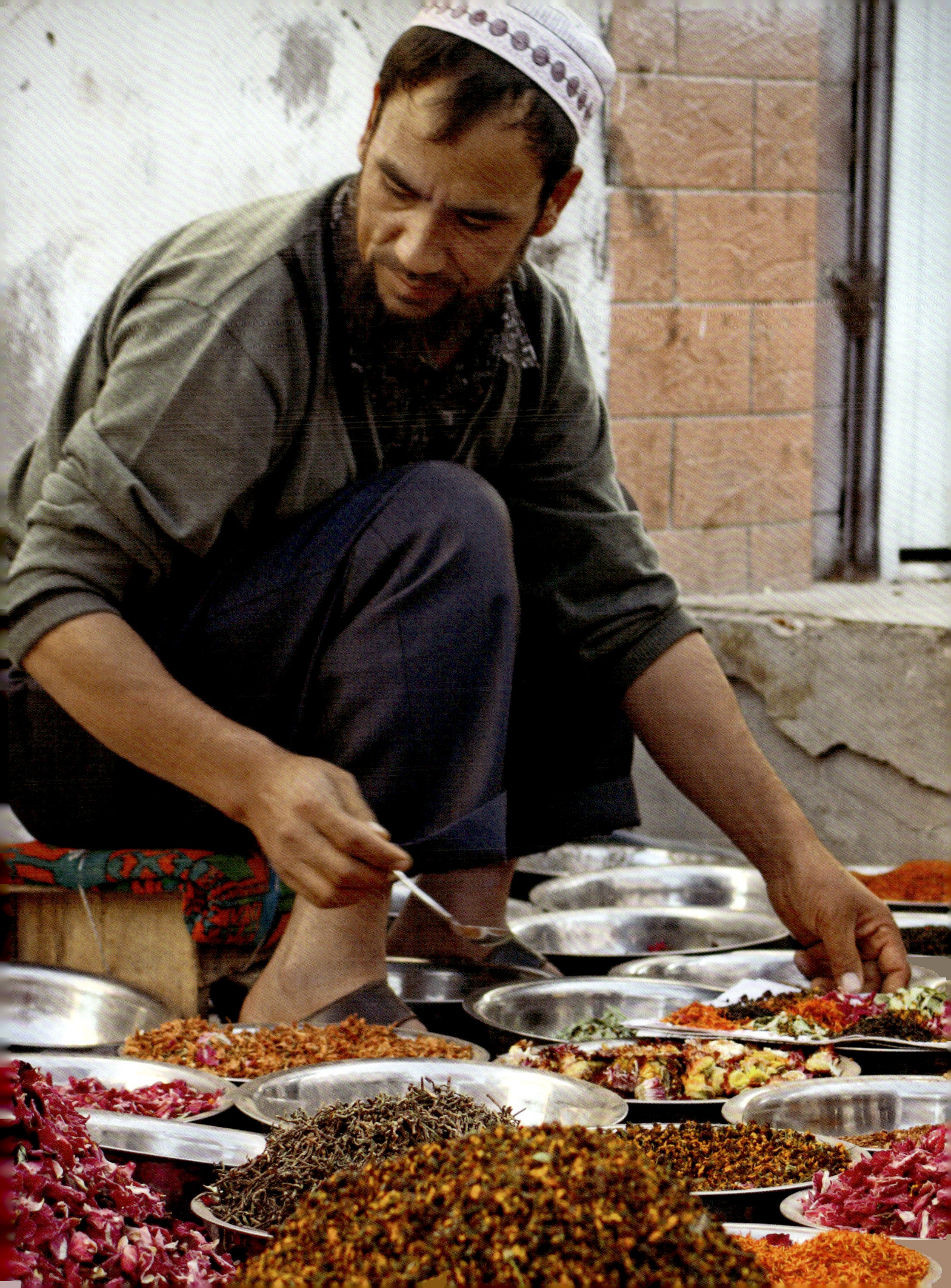

A MIXOLOGIA DO CHÁ

O chá é um ingrediente fantástico para muitos tipos de bebidas e alimentos, desde lattes de chá fumegantes até um pão de especiarias de chai assado à perfeição. Talvez as receitas mais comuns à base de chá sejam o tradicional chá gelado doce e o bolo de chá da tarde.
No entanto, seria uma pena parar nesses clássicos, pois a versatilidade do chá faz dele um ingrediente muito agradável e fácil de trabalhar na cozinha.

Os alimentos funcionais, ou seja, que oferecem benefícios adicionais à saúde para além de seu conteúdo nutricional, também se tornaram uma grande tendência nos últimos anos. Misturar o chá, com seus altos níveis de antioxidantes, com variados tipos de alimentos e bebidas tem se tornado uma possibilidade empolgante.

De coquetéis com matcha e peras escalfadas no Earl Grey a salmão defumado no lapsang e incríveis smoothies, o chá vem adicionando uma nova dimensão às receitas contemporâneas. A seguir estão algumas receitas à base de chá para você saborear em casa.

CHÁ GELADO

O chá gelado foi criado nos Estados Unidos nos anos 1800 como uma forma de tomar chá em climas mais quentes, principalmente nos estados do sul. Em geral, o chá gelado é tomado bem doce e, às vezes, com adição de limão, pêssego ou hortelã. Quando feito da maneira correta, ele é composto de folhas de chá recém-preparadas, misturadas com açúcar e servidas sobre gelo, ao qual se pode adicionar frutas frescas ou xarope de frutas. Também é comum encontrar chá gelado engarrafado nas prateleiras dos supermercados de todo o mundo, mas atenção: ele pode não conter chá de verdade.

Existem alguns métodos para fazer chá gelado, dependendo da rapidez com que você deseja prepará-lo.

Se estiver preparando o chá gelado com antecedência, basta fazê-lo como faria o chá quente, depois deixá-lo esfriar e colocá-lo na geladeira para gelar.

Se quiser fazer chá gelado instantâneo, use o dobro da quantidade normal de chá na metade da quantidade de água quente e, em seguida, despeje-o em uma xícara ou jarra cheia de gelo. À medida que o gelo derrete, ele dilui o chá de infusão forte enquanto o resfria.

Por fim, há uma variedade de métodos para fazer chá com infusão a frio, incluindo a chamada "infusão ao sol". Nesse método, as folhas de chá são infundidas em água fria em vez de quente e deixadas assim por um longo período de tempo. A temperatura mais fria da água tende a liberar os compostos mais doces e saborosos, além de mais nutrientes e antioxidantes.

CHÁ GELADO SIMPLES
Rende 1 copo

Prepare **2 colheres de chá cheias de folhas soltas ou 2 saquinhos de chá preto** de sua preferência em **200 mL de água quente** por 5 minutos. Adoce com **mel, açúcar ou adoçante**, a gosto, se desejar. Sirva em um copo grande cheio de cubos de gelo (se estiver usando chá de folhas soltas, coe-o no copo).

Variações: para fazer chá gelado aromatizado, você pode usar um chá aromatizado, como o chá verde com limão, como base. Como alternativa, adicione suco de limão e/ou fatias de limão ao chá verde comum depois que ele esfriar com gelo no copo de servir. Também é possível criar um xarope de açúcar simples dissolvendo uma xícara de açúcar em meia xícara de água em uma panela em fogo médio. Deixe esfriar e, em seguida, adicione algumas gotas de suco de frutas, um pouco de frutas amassadas ou seu aroma de frutas favorito e misture ao chá gelado antes de servir.

Para fazer um copo refrescante de chá gelado, basta servir um chá forte e recém-preparado sobre cubos de gelo.

MATCHA

O matcha é um chá em pó tradicional japonês feito de folhas de chá verde finamente moídas. O pó é preparado batido com água quente para criar uma bebida moderadamente espessa que é tradicionalmente consumida de uma só vez. O matcha é apreciado há centenas de anos como parte da cerimônia do chá japonesa, originalmente por sua capacidade de ajudar os monges que conduziam as cerimônias a se manterem alertas durante a meditação e o jejum. Como você consome toda a folha de chá ao beber matcha, ingere toda a cafeína, os minerais e os antioxidantes, o que faz dele um potente superalimento. Ver as páginas 56-7 e 218 para saber mais sobre o matcha.

O matcha pode ser um ingrediente fabuloso para incrementar muitas receitas. Experimente o matcha em sorvetes, biscoitos doces, creme de manteiga e massas de pão de ló. Ele também é um ótimo complemento para smoothies e coquetéis.

PARA PREPARAR O MATCHA

Rende 1 xícara

Coloque **½ colher de chá de matcha em pó** em uma tigela pequena. Despeje **25 mL de água fria** na tigela e, em seguida, adicione **75 mL de água quente**. Usando um batedor de bambu, bata levemente, passando pela borda e pelo fundo da tigela para remover quaisquer pedaços grudados nas laterais. Em seguida, bata com um movimento em "W" até formar uma espuma na superfície. (Se não tiver um batedor de bambu, você pode usar um garfo ou um mixer portátil, embora não consigam produzir um matcha da mais alta qualidade.)

Enxágue bem o batedor e saboreie o matcha direto da tigela.

Variação: se quiser obter um matcha mais suave, como às vezes acontece após as refeições no Japão, pode completá-lo com 200 mL de água quente depois de batido.

O matcha é tradicionalmente preparado com um *chasen* – batedor de bambu japonês.

Para fazer um matcha latte, despeje o leite com espuma e polvilhe com matcha em pó para finalizar.

CHAI

Nas ruas da Índia, o chá preto com especiarias, ou chai, é tradicionalmente apreciado com bastante leite e muito adoçado. Para seu próprio chai, você pode fazê-lo da maneira tradicional e preparar as folhas de chá no leite com uma mistura de especiarias, conforme descrito aqui, ou pode trapacear um pouco adicionando leite vaporizado adoçado à sua mistura favorita de chai, o que é mais rápido (ver a seguir).

PARA FAZER UM CHAI TRADICIONAL
Rende 2 canecas

Coloque **400 mL de leite integral** em uma panela de tamanho médio e **adicione 200 mL de água**.

Adicione **3 colheres de chá de chá preto de folhas soltas** ou 3 saquinhos de chá preto e **especiarias do chai** (você pode usar qualquer variação, mas uma base simples seria: 1 pau de canela, 4 bagas de cardamomo esmagadas, 4 cravos-da-índia, 2 cm de gengibre fresco descascado e fatiado, ½ colher de chá de pimenta em grãos) e cozinhe em fogo brando por 10 minutos. Adicione **2 colheres de chá de açúcar cristal, mel ou açúcar mascavo** e cozinhe em fogo brando por mais 3 minutos. Coe e sirva.

CHÁS LATTE

Desde o boom do café, todos estão familiarizados com a ideia de um café latte e muitos admitem que ele é um deleite cotidiano. Os sabores doces e cremosos equilibram a força do café e você pode personalizar sua bebida adicionando vários xaropes aromatizados. Mas não é apenas o café que pode ser apreciado como um saboroso latte. Na verdade, "latte" significa "leite vaporizado", portanto, se você substituir uma dose de café por chá, poderá desfrutar de uma bebida muito mais saudável (e saborosa). Você pode fazer um chá latte com qualquer um de seus chás favoritos, mas há alguns que combinam particularmente bem com leite doce vaporizado – chai e matcha, por exemplo. Você consegue encontrar essas bebidas em cardápios ao redor do mundo, pois sua popularidade vem crescendo.

PARA FAZER UM CHAI LATTE
Rende 1 caneca

Para um chai latte, faça uma infusão de **seu blend ou saquinho favorito de chai** em **200 mL de água fervente** por 6 minutos. Enquanto isso, adicione **duas colheres de chá de mel ou açúcar** a **200 mL de leite integral** e bata com uma varinha de vapor, um espumador de leite ou um mixer elétrico de mão. Sirva o leite com espuma sobre o chai, deixando um pouco de espuma na parte superior. Polvilhe com noz-moscada ou canela moída para finalizar.

PARA FAZER UM MATCHA LATTE
Rende 1 caneca

Conforme descrito na página anterior, o matcha é um ótimo ingrediente para todos os tipos de receitas. Uma das maneiras mais simples de apreciá-lo é na forma de um chá com leite. O leite com espuma ligeiramente doce acrescenta um toque cremoso interessante às notas vegetais do chá verde. Essa receita, em particular, tende a agradar às pessoas que gostariam de tomar matcha regularmente, mas não gostam muito de seus sabores intensos.

Prepare **100 mL de matcha** usando a receita da página 118. Vaporize **200 mL de leite integral**, usando uma varinha de vapor, um espumador de leite ou um mixer elétrico manual (você também pode usar leite de amêndoas ou adicionar 2 colheres de chá de mel ou açúcar ao leite para adoçá-lo, se desejar). Sirva o leite sobre o matcha recém-preparado, deixando um pouco de espuma na parte superior. Polvilhe com matcha em pó para finalizar.

Um vendedor ambulante empurrando uma bicicleta carregada de xícaras, bules e outros artigos domésticos por uma rua em Hanói. O Vietnã tem um clima ideal para o cultivo de chá, e a indústria de chá do país apresenta um enorme potencial de crescimento.

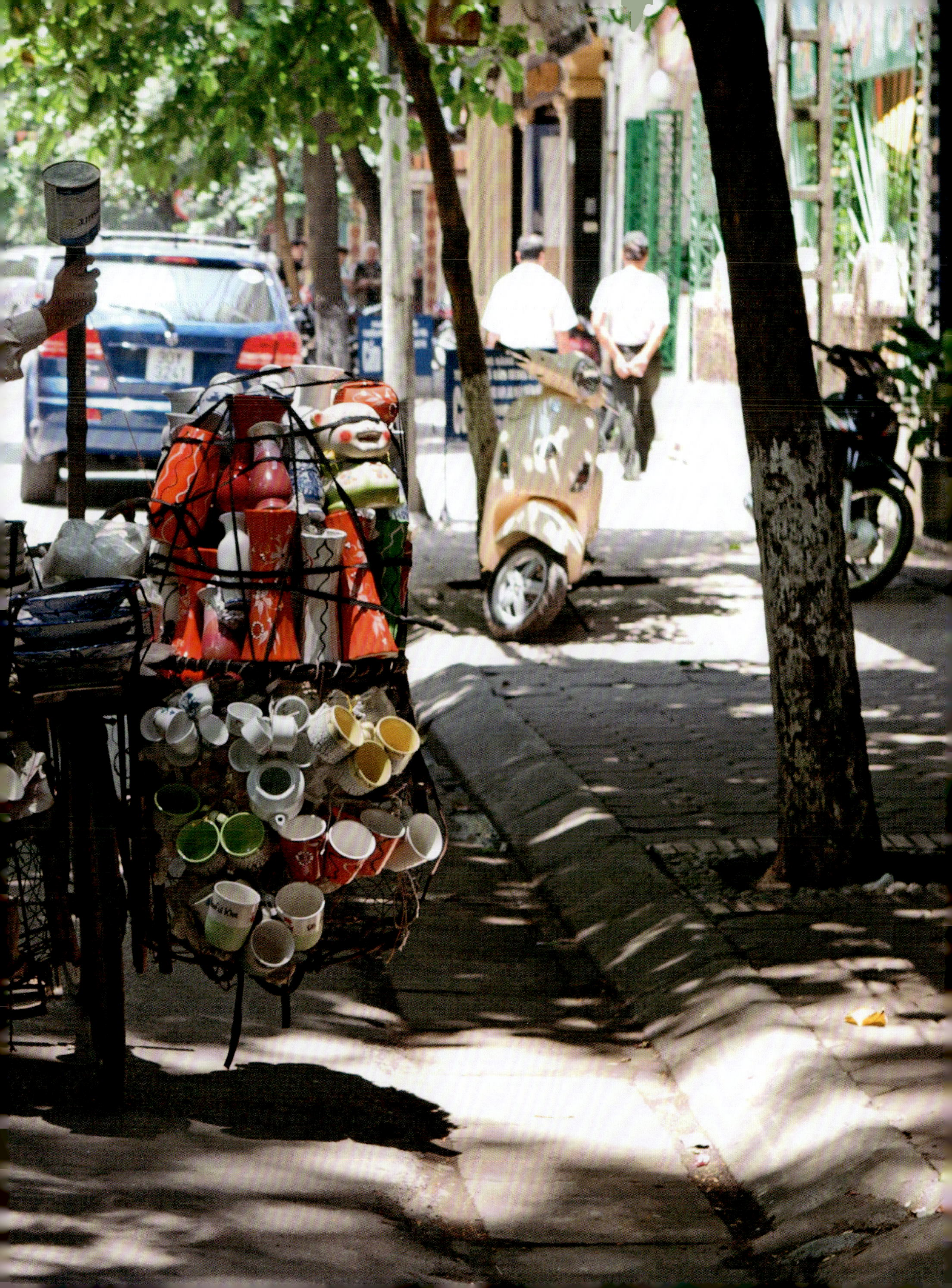

PARTE QUATRO

O MUNDO DO CHÁ

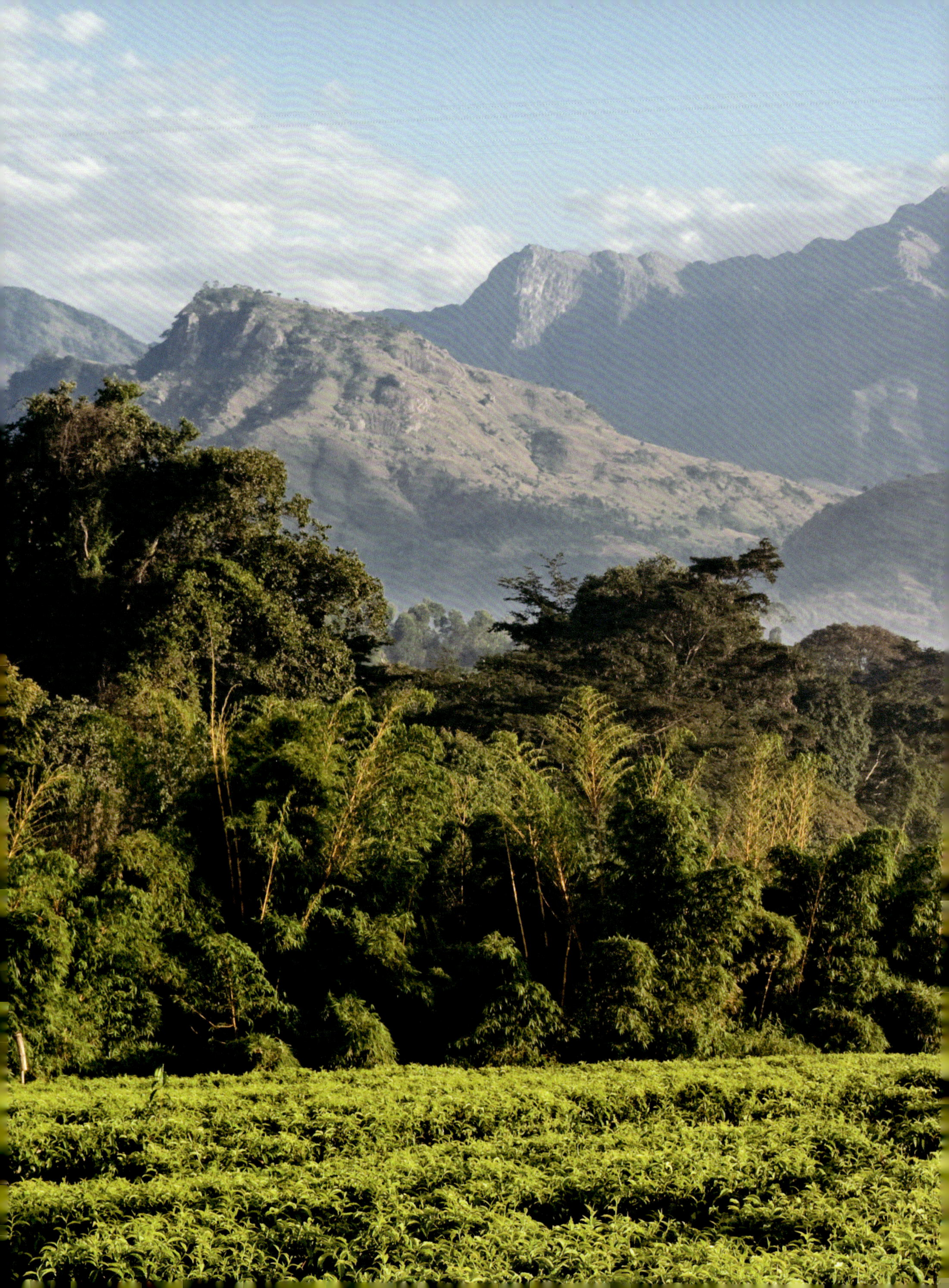

ÁFRICA

A África é relativamente nova na produção de chá, mas seu crescimento, em especial nos países do leste do continente, tem sido rápido nos últimos 50 anos. Depois da Ásia, a África produz a segunda maior quantidade de chá do mundo, e 62% desse volume é produzido somente no Quênia. Como porcentagem, a África exporta a maior quantidade de chá que produz a cada ano e, juntos, os produtores africanos contribuem com 12% da produção mundial de chá. A África também se destaca pela liderança do mercado de chá preto CTC, que rende chás intensos e de sabor encorpado. Eles devem ser apreciados como chás de café da manhã, com leite, e são exportados principalmente para os mercados da Europa, do Oriente Médio e da América do Norte.

PAÍSES PRODUTORES DE CHÁ

(ORDENADOS POR VOLUME DE PRODUÇÃO)

QUÊNIA

De longe o maior produtor de chá da África e o terceiro maior produtor de chá do mundo, o Quênia é o líder mundial em chá preto CTC e representa 22% das exportações mundiais. Muitos outros países africanos produtores de chá exportam seus produtos por meio dos leilões semanais do Quênia, que são realizados em Mombasa.

Produz: 432.400 t
Exporta: 234.181 t
Importa: 86.893 t
Consome: 81.257 t
Consumo anual por pessoa: 1,83 kg
Perfil do chá: Chás pretos CTC fortes, encorpados e acobreados. Pequena quantidade de chá branco.

MALAUI

O primeiro chá na África foi plantado no Malaui, no final do século XIX. Depois do Quênia, o Malaui é o segundo maior produtor de chá da África e, assim como no caso do Quênia, seus chás são usados principalmente em blends de chá preto. Alguns chás de alta qualidade são produzidos em fazendas especializadas no Malaui, mas, em geral, o tempo imprevisível e o clima não ideal para o cultivo fazem que a maioria dos chás do Malaui tenha um preço bastante baixo nos leilões. Recentemente, o Malaui tem pesquisado e testado novos clones de mudas de chá na tentativa de encontrar um híbrido mais adequado a seu clima.

Produz: 54.000 t
Exporta: 34.679 t
Importa: 60 t
Consome: 6.000 t
Consumo anual por pessoa: 0,40 kg
Perfil do chá: Chás pretos CTC fortes, encorpados e acobreados. Pequena quantidade de chá branco.

Páginas anteriores: A 3.000 m, o monte Mulanje se ergue sobre a região de cultivo de chá de Mulanje, no sul do Malaui.

PRODUZ: 699.057 t

EXPORTA: 393.720 t

IMPORTA: 411.295 t

CONSOME: 501.860 t

CONSUMO ANUAL POR PESSOA: 0,53 kg

UGANDA

A produção de chá em Uganda constitui uma grande parte das exportações do país, mas sofreu muitos reveses, incluindo guerra, escassez de mão de obra, baixos rendimentos e dívidas. O clima e o terreno são bons para a produção de chá, que aumentou 15 vezes desde a década de 1980, mas os desafios mencionados deixaram a qualidade do produto ruim. Por esse motivo, o chá de Uganda raramente é consumido puro fora do mercado local e, muitas vezes, é vendido para o Quênia, onde é adicionado como um complemento aos blends quenianos de maior qualidade.

Produz: 53.000 t
Exporta: 50.000 t
Importa: 350 t
Consome: 1.800 t
Consumo anual por pessoa: 0,05 kg
Perfil do chá: Chás pretos CTC fortes, encorpados, mas inconsistentes, muitas vezes vendidos para serem combinados com chás quenianos de qualidade mais alta.

BURUNDI

A produção pode ter começado tarde, na década de 1970, mas os chás do Burundi têm o segundo preço mais alto de todos os países da África Oriental, logo acima dos chás do Quênia. O chá é uma importante cultura comercial para o Burundi e muitas plantações são administradas por vilarejos rurais, o que também faz do produto um grande gerador de empregos. A qualidade do chá é alta porque o clima tropical e o terreno montanhoso proporcionam um ambiente ideal para o cultivo.

Produz: 41.817 t
Exporta: 9.700 t
Importa: Nenhum
Consome: Dados indisponíveis
Consumo anual por pessoa: Dados indisponíveis
Perfil do chá: Sabor forte, mas aromático.

REPÚBLICA UNIDA DA TANZÂNIA

A indústria de chá da Tanzânia sofre de uma grande inconsistência pelo país e, em média, seus chás obtêm preços significativamente mais baixos nos leilões, quando comparados aos chás do Quênia e de Ruanda, por causa dessa inconsistência. A variabilidade nos padrões de colheita e processamento, bem como a escassez de mão de obra, torna a produção pouco confiável.

Produz: 33.700 t
Exporta: 27.100 t
Importa: 60 t
Consome: 6.800 t
Consumo anual por pessoa: 0,14 kg
Perfil do chá: Chás pretos CTC fortes, com complexas notas frutadas.

MOÇAMBIQUE

O chá preto é produzido principalmente para o mercado doméstico, mas a instabilidade política interrompeu a produção e teve um efeito cascata sobre o preço do chá nos leilões.

Produz: 23.000 t
Exporta: 2.500 t
Importa: 250 t
Consome: 20.700 t
Consumo anual por pessoa: 0,80 kg
Perfil do chá: Chás pretos fortes e aromáticos.

RUANDA

Atualmente, os chás produzidos pelas 11 fazendas de chá de Ruanda têm o preço mais alto de todos os países do leste da África e são muito procurados para exportação. O clima e o terreno são excelentes, com muitas chuvas e solo rico em nutrientes. A produção foi baixa nos últimos 10 anos em razão da instabilidade política, mas a reabilitação está em pleno andamento.

Produz: 22.185 t
Exporta: 20.011 t
Importa: 250 t
Consome: 2.500 t
Consumo anual por pessoa: 0,29 kg
Perfil do chá: Chás pretos CTC e ortodoxos de alta qualidade.

ZIMBÁBUE

A produção de chá no Zimbábue depende muito da irrigação, pois a precipitação anual é inferior a 600 mm. Há duas regiões de cultivo de chá: Chipping e Vale do Honde.

Produz: 19.000 t
Exporta: 11.500 t
Importa: 350 t
Consome: 7.600 t
Consumo anual por pessoa: 0,54 kg
Perfil do chá: Sabor forte com líquido de cor escura.

ETIÓPIA

Os chás da Etiópia são cultivados no sul, perto da fronteira com o Quênia. O clima e o terreno semelhantes aos do Quênia implicam que os chás da Etiópia estão chegando rapidamente à altura em termos de qualidade e sabor.

Produz: 7.400 t
Exporta: 318 t
Importa: Nenhum
Consome: 7.119 t
Consumo anual por pessoa: 0,08 kg
Perfil do chá: Sabor forte e encorpado com o líquido intenso.

CAMARÕES

O Camarões tem apenas três pequenas áreas de produção de chá – em Tole (baixa altitude), Ndu (altitude elevada) e Djuttitsa –, que produzem chás com sabores muito diferentes, mas todos de alta qualidade.

Produz: 4.700 t
Exporta: Nenhum
Importa: 230 t
Consome: 4.700 t
Consumo anual por pessoa: 0,22 kg
Perfil do chá: Chás pretos CTC claros de sabor agradável para tomar com leite.

REPÚBLICA DEMOCRÁTICA DO CONGO

As regiões de cultivo de chá na República Democrática do Congo ficam, em sua maioria, na fronteira com Ruanda, onde o clima e o terreno são particularmente adequados e a altitude é elevada.

Produz: 2.900 t
Exporta: 65 t
Importa: 180 t
Consome: 2.500 t
Consumo anual por pessoa: 0,25 kg
Perfil do chá: Chás pretos claros e vigorosos, tanto CTC quanto ortodoxos.

À esquerda: Chá embalado e pronto para exportação na fábrica Teza Tea, na província de Muramvya, na região central do Burundi. As exportações de café e chá constituem a maior parte da receita externa do país.

QUÊNIA

O Quênia é o terceiro maior produtor de chá do mundo, sendo a bandeira da África na indústria do chá, de domínio asiático. Das quase 700.000 toneladas de chá produzidas anualmente em todo o continente, somente o Quênia produz 62%. Em termos da porcentagem do que produz, o Quênia é o maior exportador de chá do mundo, respondendo por incríveis 22% do mercado mundial de exportação de chá. Além disso, o Quênia é o líder mundial na produção do tipo de chá CTC, perfeito para fazer blends de chá preto para café da manhã encorpados que são muito populares nos principais mercados de exportação da Europa, do Canadá, do Oriente Médio e do Japão.

O cultivo é dividido entre dois tipos de sistema: pequenas fazendas rurais, chamadas de *smallholdings* (ou *shambas*) e grandes plantações administradas por empresas. Em termos do modelo de produção de chá por pequenos proprietários, o Quênia é mais uma vez líder mundial, embora, como veremos adiante, essa característica tenha seus benefícios e seus problemas.

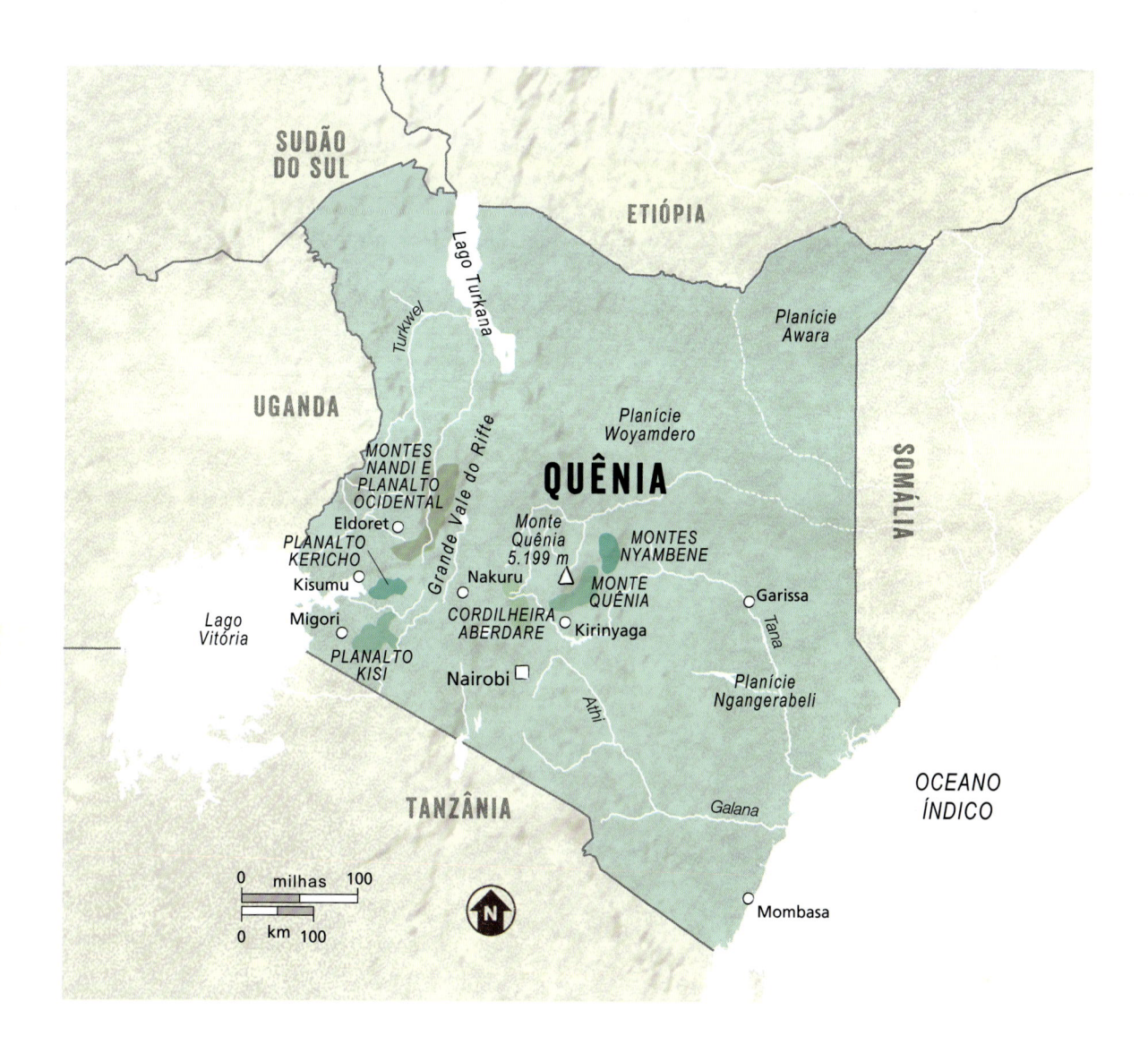

HISTÓRIA E DESENVOLVIMENTO

O chá foi introduzido no Quênia no início do século XX, quando sementes da Índia foram plantadas nos planaltos pelos irmãos britânicos, os Caines. Por muitos anos, a indústria de chá no Quênia foi dominada e controlada por potências coloniais e estrangeiras, e foi somente após a independência, em 1963, que as leis foram aprovadas e a Autoridade de Desenvolvimento do Chá do Quênia (Kenya Tea Development Authority – KTDA) foi formada para apoiar e incentivar os agricultores quenianos a cultivarem suas próprias fazendas de chá.

Nessa época, havia um grande potencial para que o chá se tornasse um importante produto de exportação nacional, e muitos órgãos governamentais foram criados para controlar e promover a indústria. Essas organizações se es-

PRODUZ: 432.400 t

EXPORTA: 234.181 t

IMPORTA: 86.893 t

CONSOME: 81.257 t

CONSUMO ANUAL POR PESSOA: 1,83 kg

Ao lado: Um clima fresco e um solo rico em nutrientes se combinam na cordilheira de Aberdare, no Quênia, criando condições ideais para o cultivo do chá preto.

forçaram e investiram muitos recursos no uso de todas as terras adequadas para o cultivo de chá, a fim de maximizar a produção e garantir que a qualidade fosse consistentemente alta.

A partir dessas poucas pequenas fazendas nos planaltos, o Quênia agora tem o maior número de pequenos proprietários do mundo, espalhados por 69.000 hectares, 13 regiões de cultivo de chá e mais de 60 fábricas – superando em muito o número de plantações pertencentes a empresas do Quênia, embora ainda existam muitas delas.

CLIMA, TERRENO E COLHEITA

A maioria das regiões produtoras de chá do Quênia está localizada nos planaltos do país, em ambos os lados do Great Rift Valley (Vale da Grande Fenda). Esse vale fica na linha do Equador, a uma altitude de 1.500 a 2.700 m, e oferece o clima ideal para o cultivo do chá: dias longos e ensolarados e chuvas consistentes o ano inteiro, combinados com um solo vulcânico vermelho muito rico em nutrientes. O chá é cultivado e colhido durante todo o ano.

A colheita e o processamento do chá ainda são feitos à mão, por meio de métodos tradicionais, embora algumas das maiores propriedades tenham maquinário. As duas folhas superiores e o broto são colhidos constantemente a cada uma ou duas semanas durante todo o ano, mas as melhores colheitas ocorrem no final de janeiro e em julho.

Muitas pequenas propriedades compartilham uma fábrica central que processa todo o chá cultivado em sua área, e a maioria das fábricas é voltada para a produção de chá preto CTC. Recursos educacionais e diretrizes sobre as melhores práticas de cultivo e colheita também são compartilhados entre as pequenas propriedades pela KTDA, o que ajuda a manter os padrões consistentes e elevados em todo o país.

O uso de pesticidas é regulamentado e raramente necessário, mas os fertilizantes são usados nos solos vermelhos do Quênia para repor os nutrientes. Trata-se principalmente de um fertilizante orgânico – os resíduos da poda que são espalhados sobre o solo aos pés das plantas.

PEQUENOS PRODUTORES E A KTDA

Não há dúvida de que o Quênia é um exemplo quanto a seu sistema de cultivo de chá de pequenos produtores, pelo menos em termos de números.

O chá se tornou uma importante fonte de sustento para os pequenos agricultores de todo o país, e o controle central da KTDA garante que os padrões sejam mantidos e que os preços nos leilões sejam tão altos quanto os do chá produzido nas grandes propriedades. A KTDA também conseguiu implementar parcerias com organizações como a Rainforest Alliance (ver a página 68) e devolver parte da propriedade das fábricas e das terras aos agricultores.

Como o chá é um produto de exportação nacional de grande porte, essa indústria no Quênia tem o potencial de afetar positivamente a subsistência de todos os que trabalham nela, muitos dos quais vivem abaixo da linha da pobreza. No entanto, ela também tem o potencial de explorar as pessoas que estão na base da cadeia de suprimentos, já que o Quênia se esforça para acompanhar a demanda mundial.

Geralmente, as condições de trabalho têm má reputação e o mesmo controle centralizado tira o poder de decisão dos pequenos produtores, pois eles têm pouco relacionamento ou influência sobre os compradores finais de seu chá. Isso também dificulta que instituições de caridade externas e ONGs possam intervir e ajudar. Embora os preços obtidos nos leilões sejam justos e se equiparem facilmente aos dos chás produzidos nas propriedades, a KTDA cobra taxas de administração dos pequenos produtores, o que os deixa em desvantagem.

O relacionamento entre os pequenos proprietários e as fábricas de propriedade e controle central também pode ser tenso, pois os agricultores não se sentem proprietários do chá que produzem. Entretanto, nos últimos 5 anos, a propriedade das fábricas de chá começou a ser compartilhada com os pequenos proprietários locais em algumas áreas.

À esquerda: Mulheres masai no Quênia compartilham um bule de chá. O consumo de chá tem crescido constantemente no país, com o queniano bebendo atualmente quase 2 kg por ano, em média.

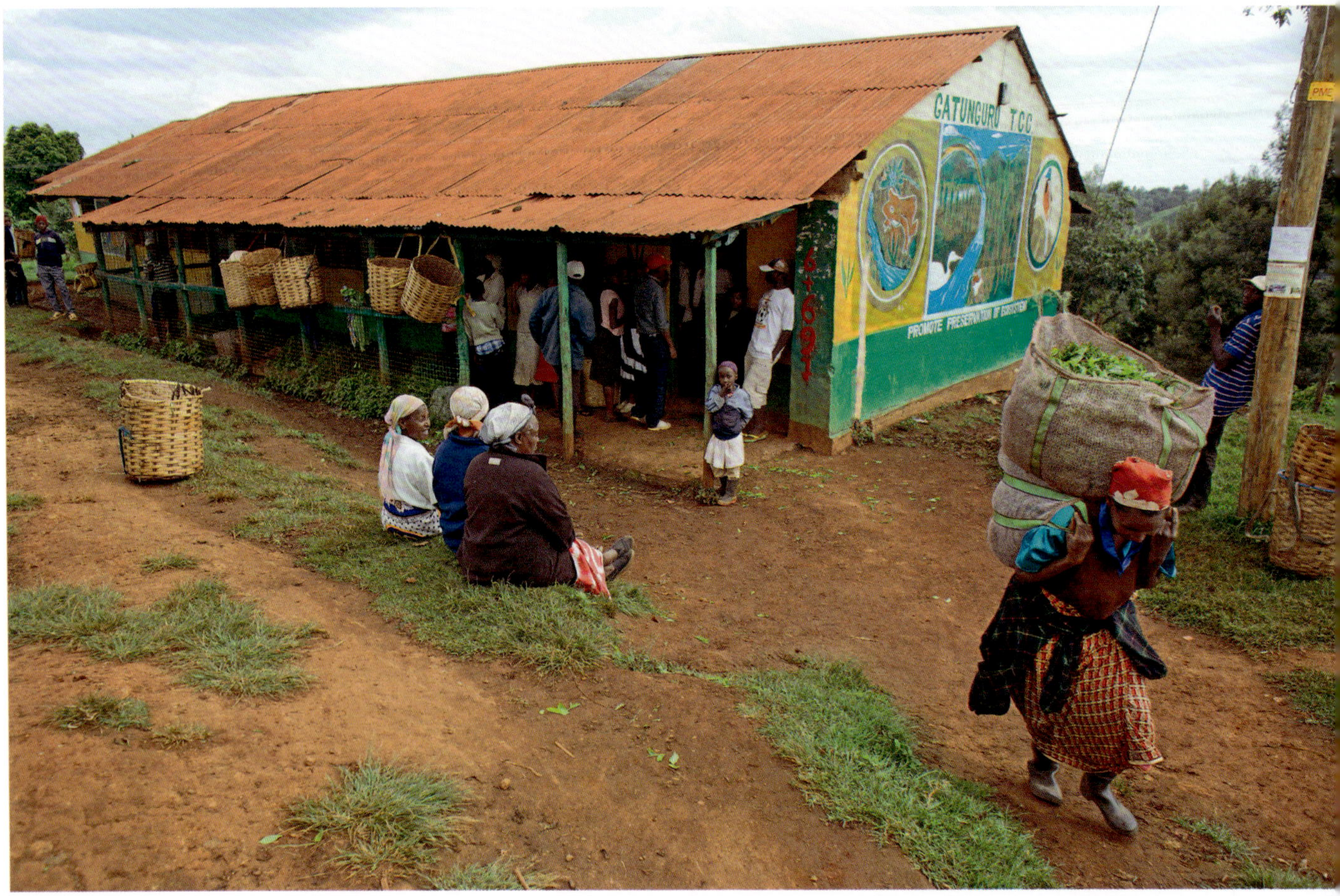
GATUNGURU T.C.C
PROMOTE PRESERVATION OF ECOSYSTEM

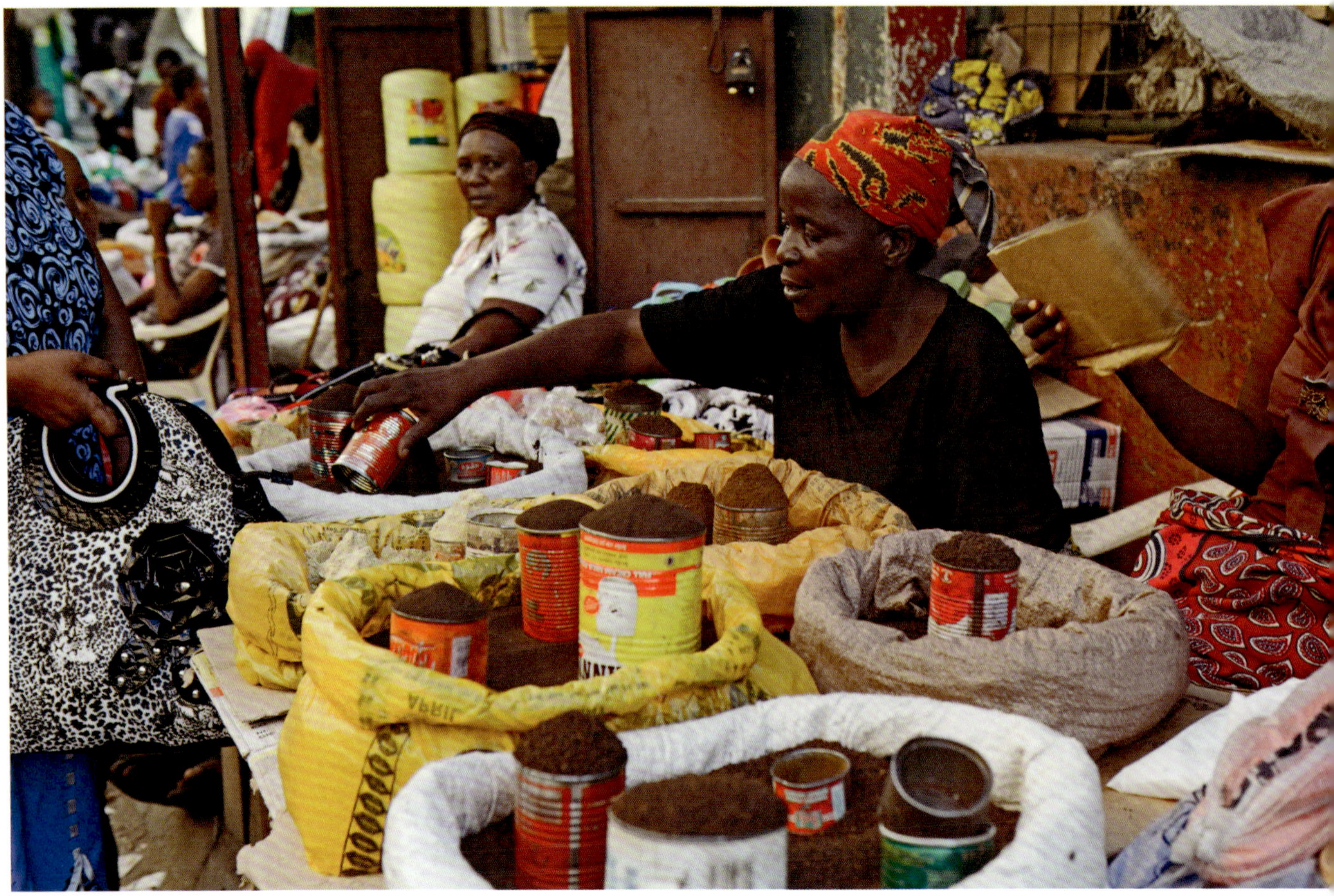

REGIÕES

CORDILHEIRA ABERDARE
Tipo de chá: Preto CTC
Clima/terreno: Colinas onduladas, 1.700-2.200 m; clima florestal fresco; solo rico em nutrientes
Localização: 30 km a noroeste de Nairobi
Fábricas: Kambaa, Mataara, Kagwe, Theta, Negere, Githambo

MONTE QUÊNIA
Tipo de chá: Preto CTC
Clima/terreno: 500-2.200 m; solo vulcânico rico; clima fresco com boa pluviosidade
Localização: 152 km a nordeste de Nairobi, nas encostas sudeste do monte Quênia
Fábricas: Ndima, Kangaita, Mungania, Kimunye, Thumaita, Kathangariri

COLINAS DE NYAMBENE
Tipo de chá: Preto CTC
Clima/terreno: 1.500-1.950 m; solo rico à base de argila, clima fresco com boa pluviosidade
Localização: Quênia Central
Fábricas: Weru, Kinoro, Kionyo, Imenti, Githongo, Igembe, Michimikuru, Kiegoi

PLANALTO KERICHO
Tipo de chá: Preto CTC
Clima/terreno: 1.500-2.150 m; chuvas duplas provenientes do Lago Vitória e da Floresta Mau atingem a área
Localização: Entre a Floresta Mau e o Planalto Kisii
Fábricas: Toror, Tegat, Momul, Litein, Chelal, Kapkatet, Mogogosiek, Kobel

PLANALTO KISII
Tipo de chá: Preto CTC
Clima/terreno: 1.500-2.150 m; a bacia do Lago Vitória o mantém bem hidratado; clima quente e solo rico em minerais
Localização: A oeste do Planalto Kericho na direção do Lago Vitória
Fábricas: Sanganyi, Tombe, Gianchore, Nyansiongo, Kebirigo, Nyankoba

MONTES NANDI E PLANALTO OCIDENTAL
Tipo de chá: Preto CTC e chá branco
Clima/terreno: 1.600-2.000 m; clima quente, muita chuva e solo rico em minerais
Localização: Oeste do Quênia, na linha do Equador, perto da Floresta Kakamega
Fábricas: Chebut, Kaptumo, Mudete, Kapsara, Olenguruone

TIPOS DE CHÁ CULTIVADOS NO QUÊNIA

Descritos como claros e vigorosos, com uma bebida de tom vermelho-cobre, os chás quenianos são regularmente vendidos a granel para grandes casas de mistura a fim de serem adicionados aos blends de chá preto de café da manhã. Não é comum encontrar chás quenianos de origem única.

Os chás quenianos são muito procurados e alcançam um bom preço em leilões, especialmente em comparação com outros chás africanos. O chá produzido para blends no Quênia é o CTC, encorpado, claro tanto na cor quanto no sabor, e feito para ser tomado com leite. O Quênia também produz uma pequena quantidade de chás brancos e verdes.

Ao lado, acima: No Quênia, a indústria do chá é uma importante fonte de emprego.
Ao lado, abaixo: Vendedores em um mercado na Cidade Velha de Mombasa vendem uma variedade de chás produzidos localmente.

CHÁ BRANCO SILVERBACK
Região: Nandi
Clima/terreno: Alta elevação – 2.000 m; longos dias úmidos com neblina e sol forte e solo vermelho vulcânico rico em nutrientes.
Métodos de processamento: Colhido à mão e seco delicadamente; apenas 600 kg são produzidos por ano.
Perfil de sabor: Doce, aromático, notas de mel, sensação suave na boca.

CHÁ PRETO MILIMA
Região: Planalto Kericho
Clima/terreno: 1.900 m; ar frio e solo rochoso.
Métodos de processamento: Produção de chá ortodoxa.
Perfil de sabor: Cítrico, quente, aroma levemente picante.

Trabalhadores da Mbaraki Port Warehouses Company, em Mombasa, colocam sacas de chá em uma esteira transportadora. O chá é a maior fonte de receita em moeda estrangeira do Quênia, e leilões semanais de chá são realizados em Mombasa, o principal porto do país.

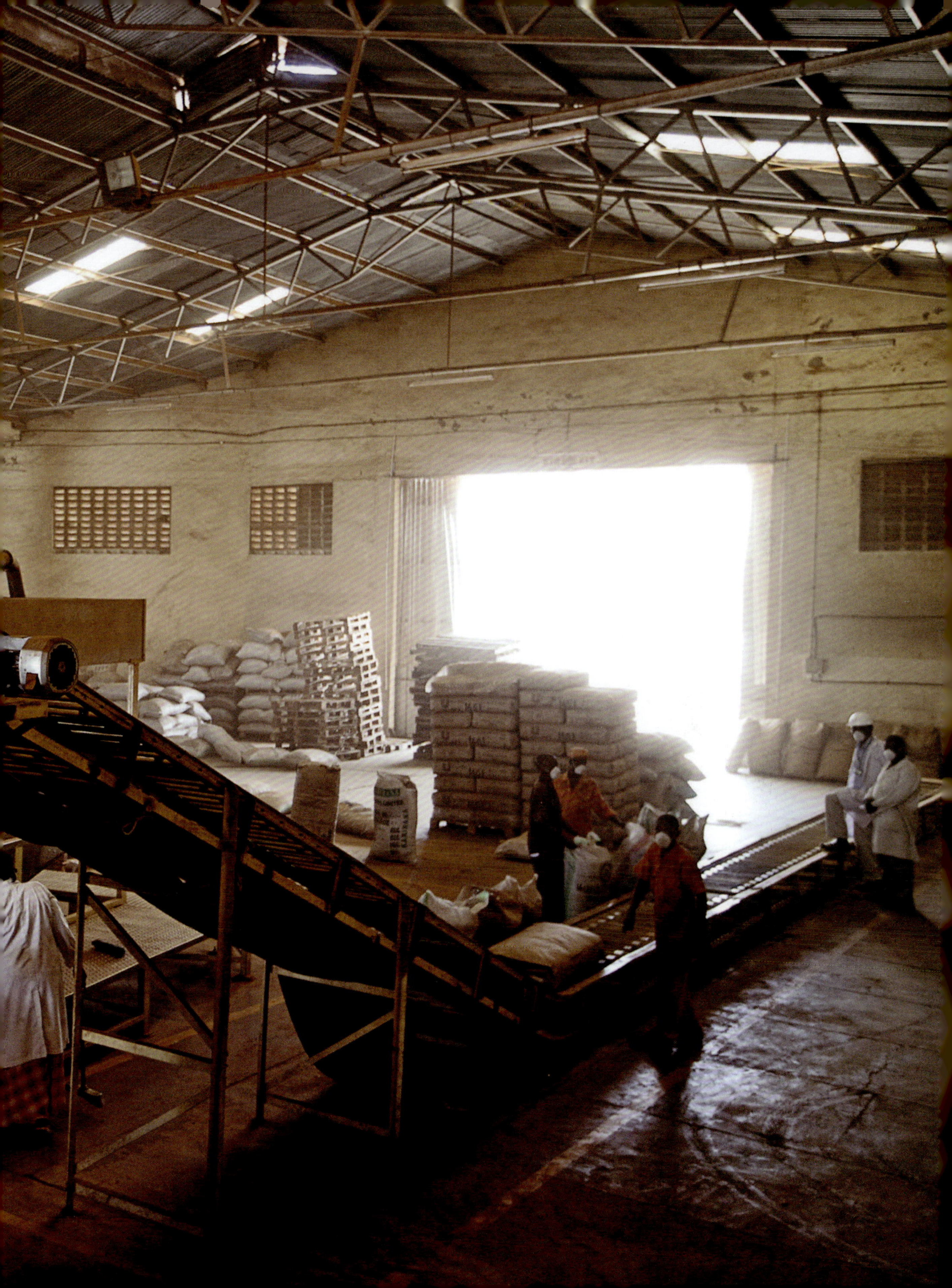

O CHÁ PERFEITO NA ÁFRICA DO SUL

CHÁ ROOIBOS

O chá rooibos, ou *red bush* (arbusto vermelho), é uma bebida naturalmente sem cafeína feita com as folhas da planta rooibos (*Aspalathus linearis*). A planta cresce na África do Sul e, depois de seca, tem folhas vermelhas características – daí seus nomes em africâner e inglês.

Os sul-africanos bebem chá rooibos como os chineses bebem chá verde ou os britânicos bebem chás pretos – é o chá preferido para o dia a dia. Além de não ter cafeína, ele apresenta benefícios adicionais à saúde por ser rico em antioxidantes e ótimo para a pele. Todos esses benefícios fizeram que sua popularidade crescesse em todo o mundo nos últimos anos. Muitas pessoas classificam o chá rooibos como chá de ervas, e ele é um ótimo ingrediente para blends, pois combina bem com todos os tipos de sabores (ver a página 110).

COMO É FEITO E SERVIDO

O chá rooibos é feito com a infusão das folhas secas em água fervente por pelo menos 4 minutos. Tradicionalmente, ele é preparado como um chá de folhas soltas, mas agora também é possível encontrá-lo em saquinhos de chá. Ao contrário dos chás típicos feitos da planta *Camellia sinensis*, o rooibos nunca fica forte demais nem se torna amargo se ficar em infusão por muito tempo.

Na verdade, é um chá muito versátil – talvez outra razão pela qual sua popularidade esteja crescendo. Ele tem um sabor levemente terroso e de nozes e produz uma bebida vermelho-escura que vai bem com leite e açúcar, ou sem.

O sabor maltado do rooibos o torna uma ótima alternativa ao café, especialmente quando transformado em um chá latte, com a adição de mel e leite aerado (ver a página 119).

CULTIVO, COLHEITA E PROCESSAMENTO

O rooibos é cultivado, colhido e processado de maneira muito semelhante ao chá, mas só existe em dois tipos: vermelho e verde.

O rooibos vermelho é a versão mais comum e totalmente oxidada, enquanto o rooibos verde não é oxidado, em semelhança aos chás verdes, por isso mantém sua aparência verde. Ele tem um sabor mais gramíneo e vegetal, similar ao da erva-mate ou da camomila, enquanto o rooibos vermelho tem um sabor maltado e um pouco terroso, como os chás pretos.

HISTÓRIA

O rooibos vem sendo produzido na África do Sul há centenas de anos e é apreciado tanto por visitantes quanto por moradores locais. Ao contrário do chá, o rooibos não se tornou uma mercadoria popular para o comércio, por isso permaneceu bastante desconhecido fora da África do Sul durante a maior parte dos séculos XVIII a XX.

Mais recentemente, o crescimento da popularidade do chá rooibos foi um dos maiores na indústria do chá, e agora é fácil encontrar uma variedade dele em supermercados locais.

Ao lado, acima: As folhas de chá rooibos são colhidas à mão com foices e, em seguida, amarradas em feixes organizados para processamento.

Ao lado, abaixo: Trabalhadores rurais varrendo folhas de rooibos secas ao sol na região de Cederberg, no Cabo Ocidental da África do Sul. A África do Sul é o único país do mundo a cultivar o rooibos.

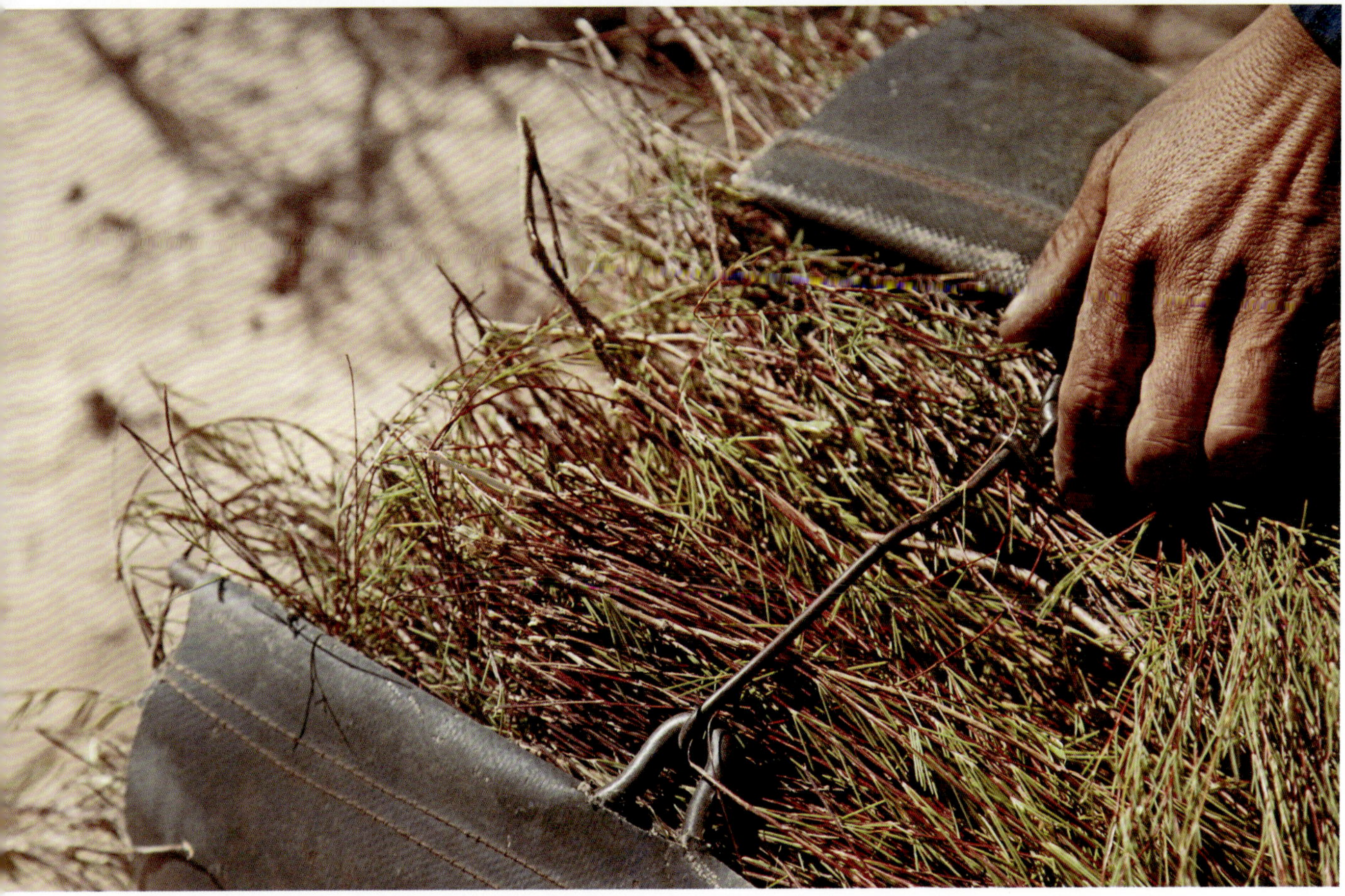

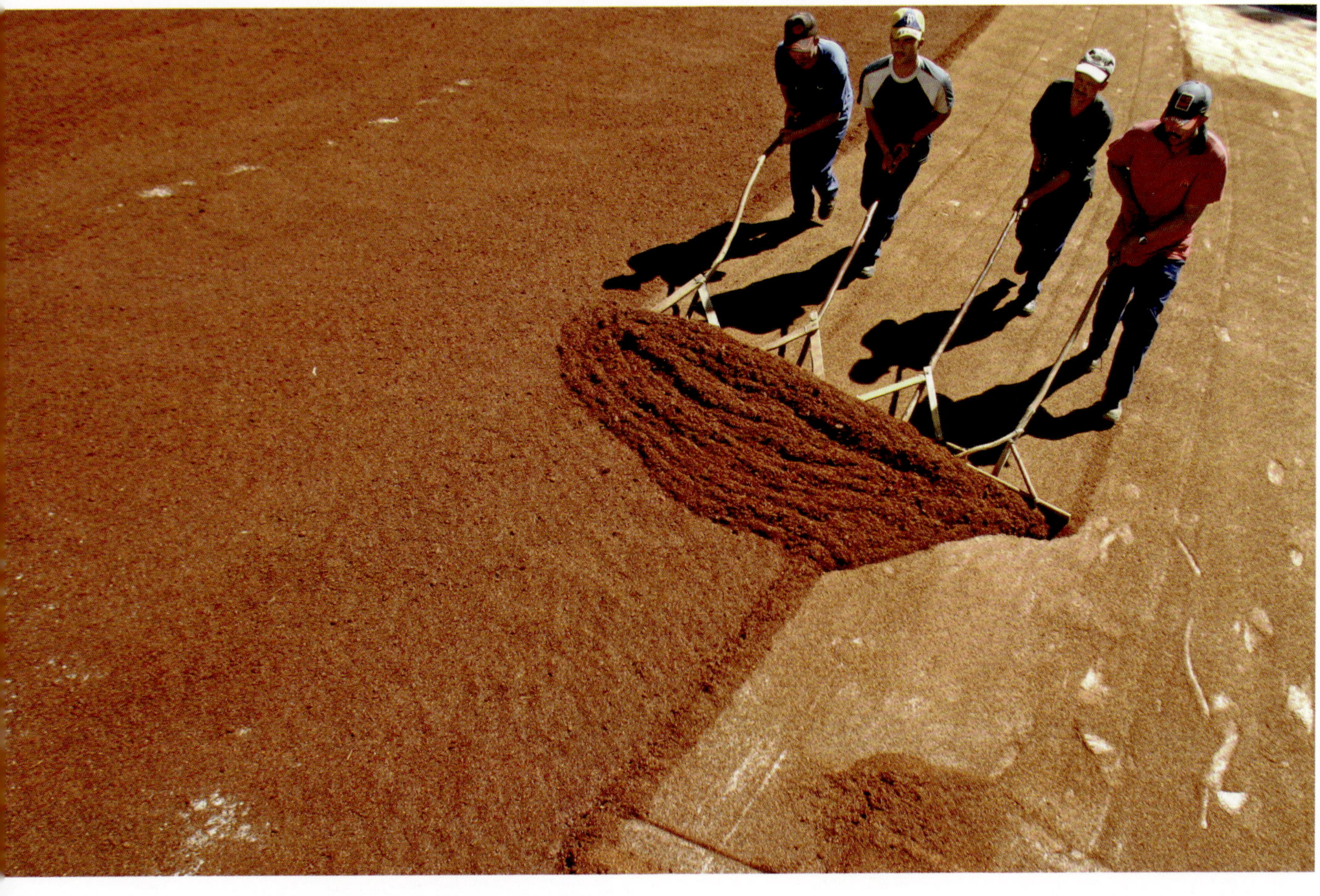

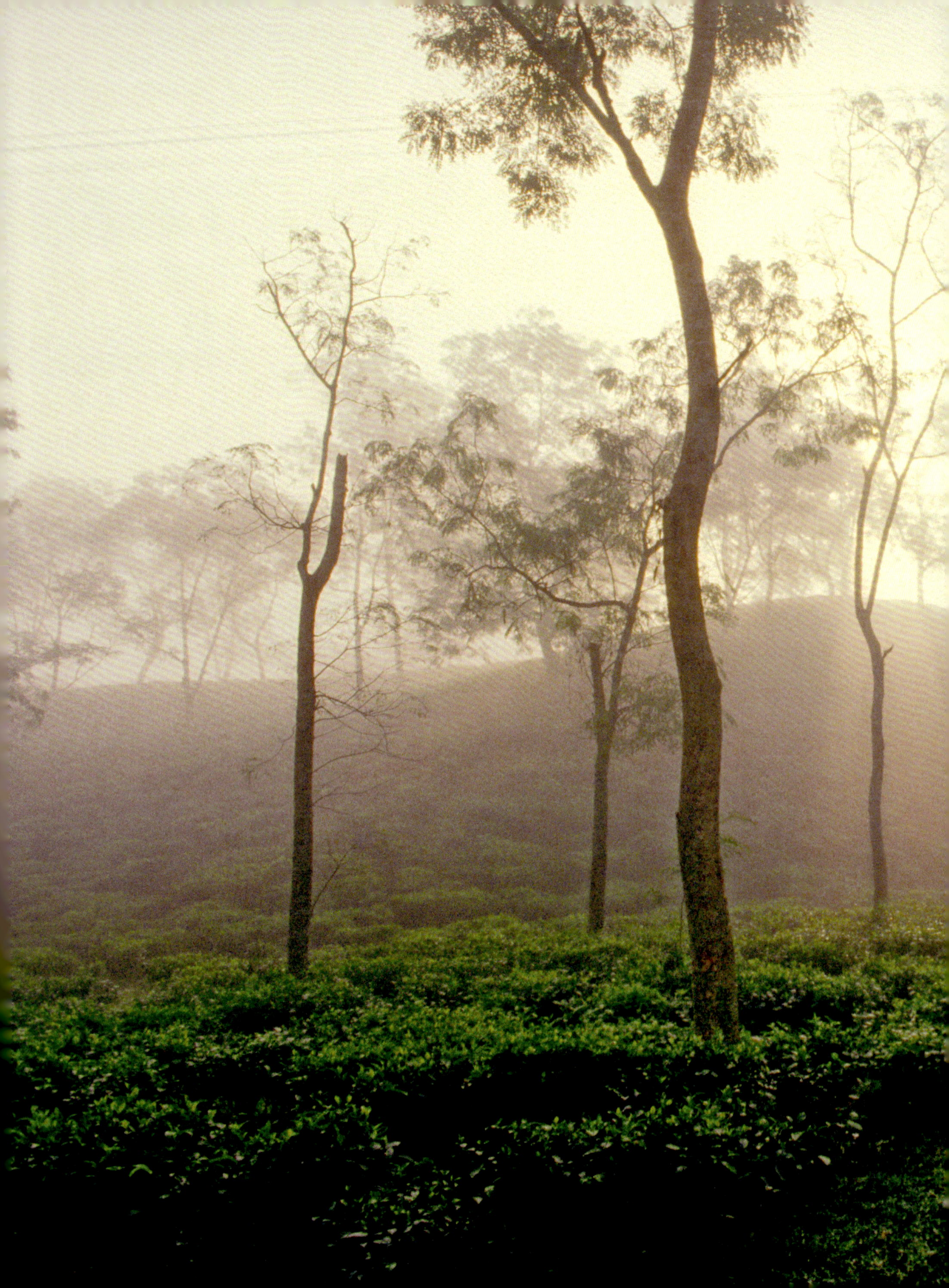

SUBCONTINENTE INDIANO

O subcontinente indiano é o lar de algumas das maiores empresas da indústria do chá, bem como de alguns dos maiores apreciadores de chá do mundo – a Índia e o Sri Lanka figuram na lista dos dez maiores produtores. A variedade *assamica* da planta do chá é nativa da região do Himalaia, na Índia, e o produto tem sido cultivado com sucesso em escala comercial desde que a região estava sob o domínio colonial britânico no século XIX. O desejo de estabelecer plantações para atender à demanda de bebidas na Europa, em vez de depender da importação da China, impulsionou o nascimento de uma indústria fantástica que viria a ajudar a definir todo o subcontinente.

PAÍSES PRODUTORES DE CHÁ

(ORDENADOS POR VOLUME DE PRODUÇÃO)

ÍNDIA

De longe o maior produtor de chá da região e o segundo maior do mundo, a Índia produz uma grande variedade de chás pretos, muitos dos quais são mundialmente conhecidos e muito procurados. Os chás indianos são colhidos sazonalmente e é comum encontrar chás com o nome da região em que são cultivados, a época da colheita e a qualidade.

Produz: 1.208.780 t
Exporta: 225.082 t
Importa: 21.257 t
Consome: 961.409 t
Consumo anual por pessoa: 0,77 kg
Perfil do chá: Ampla variedade de chás pretos, sendo mais famosos os das regiões Darjeeling, Assam e Nilgiri.

SRI LANKA

Embora o Sri Lanka seja pequeno em comparação com outros países da região, sua indústria de chá está profundamente enraizada na sociedade e na economia do país, e ele é o quarto maior do mundo em termos de produção. A maioria dos chás do Sri Lanka é produzida para o mercado de exportação, que é forte no Oriente Médio, na Europa e no Japão.

Produz: 340.250 t
Exporta: 318.300 t
Importa: 6.700 t
Consome: 27.600 t
Consumo anual por pessoa: 1,3 kg
Perfil do chá: Ampla variedade de chás pretos, além de alguns verdes e brancos. Os chás são conhecidos pela altitude em que são cultivados: cultivam-se chás de baixa, média e alta elevação.

Páginas anteriores: O chá é uma importante indústria em Bangladesh, sendo cultivado em regiões como Sylhet, que tem mais de 150 jardins de chá, como este mostrado aqui.

PRODUZ: 1.633.618 t

EXPORTA: 554.501 t

IMPORTA: 29.011 t

CONSOME: 1.057.318 t

CONSUMO ANUAL POR PESSOA: 1,5 kg

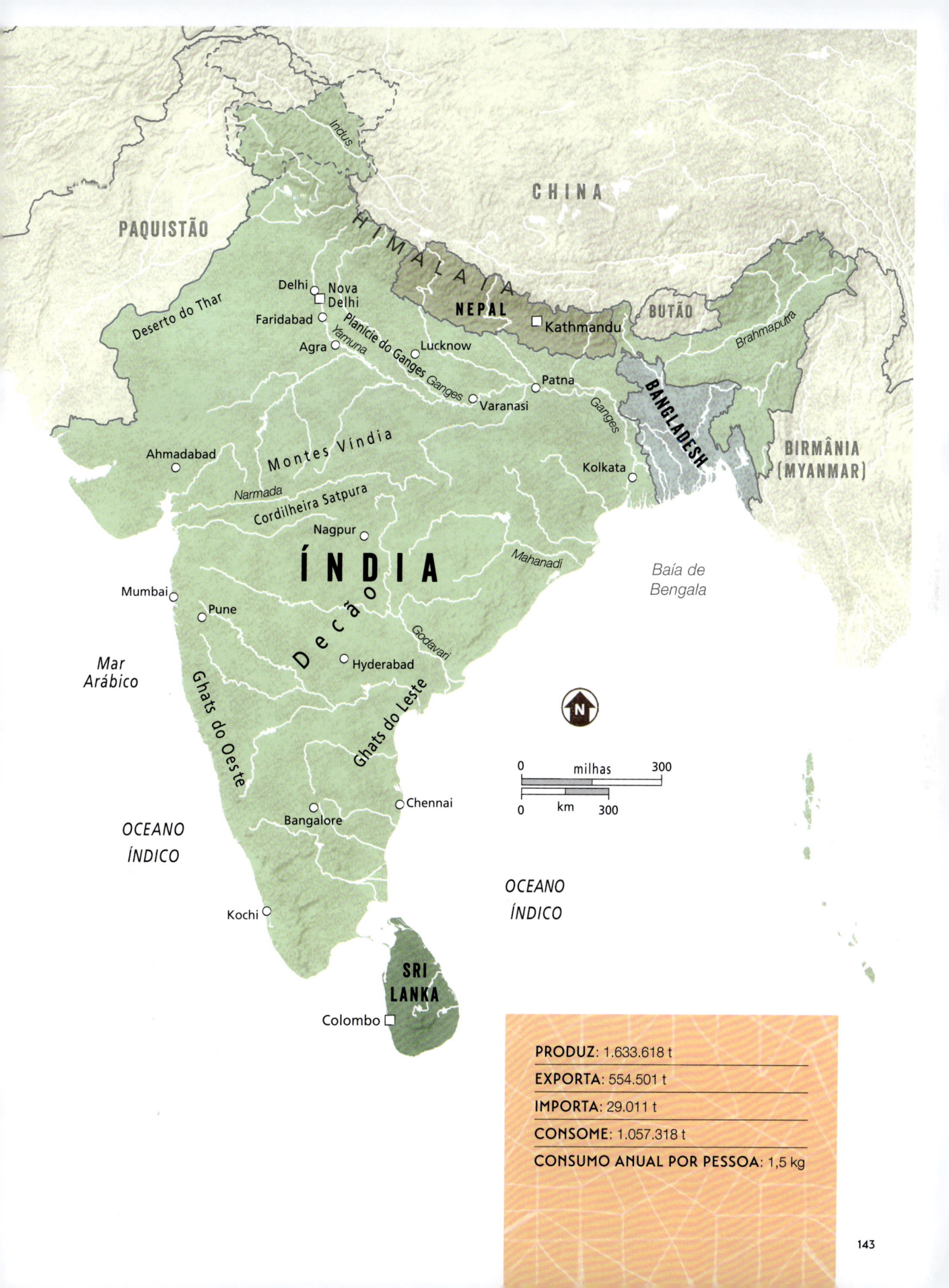

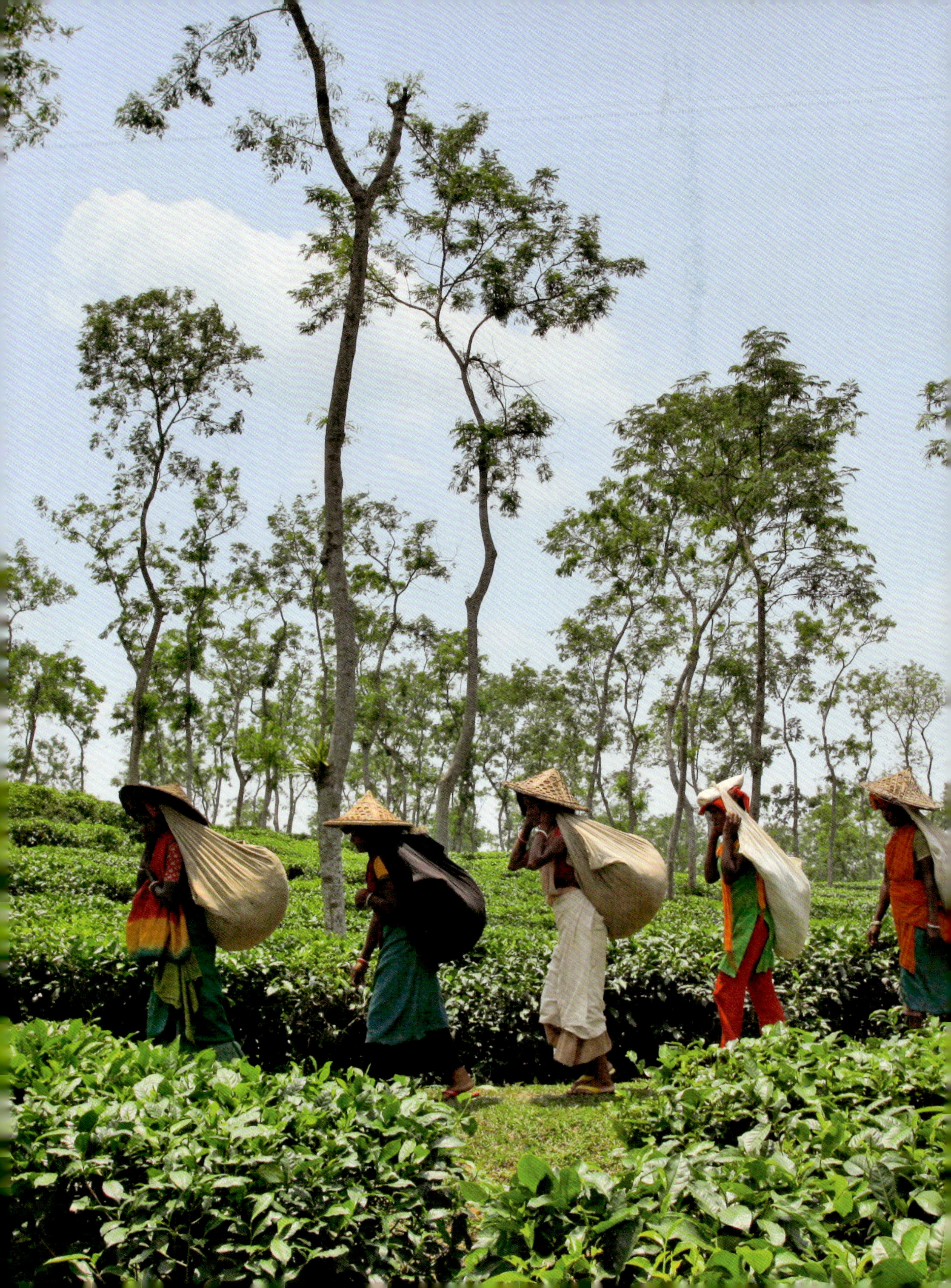

BANGLADESH

O chá chegou a Bangladesh no século XIX, vindo da região de Assam, na Índia. Desde então, há uma forte indústria, embora as exportações tenham praticamente desaparecido.

Produz: 64.000 t
Exporta: 838 t
Importa: 674 t
Consome: 58.700 t
Consumo anual por pessoa: 0,38 kg
Perfil do chá: Chás pretos fortes e aromáticos, ótimos com leite.

NEPAL

O chá é cultivado no Nepal nos vales do Himalaia, onde o clima é adequado para sua produção. Há um grande interesse pelo chá no mercado doméstico, mas, mais recentemente, os chás nepaleses de origem única têm ganhado popularidade no exterior. Isso gerou um aumento saudável nas oportunidades de exportação.

Produz: 20.588 t
Exporta: 10.281 t
Importa: 380 t
Consome: 9.609 t
Consumo anual por pessoa: 0,35 kg
Perfil do chá: Chás pretos ortodoxos de alta qualidade.

À esquerda: Mulheres, que representam mais de 75% da força de trabalho do setor de chá em Bangladesh, carregando folhas de chá nas costas em um jardim de chá no distrito de Moulvibazar.

ÍNDIA

Os indianos são os maiores consumidores de chá do mundo, consumindo 23% do chá mundial todos os anos – mais de 2 bilhões de xícaras de chá por dia! A Índia também é o segundo maior produtor de chá do mundo, o que é notável, considerando que lá as plantas ficam dormentes durante o inverno, ao contrário de muitos outros países onde o chá pode ser colhido o ano inteiro. Embora nativa da Índia, a planta do chá não era muito usada em bebidas, a não ser para fins medicinais, até o século XIX. Nessa época, o país estava sob o domínio do Império Britânico, e as plantações de chá em larga escala foram cultivadas para atender ao hábito de consumo dos britânicos, que crescia rapidamente. À medida que o chá preto se tornou pronta-

Acima: Um *chaiwallah*, ou vendedor de chai, serve copos de masala chai feito na hora, uma bebida doce, leitosa e aromática à base de chá, popular em toda a Índia.

SUBCONTINENTE INDIANO ÍNDIA

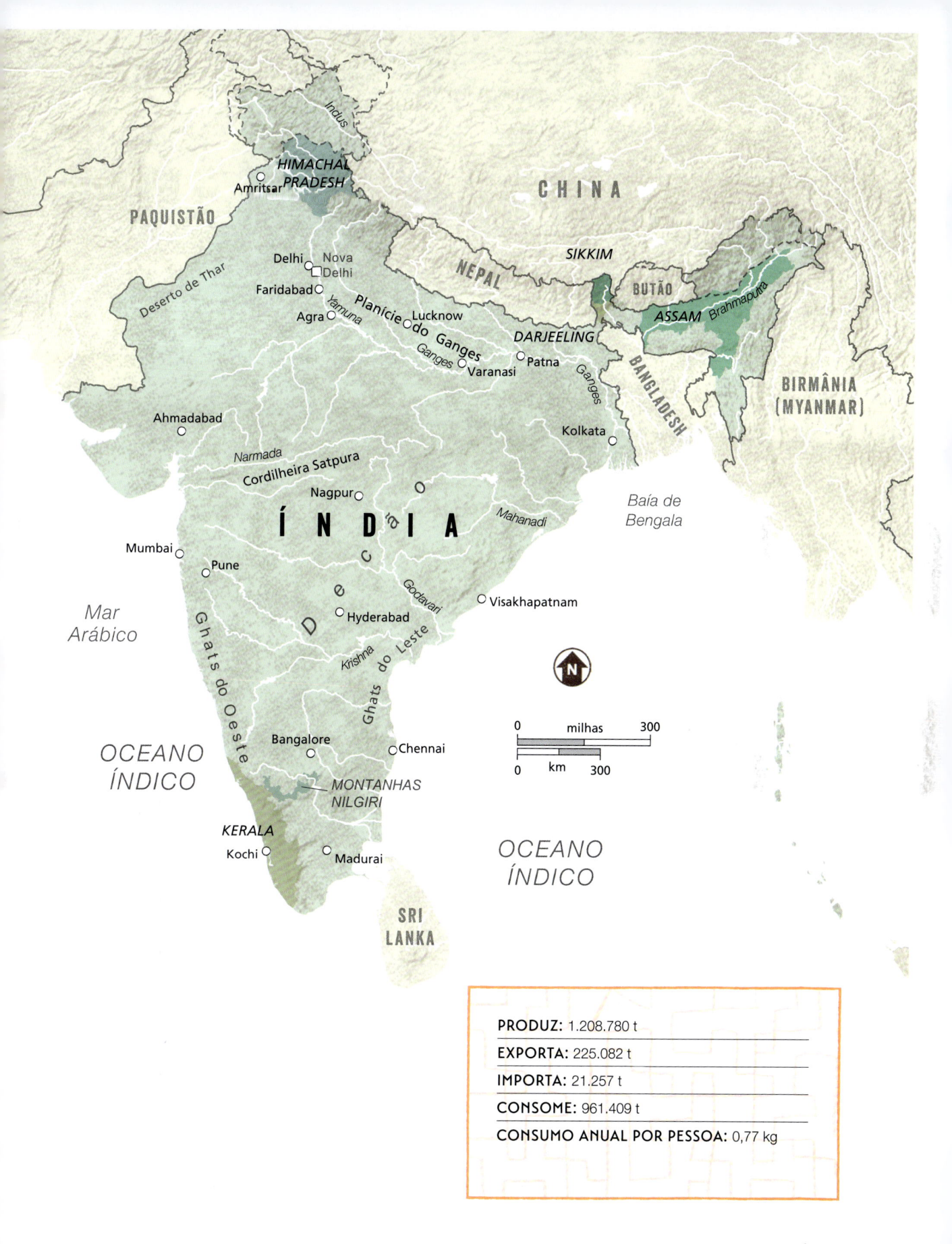

Mapa

- **Países vizinhos:** PAQUISTÃO, CHINA, NEPAL, BUTÃO, BANGLADESH, BIRMÂNIA (MYANMAR), SRI LANKA
- **Estados/Regiões:** HIMACHAL PRADESH, SIKKIM, ASSAM, DARJEELING, KERALA
- **Cidades:** Amritsar, Delhi, Nova Delhi, Faridabad, Agra, Lucknow, Patna, Varanasi, Kolkata, Ahmadabad, Nagpur, Mumbai, Pune, Hyderabad, Visakhapatnam, Bangalore, Chennai, Kochi, Madurai
- **Rios:** Indus, Yamuna, Ganges, Brahmaputra, Narmada, Mahanadi, Godavari, Krishna
- **Relevo:** Deserto de Thar, Planície do Ganges, Cordilheira Satpura, Decão, Ghats do Oeste, Ghats do Leste, Montanhas Nilgiri
- **Mares/Oceanos:** Mar Arábico, Oceano Índico, Baía de Bengala

---

PRODUZ: 1.208.780 t

EXPORTA: 225.082 t

IMPORTA: 21.257 t

CONSOME: 961.409 t

CONSUMO ANUAL POR PESSOA: 0,77 kg

mente disponível em toda a Índia, ele também começou a fazer parte de receitas caseiras, como o tradicional masala chai. Essa mistura de chá, especiarias e leite adoçado rapidamente se tornou o alimento básico do povo indiano para ajudar em um pouco de tudo, desde se refrescar no calor, aquecer-se nas noites frias e manter-se acordado durante longas viagens (ver a receita na página 119).

HISTÓRIA E DESENVOLVIMENTO

A variedade *assamica* da planta do chá é nativa em estado silvestre na Índia há milhares de anos, e o povo indiano produz chá com ela há pelo menos 500 anos. Durante a era colonial na Índia, a produção de chá foi um dos principais focos do Império Britânico, cujas autoridades viram nela um vasto potencial de geração de capital. A partir de alguns pequenos jardins botânicos em Calcutá, desenvolveu-se uma indústria em expansão, que, quando a Índia conquistou sua independência em 1947, estava produzindo quase 300.000 toneladas por ano.

O chá é responsável pela subsistência de mais de 3 milhões de pessoas, espalhadas por 20 estados e 12.800 fazendas e propriedades de chá.

Até o início do século XXI, a Índia era o principal produtor de chá do mundo, mas, nos últimos anos, o crescimento da indústria na China fez que ela ultrapassasse a produção indiana.

A indústria do chá da Índia é interessante, pois produz em larga escala para atender à demanda doméstica e ao mercado de exportação, abrangendo chás pretos de mercado de massa para blends de café da manhã e também chás especiais de origem única de qualidade superior, que têm grande reputação em todo o mundo. Essa reputação levou o Indian Tea Board (Conselho Indiano do Chá) a criar garantias de qualidade para assegurar que somente os chás cultivados e produzidos nos mais altos níveis em Darjeeling ou Assam sejam rotulados como tal.

CLIMA, TERRENO E COLHEITA

O clima das famosas regiões produtoras de chá de Assam e Darjeeling é considerado a chave para a produção de chás de sabor tão requintado. O complexo equilíbrio das condições ao longo de todo o ano se alinha perfeitamente durante uma ou duas colheitas anuais, produzindo aromas e sabores muito desejados no chá produzido. Esses produtos são muito procurados pelos países que importam da Índia e alcançam altos preços de mercado.

As diferentes colheitas são chamadas de "ciclos", e o primeiro ciclo geralmente é o primeiro da estação, no início da primavera. Nesse momento, há alguma chuva, mas o ar ainda está bastante seco por causa do inverno. O segundo ciclo tende a ocorrer no início do verão, talvez em junho, quando a maior quantidade de chuvas significa que os chás colhidos são de boa qualidade. Às vezes, há o chá de monção, ou chá intermediário, que é qualquer chá colhido durante as fortes chuvas do meio da estação.

À esquerda: Um homem carregando uma barraca de chai portátil em uma feira de camelos no Rajastão. O chai é servido em um tipo de xícara de terracota sem alça chamada *kulhud*.

Ao lado: Folhas recém-colhidas sendo colocadas em um trailer em uma plantação de chá em Kerala, uma região da Índia que produz grandes quantidades de chá verde.

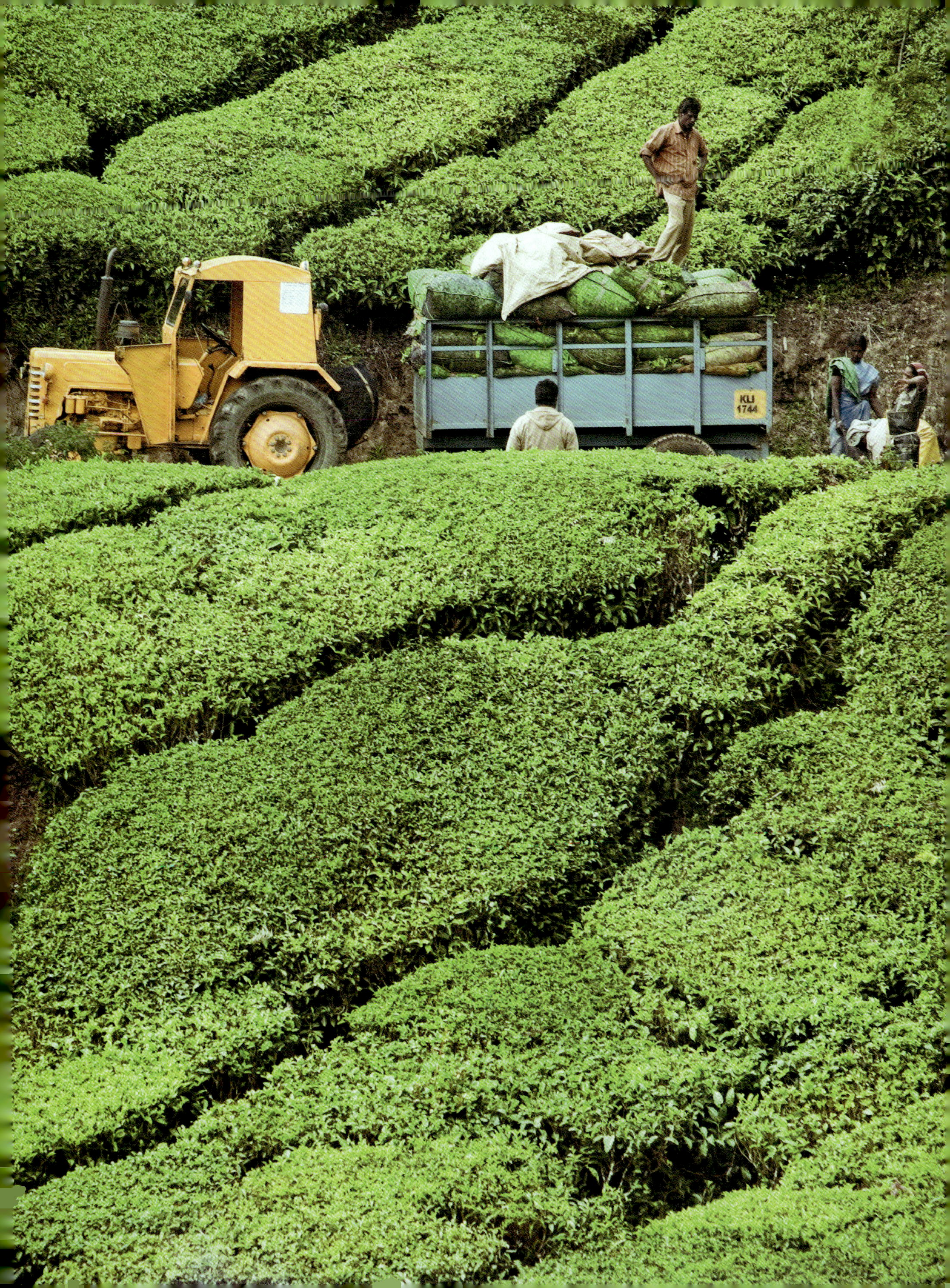
KLI
1744

REGIÕES

O chá é produzido em quase 20 estados indianos, mas a maioria deles fica no norte, no sopé do Himalaia. Também se produz um pouco de chá nos arredores do norte de Nova Delhi e nas montanhas Nilgiri, ao sul. As principais regiões produtoras de chá, em mais detalhes, são:

ASSAM
Tipo de chá: Chás pretos Assam – ciclos variados
Clima/terreno: Montanhas elevadas e vales, abrigados pela Cordilheira do Himalaia; alta pluviosidade, especialmente na estação das monções; muito úmido, especialmente na temporada das chuvas
Localização: Vale Brahmaputra, 193 km a leste de Darjeeling, na fronteira com a China, Birmânia (Myanmar) e Bangladesh
Fazendas/plantações de chá: Bamonpookri, Napuk, Thowra, Khongea

DARJEELING
Tipo de chá: Chás pretos Darjeeling – ciclos variados
Clima/terreno: Altitude elevada; chuvas sazonais; ar frio e seco, mas com períodos enevoados
Localização: Nordeste da Índia, Bengala Ocidental, ao sopé do Himalaia
Fazendas/plantações de chá: Castleton, Bloomfield, Puttabong, Makaibari

DESAFIOS DA REGIÃO DE ASSAM

Assam não só é a maior região produtora de chá da Índia, como também a maior do mundo, com mais de 2 mil fazendas de chá. A região é mundialmente conhecida pela qualidade do chá que produz e há um forte mercado tanto para a versão de alta qualidade de origem única quanto para a qualidade CTC voltada a blends de chás pretos de café da manhã.

No entanto, essa famosa região de chá enfrenta alguns desafios que ameaçam seu futuro. Primeiro, a instabilidade política na área interrompe a produção, o investimento e o comércio, além de causar escassez sazonal de mão de obra. Em segundo lugar, uma enxurrada de países que produzem chás pretos CTC fez que o preço despencasse drasticamente, causando o fechamento de quase 200 plantações de chá em Assam desde o início do século.

MONTANHAS NILGIRI
Tipo de chá: Chás pretos e verdes
Clima/terreno: Altitude elevada, 1.800 m; planícies gramadas e selva; muita irrigação e solo rico em nutrientes dos rios, além de duas estações de monções distintas
Localização: Ponta sudoeste da Índia
Fazendas/plantações de chá: Glendale, Tigerhill, Tungmullay, Havukal

HIMACHAL PRADESH
Tipo de chá: Chás verdes, pretos e oolong
Clima/terreno: Montanhoso, de altitude elevada; muito úmido
Localização: Noroeste da Índia
Fazenda/plantação de chá: Kangra

SIKKIM
Tipo de chá: Chás pretos, semelhantes ao Darjeeling em aroma e sabor
Clima/terreno: Altitude elevada, montanhosa; chuvas sazonais; ar frio e seco e clima subtropical; um pouco de neblina
Localização: Logo acima de Darjeeling, no nordeste da Índia
Fazendas/plantações de chá: Temi, Glenburn

KERALA
Tipo de chá: Chás verdes e brancos
Clima/terreno: Semelhante a Nilgiri, pois situa-se na mesma cordilheira
Localização: Ponta ao extremo sul do sudoeste da Índia
Fazendas/plantações de chá: Oothu, Kolukkumalai

TIPOS DE CHÁ CULTIVADOS NA ÍNDIA

A Índia produz principalmente chás pretos, divididos entre produção CTC e ortodoxa, mas começou a produzir também alguns brancos, verdes e oolongs mais recentemente. A Índia é o maior produtor de chás CTC, contribuindo com a quantidade significativa de 60% do suprimento mundial.

Assim como o Sri Lanka, a Índia segue o sistema de classificação britânico (ver a página 25) e pode alterar os métodos de produção para criar chás diferentes em épocas distintas para atender às demandas do mercado. A Índia também usa a notificação "primeiro ciclo, segundo ciclo" (ver a página 148) para indicar a colheita do chá, e os chás geralmente recebem o nome da propriedade ou da região em que foram produzidos. Independentemente das tendências do mercado, três dos chás da Índia são mundialmente famosos e têm sempre demanda: Assam, Darjeeling e Nilgiri.

ASSAM

Encontrado como primeiro ciclo, segundo ciclo ou um blend

Região: Assam

Clima/terreno: Altitude elevada, montanhas enevoadas.

Métodos de processamento: De primeira qualidade, colhido no segundo ciclo, de maio a junho.

Perfil de sabor: Forte, encorpado e maltado, com o líquido vermelho-escuro.

DARJEELING

Encontrado como primeiro ciclo, segundo ciclo ou um blend

Região: Darjeeling, Bengala Ocidental

Clima/terreno: Altitude elevada, sistema de clima sazonal que cria o famoso e exclusivo "sabor de Darjeeling".

Métodos de processamento: Variadas misturas genéticas da planta de chá encontrada pela região de Darjeeling. Processamento normal do chá preto, porém o ar seco e frio da altitude elevada (e, portanto, mais rarefeito) ajuda a acelerar a etapa de secagem, resultando na leveza específica dos chás Darjeeling.

Perfil de sabor: Leve, aromático e "de champanhe"; melhor sem leite.

NILGIRI

Região: Montanhas Nilgiri, sudoeste da Índia

Clima/terreno: Montanhas voltadas para a selva e grandes áreas de pradarias com alta incidência de chuvas de monções; condições quentes e úmidas.

Métodos de processamento: A colheita ocorre o ano inteiro, inusitadamente incluindo o meio do inverno, quando ela é feita para produzir o "chá de geada".

Perfil de sabor: Forte e escuro, porém suave, aromático e bem equilibrado. O chá de geada é doce e frutado.

TEMI

Região: Sikkim, norte da Índia

Clima/terreno: Altitude elevada, sistema de clima sazonal exclusivo.

Métodos de processamento: Processamento normal do chá preto e similaridades com a região de Darjeeling resultam em uma leveza semelhante nos chás Temi.

Perfil de sabor: Leve e aromático, melhor sem leite.

TULSI

O tulsi (*Ocimum tenuiflorum*) é uma erva que cresce na Índia e é apelidada de "manjericão sagrado" em razão de sua variedade de usos para a saúde, a cura e a religião. É considerada uma erva aiurvédica (ver a página 107) e utilizada para fazer chás de ervas no subcontinente indiano há gerações. O tulsi tem um leve sabor herbáceo, floral e cítrico e pode ter um retrogosto adocicado quando consumido puro. O tulsi é frequentemente usado como ingrediente para misturar com outras bebidas quentes à base de ervas ou de chá.

Colhedoras de chá esperando pacientemente a pesagem de suas sacas de folhas em meio a exuberantes arbustos de chá verde nesta plantação em Kerala, no sul da Índia. Muitas delas colhem pelo menos 40 kg de folhas por dia.

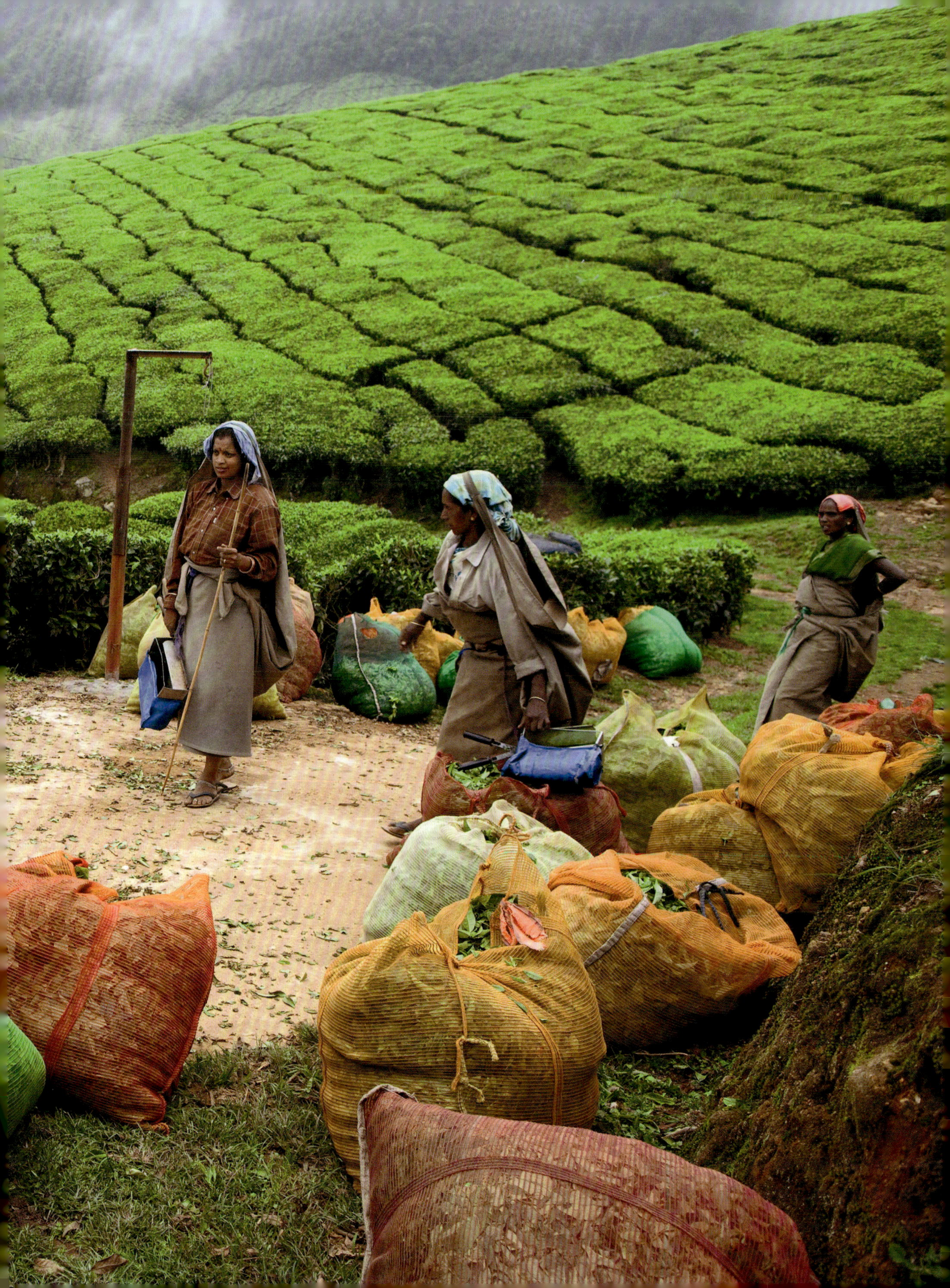

SRI LANKA

A nação insular do Sri Lanka, antigo Ceilão, exporta 94% do chá que cultiva – a maior porcentagem do mundo. É também o quarto maior produtor de chá em todo o mundo e é o único capaz de produzir chá durante todo o ano.

A maioria das plantações do Sri Lanka produz chás pretos e pode ser encontrada na região central das colinas, onde o clima quente, a altitude elevada e o terreno inclinado se combinam para proporcionar as condições perfeitas para a produção de chá. A maior parte do mercado de exportação do Sri Lanka está no Oriente Médio e na Europa, mas também há muitos licitantes em todo o mundo para seu chá especial Nuwara Eliya, cultivado nos planaltos.

Acima: Uma das propriedades de chá mais pitorescas do Sri Lanka, a propriedade Kataboola tem hectares de chá cultivados em colinas onduladas e cercados por trechos de floresta verdejante.

HISTÓRIA E DESENVOLVIMENTO

Assim como na Índia, o chá foi introduzido no Sri Lanka durante o período em que ele esteve sob o domínio britânico no século XIX. Explorando a ilha, os britânicos logo perceberam que havia um enorme potencial agrícola nos milhares de hectares de selva intocada na região montanhosa das colinas. Originalmente, a terra foi desmatada para que as plantações de café fossem estabelecidas, mas essas plantações foram rapidamente convertidas em fazendas de chá depois que as plantas de café sofreram uma doença devastadora na colheita e os britânicos perceberam que as plantas de chá eram muito mais adequadas ao clima e ao terreno, e que o chá, assim como a borracha, seria muito mais lucrativo.

Loolecondera, a primeira propriedade de chá no Sri Lanka, foi fundada em 1867 por James Taylor, que viu uma oportunidade de fornecer chá para o Reino Unido. Muitos outros empresários britânicos logo reconheceram o potencial do país e estabeleceram as próprias plantações de chá, inclusive o famoso Thomas Lipton. Outro foi George Thomson, que estabeleceu a propriedade Newburgh em Uva no início dos anos 1900. A grande maioria das fábricas e propriedades no Sri Lanka tem origem britânica e algumas ainda são de propriedade e administração britânicas.

Em comparação com outros países produtores de chá, o Sri Lanka exporta uma quantidade significativa do que produz, no valor de quase 3 bilhões de dólares. Não é de surpreender, portanto, que 5% da população do país – mais de um milhão de pessoas – trabalhe na indústria do chá de alguma forma. O Sri Lanka também criou seu próprio conselho de chá e desenvolveu a própria marca e um logotipo, o chá "Ceilão", com o leão vermelho como mascote. O Sri Lankan Tea Board (Conselho de Chá do Sri Lanka) ajudou a garantir que muitas das grandes marcas de chá, como Lipton e Tetley, optassem por embalar e produzir seus chás no Sri Lanka. A qualidade dos chás misturados e embalados no Sri Lanka é consistentemente alta, tornando-o o maior produtor de chás embalados do mundo.

PRODUZ: 340.230 t
EXPORTA: 318.300 t
IMPORTA: 6.700 t
CONSOME: 27.600 t
CONSUMO ANUAL POR PESSOA: 1,3 kg

CLIMA, TERRENO E COLHEITA

As regiões de cultivo de chá no Sri Lanka são agrupadas em áreas designadas por elevação – região baixa (do nível do mar até 600 m), região média (600-1.200 m) e região alta (acima de 1.200 m). Cada região tem um clima e um terreno diferentes e é conhecida por produzir os próprios e característicos sabores de chá. Mais de 40% do chá do Sri Lanka é cultivado em terras baixas, 27% em terras médias e 33% em terras altas.

Nas regiões média e alta, as plantações estão espalhadas em terraços nas encostas, geralmente com uma fábrica no topo de uma das colinas. Na região baixa, não é incomum encontrar uma propriedade a apenas alguns qui-

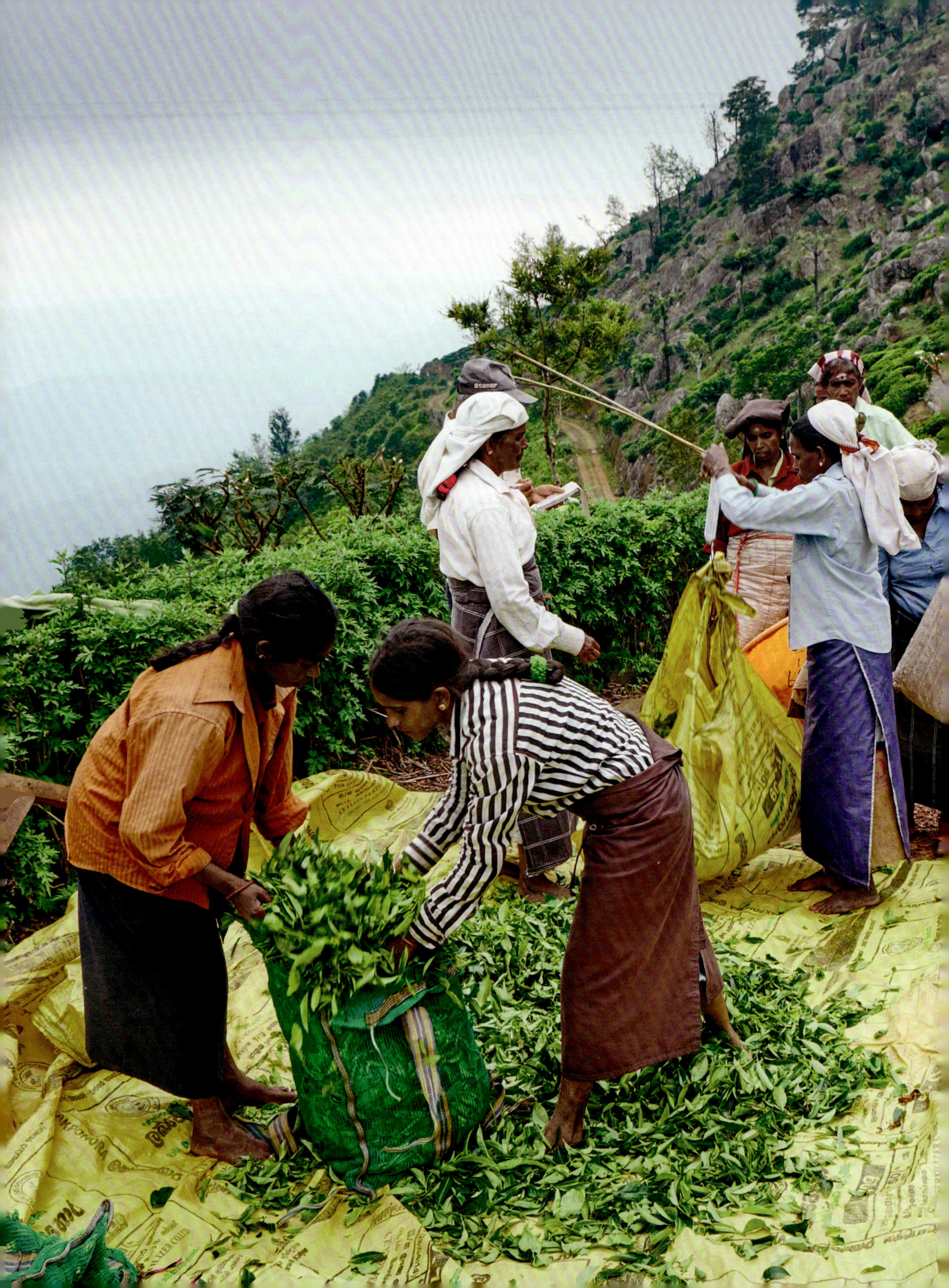

lômetros da praia, cercada pela selva tropical e que, muitas vezes, faz parte de uma plantação maior que às vezes também tem outros cultivos, como canela, borracha e coco.

O Sri Lanka produz chá durante todo o ano, mas o país tem estações secas e chuvosas características, com duas monções anuais: a monção sudoeste, entre maio e setembro, e a monção nordeste, entre outubro e janeiro.

Os chás premium mais procurados tendem a ser produzidos a partir de plantas de crescimento mais lento na região montanhosa, onde as montanhas oferecem abrigo, permitindo a passagem de chuva e vento suficientes para criar o microclima perfeito.

As plantações nas áreas tropicais baixas proporcionam os maiores rendimentos por causa das condições mais ensolaradas e da umidade durante todo o ano. Isso significa que os arbustos de chá crescem mais alto e mais rápido, desenvolvem mais polifenóis (por causa da luz do sol) e são geralmente mais resistentes. Esse cenário faz que os chás produzidos lá tenham um sabor mais forte, mas sem tanta complexidade.

A indústria do chá do Sri Lanka ainda se baseia muito nos métodos tradicionais de colheita e processamento manual, utilizados desde que as plantações foram estabelecidas no século XIX. Embora o maquinário esteja avançando e algumas fábricas tenham a sorte de poder implementar novas tecnologias, a maioria das plantações não tem recursos financeiros para atualizar seu maquinário.

CHÁS

O Sri Lanka produz principalmente chás pretos ortodoxos, mas também chás CTC, branco e verde. Nos últimos 10 anos, a produção de chá verde cresceu, com três fábricas que se converteram da produção de chá preto para a de chá verde.

Os dois tipos de chá verde produzidos são o tipo gunpowder (pólvora), preparado com o método chinês de secagem das folhas, e o sencha, que usa o método japonês de vaporização das folhas (ver a página 212). O primeiro tem sabor forte, enquanto o segundo é mais delicado.

Ao lado: Os colhedores de chá, como estas mulheres tâmeis, precisam submeter suas folhas a verificações de qualidade, pesagem e registros em intervalos ao longo do dia.

À direita: Toda semana, o maior leilão de chá do mundo é realizado na capital comercial do Sri Lanka, Colombo.

LEILÕES DE CHÁ DE COLOMBO

Em um sistema exclusivo do Sri Lanka, todo o chá produzido no país tem que ser enviado para leilões de chá regulamentados pelo governo, realizados todas as semanas em Colombo, para ser classificado, degustado, precificado e vendido. Há também um número menor de vendas pré-combinadas, mas elas sempre devem ser liberadas pelo conselho do chá antes que qualquer contrato possa ser firmado.

Toda semana, antes dos leilões, amostras de todos os chás produzidos são enviadas para a lista registrada de compradores de chá do país. Cada um desses compradores prova e classifica os chás, anotando os que interessam. Em seguida, cada empresa envia uma equipe de compradores para os leilões, que atuam em nome de seus clientes. Também há corretores presentes para representar cada propriedade de chá. Acontece então uma disputa entre os corretores, que estão lá para obter o melhor preço para as propriedades, e os compradores, que querem obter o melhor preço para seus clientes.

Mesmo que não planejem comprar qualquer chá em determinada semana, os membros das empresas compradoras continuam participando dos leilões para registrar os preços de venda e acompanhar as tendências. O mercado de chá é tratado de maneira muito parecida com a do mercado de ações: ele precisa ser monitorado e revisado para o acompanhamento das flutuações de preço e as mudanças na demanda. Diversos fatores, como clima, eventos políticos e feriados, podem afetar o preço de um lote, e leiloeiros, corretores e compradores sabem que é nos leilões que se ganha ou se perde de verdade o dinheiro do chá.

Mais de 30% da safra de chá do Sri Lanka é cultivada em regiões classificadas como "planaltos", como esta plantação na área de Matale, em Kandy, no centro da ilha.

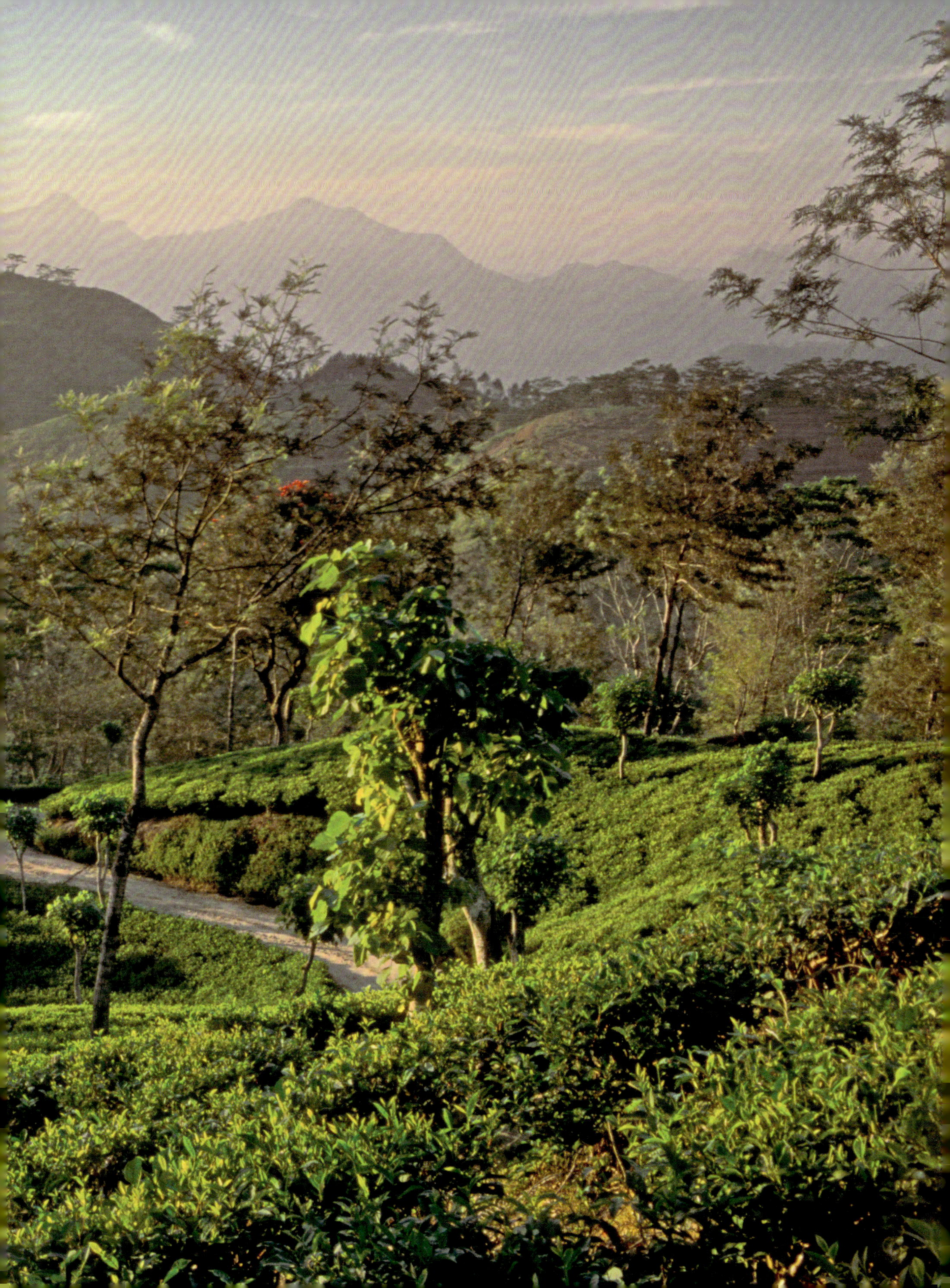

REGIÕES

UVA (ALTA ELEVAÇÃO)
Tipo de chá: Chá preto aromático perfeito para blends de English Breakfast
Clima/terreno: 1.000-1.600 m; ventos de monções sopram através das passagens; dias quentes e secos, noites frias
Localização: Encosta leste da região montanhosa central do Sri Lanka
Propriedades/plantações: Halpewatte, Greenland, Adawatte

KANDY (ALTA ELEVAÇÃO)
Tipo de chá: Chá preto mais forte, encorpado e com um líquido mais escuro
Clima/terreno: 650-1.300 m; terreno de encosta protegido e estável, tempo frio e seco, exceto durante as monções
Localização: Ao centro da região montanhosa
Propriedades/plantações: Geragama, Ashburnham

NUWARA ELIYA (ALTA ELEVAÇÃO)
Tipo de chá: Chás pretos de alta qualidade, de sabor leve e aroma delicadamente perfumado
Clima/terreno: 2.000 m, montanhas altas; ar frio e chuva constante, névoas aromáticas
Localização: Ao centro da região montanhosa
Propriedades/plantações: Mackwoods, Pedro, Lover's Leap

UDA PUSSELLAWA (ELEVAÇÃO MÉDIA)
Tipo de chá: Chá preto com corpo médio e sabor picante
Clima/terreno: 950-1.600 m; duas "estações de qualidade" como seus vizinhos Uva e Nuwara Eliya; mais úmido e enevoado ao longo do ano
Localização: Ao centro da região montanhosa
Propriedade/plantação: Finlays

A REGIÃO DE CHAMPAGNE

A estação seca na região montanhosa de Nuwara Eliya, que vai de maio a agosto, é mundialmente conhecida pela qualidade do chá produzido. Isso fez que a área ganhasse o apelido de "região de Champagne".

A brisa do mar sopra através das montanhas, criando uma fragrância e um aroma que não podem ser reproduzidos em nenhum outro lugar nem em outra época do ano. Ainda hoje, as fábricas no topo das propriedades montanhosas utilizam apenas a brisa fresca do mar para secar suas folhas.

À direita: Um supervisor pesa uma cesta de folhas Broken Orange Pekoe em uma plantação na região de Nuwara Eliya.

DIMBULA (ALTA ELEVAÇÃO)

Tipo de chá: Chá preto claro e intenso com um sabor forte e refrescante

Clima/terreno: 1,500-1,000 m, no vale, portanto úmido e enevoado na maior parte do ano; as brisas frescas de primavera levam aromas, como de jasmim e cipreste, para as folhas

Localização: Ao centro e ao leste da região montanhosa

Propriedades/plantações: Bogahawatte, Kirkoswald

RUHUNA (BAIXA ELEVAÇÃO)

Tipo de chá: Chás pretos robustos e fortes; bons com leite

Clima/terreno: Varia drasticamente, com litoral, morros no continente e até algumas florestas tropicais

Localização: Costa sul e no extremo da ilha

Propriedade/plantação: Lumbini

O CHÁ PERFEITO NO HIMALAIA

PO CHA (CHÁ COM MANTEIGA DE IAQUE)

O chá de manteiga de iaque, ou po cha, é um chá quente e altamente calórico feito de chá fervido, manteiga de iaque e sal. É um alimento básico da dieta do Himalaia, desempenhando um papel fundamental na saúde, na hospitalidade e no status do povo que vive cercado pelas montanhas mais altas do mundo. O sabor e o aroma do po cha são frequentemente descritos como espessos, oleosos, amanteigados, terrosos e pungentes.

A FOLHA DE CHÁ ESCOLHIDA

O po cha é feito de chá preto ou pu'erh, tradicionalmente em forma de blocos, que é o mais adequado para o transporte e o armazenamento nessas remotas regiões montanhosas. O terreno rochoso e de altitude elevada impossibilita o cultivo de plantações de chá, portanto todo o chá consumido no Himalaia é cultivado nas províncias mais baixas da China.

COMO É FEITO E SERVIDO

O po cha é feito fervendo-se as folhas de chá por até doze horas para criar um concentrado de chá marrom-escuro, quase preto, que pode ser armazenado por mais três dias. Quando necessário, o concentrado é aquecido e adicionado a uma batedeira de madeira alta e cilíndrica, na qual é misturado com manteiga de iaque e sal.

As famílias mais ricas do Himalaia servem o po cha em xícaras de chá ornamentadas com ouro, prata e jade herdadas por gerações. A xícara de chá de po cha é um símbolo de status, e até mesmo as xícaras de chá de madeira mais básicas são revestidas com prata e joias. As pessoas as carregam consigo para onde quer que vão.

SOCIEDADE E CULTURA

O po cha foi desenvolvido a partir da necessidade de uma alta ingestão de gordura e sal a fim de ajudar a manter o calor e os níveis de energia, cruciais para uma vida nômade em grandes altitudes e para a sobrevivência em alguns dos terrenos mais desafiadores do mundo.

Ele também desempenha um papel importante na hospitalidade: todos os hóspedes de uma casa em Lhasa recebem uma xícara de po cha e nunca é permitido que a xícara fique vazia.

HISTÓRIA

Durante o século IX, o Império Chinês procurou expandir seu número de cavalos, e os habitantes de Lhasa estavam desenvolvendo rapidamente uma obsessão por chá, de modo que nasceu a Rota do Chá e dos Cavalos (ver a página 65). O bloco de chá pu'erh também tem algumas de suas origens nessa rota comercial. Além de ser a maneira mais fácil de transportar e preservar as folhas de chá para a jornada de um ano pelas montanhas, ele também era usado como moeda de troca.

Ao lado, acima: Os pastores do Himalaia dependem do chá de manteiga de iaque para suplementar nutrição e calor, muito necessários em grandes altitudes.

Ao lado, abaixo: Um jovem monge servindo chá de manteiga de iaque, que é consumido em países do Himalaia.

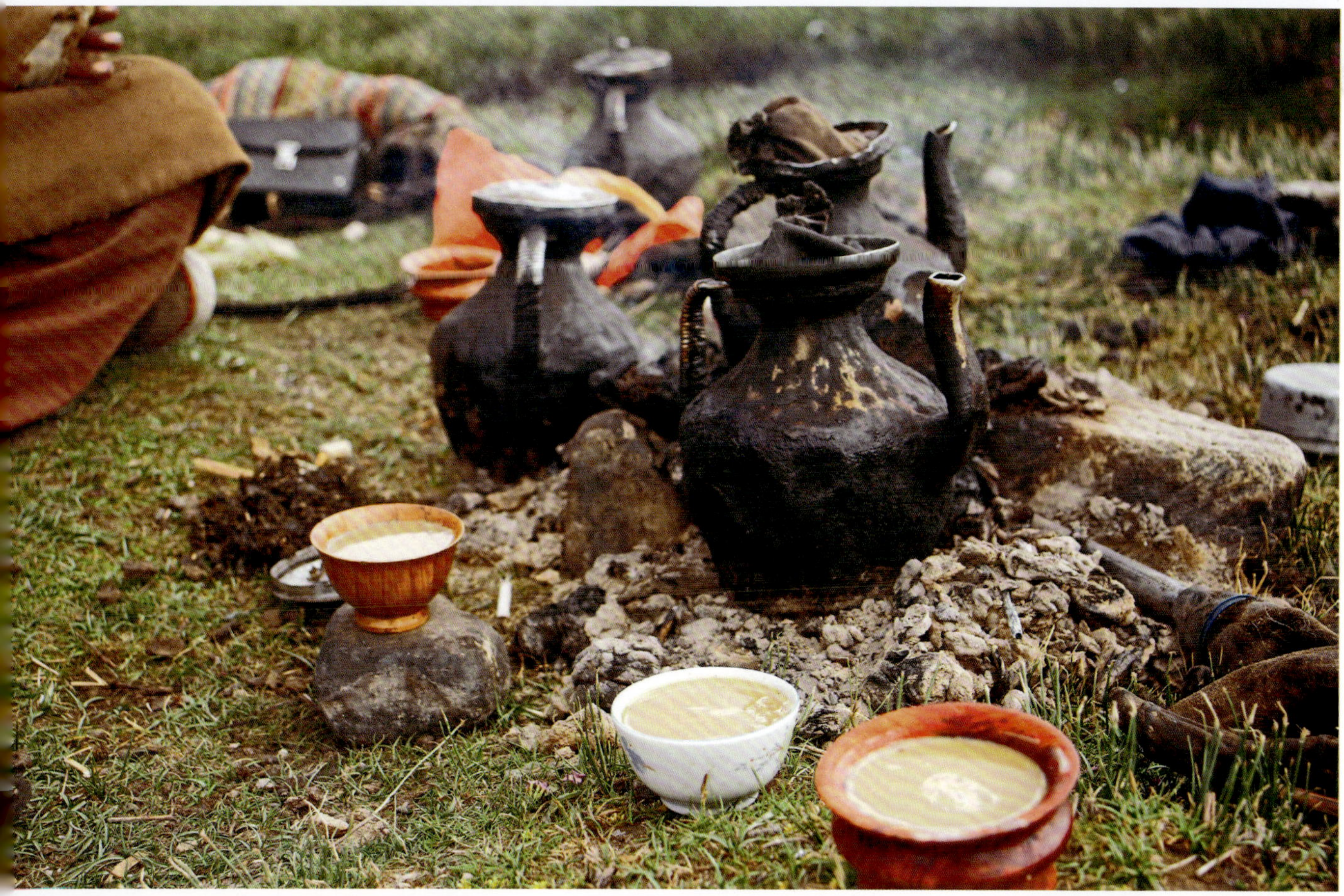

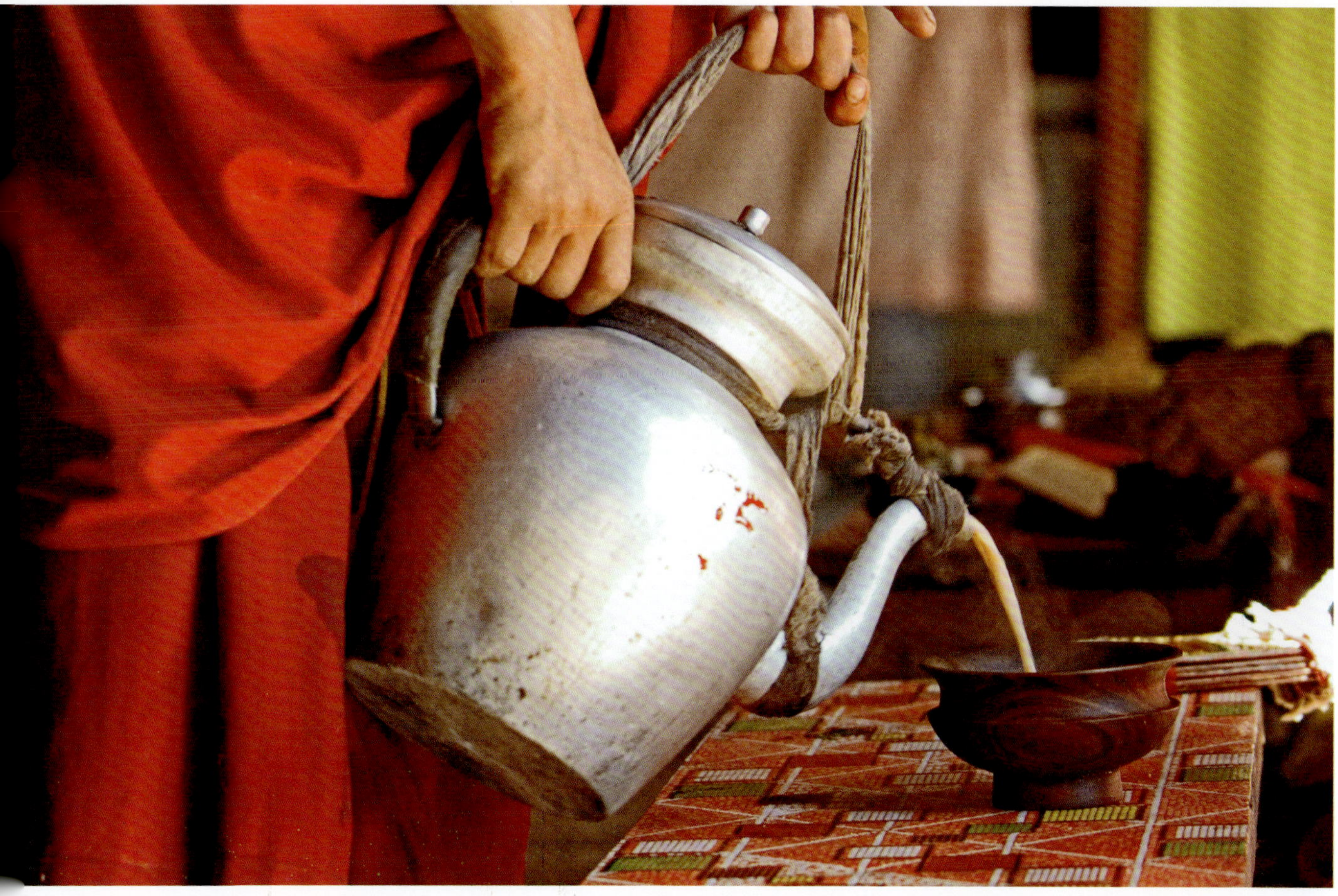

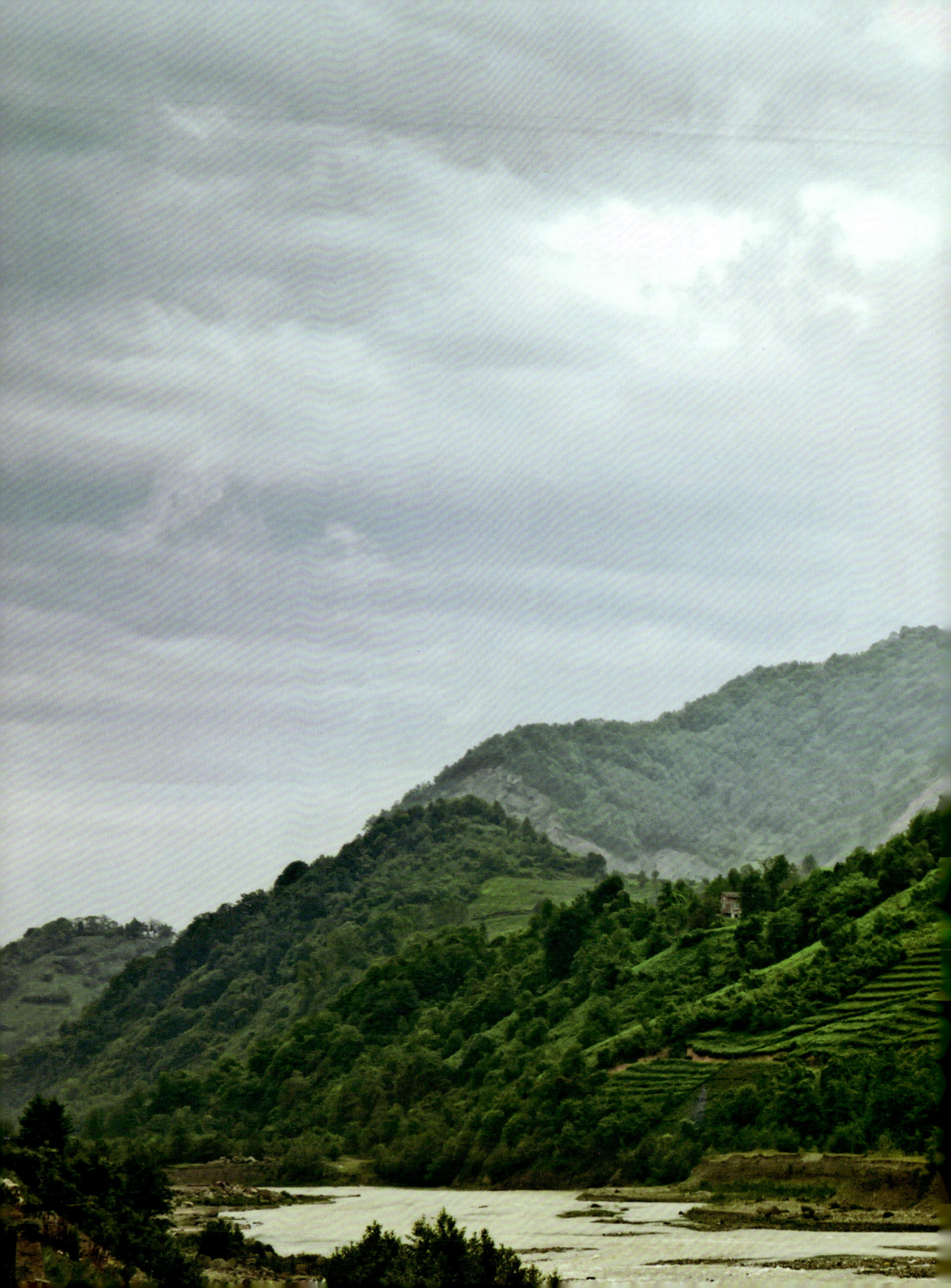

ORIENTE MÉDIO

Alguns dos amantes de chá mais dedicados estão no Oriente Médio, bem como dois dos principais produtores de chá do mundo: Turquia e Irã. A Turquia tem a maior taxa de consumo de chá do mundo, com os turcos tomando, em média, mais de 10 xícaras por dia. O chá também é consumido no Egito, em Marrocos e na Geórgia, embora seja produzido comercialmente apenas neste último.

PAÍSES PRODUTORES DE CHÁ

(ORDENADOS POR VOLUME DE PRODUÇÃO)

TURQUIA

Todo o chá da Turquia é cultivado na região de Rize, que é a única parte do país que tem o clima ideal para essa produção. Embora isso possa parecer restritivo, a Turquia produz uma grande quantidade de chá por ano, e a maior parte é destinada ao mercado interno.

Produz: 212.400 t
Exporta: 3.500 t
Importa: 5.100 t
Consome: 200.500 t
Consumo anual por pessoa: 2,1 kg
Perfil do chá: Chás pretos e um pouco de chá verde também.

IRÃ

O povo iraniano consome uma grande quantidade de chá, e a indústria do país produz principalmente para atender ao mercado interno.

Produz: 160.000 t
Exporta: 11.208 t
Importa: 63.557 t
Consome: 137.833 t
Consumo anual por pessoa: 1,83 kg
Perfil do chá: Chás pretos leves.

GEÓRGIA

Há vinte anos, o chá era uma grande parte da economia da Geórgia, mas a rápida expansão causou uma queda na qualidade e um enfraquecimento da indústria. Hoje, algumas propriedades georgianas dedicadas estão ajudando a revitalizar a indústria, voltando às origens e produzindo chás de boa qualidade.

Produz: 3.300 t
Exporta: 2.300 t
Importa: 1.900 t
Consome: 3.400 t
Consumo anual por pessoa: 0,33 kg
Perfil do chá: Chás pretos fortes e aromáticos, ótimos com leite.

Páginas anteriores: A região de Rize, na Turquia, situada no mar Negro, tem dois produtos agrícolas principais: chá e kiwi.

Ao lado, acima: O chá começou a ser cultivado na Geórgia por volta de 1830. Embora a indústria local tenha entrado em declínio, recentemente o governo reservou recursos para ajudar a restaurar as plantações de chá do país.

PRODUZ: 375.700 t

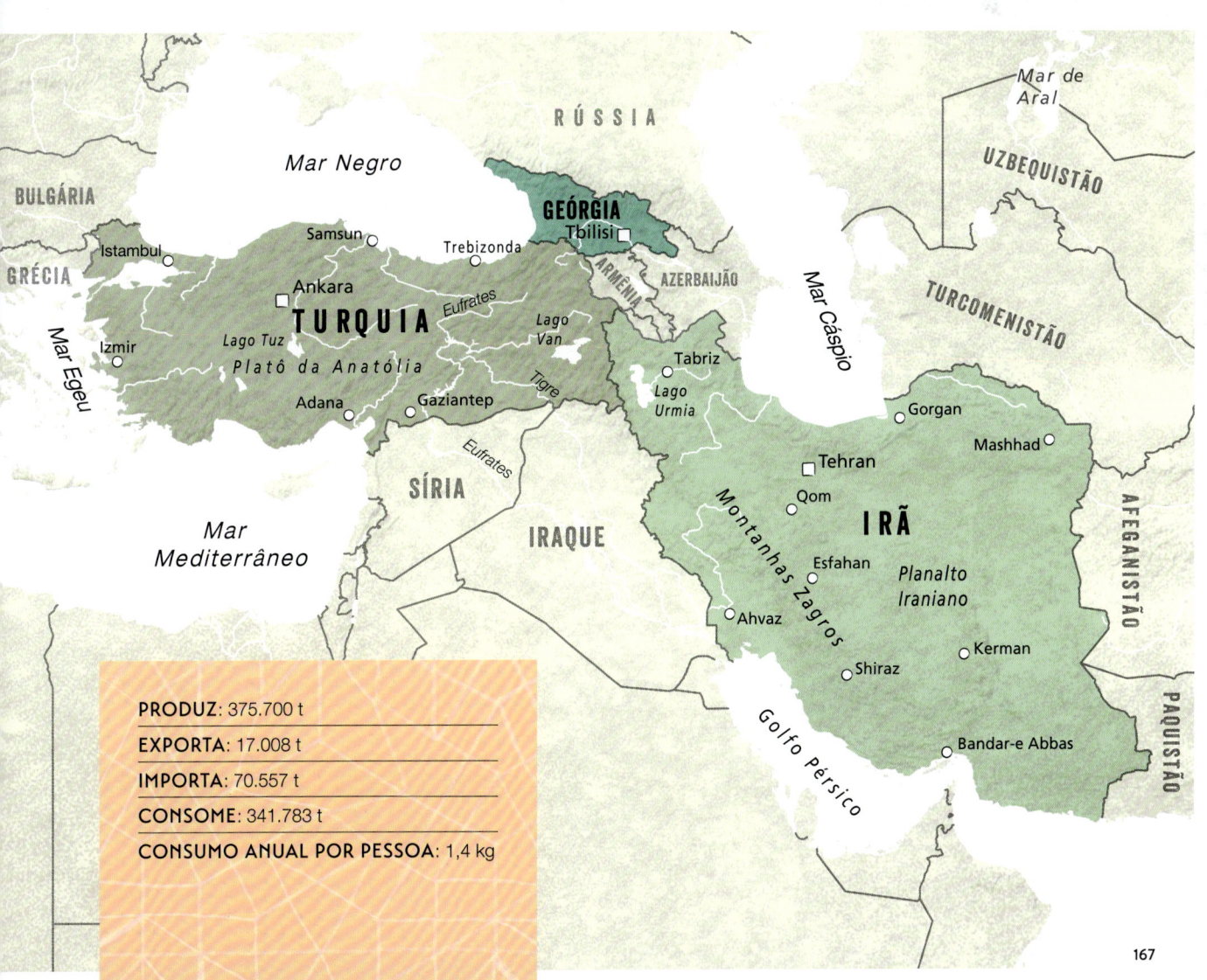

EXPORTA: 17.008 t

IMPORTA: 70.557 t

CONSOME: 341.783 t

CONSUMO ANUAL POR PESSOA: 1,4 kg

TURQUIA

Embora ainda seja relativamente nova no cultivo de chá, a Turquia já é um importante ator no cenário mundial, tanto em termos de produção quanto de consumo de chá. Os níveis de produção aumentaram rapidamente no último século, todos na região de Rize, colocando a Turquia em quinto lugar na lista de maiores produtores de chá do mundo. Em termos de consumo de chá por país, a Turquia está em quarto lugar, o que, por si só, já é uma grande conquista. Entretanto, quando se trata do consumo por pessoa, os turcos são os maiores consumidores de chá do mundo. Quase todo o chá que o país produz é destinado ao mercado interno. Os chás pretos da Turquia, que são servidos adoçados e sem leite em pequenas xícaras de vidro sobre um pires de porcelana ou metal, estão enraizados nos costumes sociais que envolvem hospitalidade,

Acima: O clima criado pela combinação de mar e montanhas faz que a área de Rize seja o único lugar na Turquia adequado para o cultivo de chá.

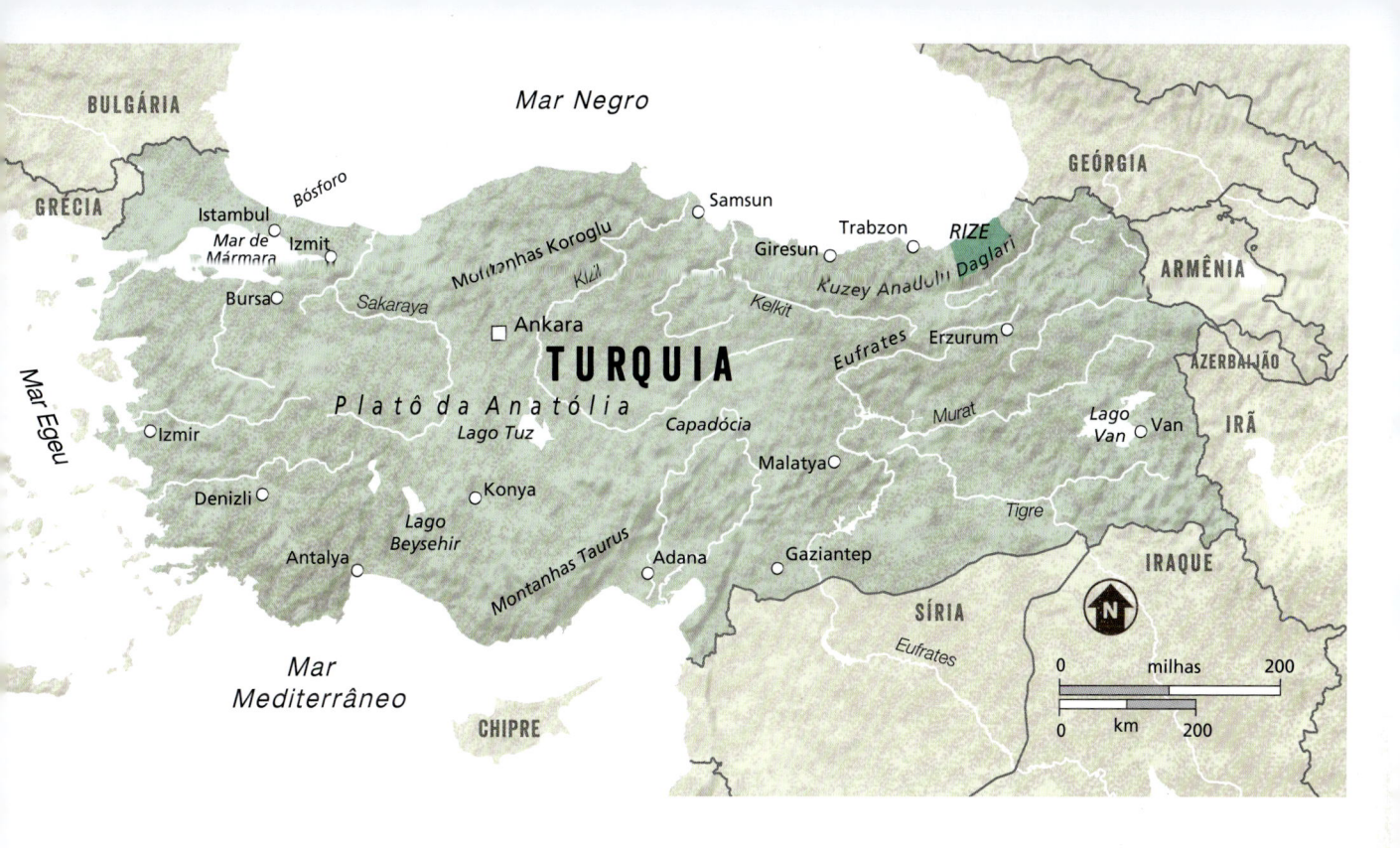

PRODUZ: 212.400 t
EXPORTA: 3.500 t
IMPORTA: 5.100 t
CONSOME: 200.500 t
CONSUMO ANUAL POR PESSOA: 2,1 kg

amizade e comércio. O chá, ou *cay*, é apreciado em todos os lugares, desde barracas de chá à beira da estrada até ocasiões sociais de alta classe, e por pessoas de todas as classes sociais.

HISTÓRIA E DESENVOLVIMENTO

As plantas de chá japonesas foram plantadas pela primeira vez na Turquia no final do século XIX, mas o cultivo não vingou em grande escala na época. Durante o século seguinte, o governo turco continuou a dar pequenos passos rumo à produção de chá em larga escala de várias formas, mas nenhuma das iniciativas e organizações conseguiu progressos consideráveis. Foi somente na década de 1930 que três fatores importantes se combinaram para realmente dar o pontapé inicial na produção de chá da Turquia: primeiro, a formação de uma equipe de pesquisa que examinou o potencial e desafiou os métodos existentes de produção de chá no país; segundo, a introdução de uma garantia do governo de compra de todo o chá que não fosse vendido; e, terceiro, um alto fluxo de imigrantes após a Primeira Guerra Mundial que foram incentivados a estabelecer fazendas.

Talvez tenham sido esses esforços do governo para estimular a compra e o consumo doméstico de chá, combinados com a queda nas importações durante a Segunda Guerra Mundial, que impulsionaram o rápido crescimento do cultivo de chá na Turquia, quase exclusivamente para o mercado interno. Na década de 1960, a indústria de chá da Turquia havia crescido tanto que era capaz de atender à demanda doméstica, e o governo tomou várias medidas para proteger os próprios interesses, aplicando um imposto mais alto sobre as importações de chá do que qualquer outro país produtor. O governo também controla os portos pelos quais o chá é importado, mas uma grande quantidade ainda é contrabandeada de modo ilegal.

Atualmente, o governo detém 60% da indústria do chá, com cerca de 50 fábricas e instalações de processamento, sob a organização da empresa estatal de chá, a Çaykur, e o restante pertence a agricultores e empresas privadas. O governo turco tem tentado tornar o setor de chá grande o bastante para dar suporte à criação de várias marcas de exportação, mas, até o momento, isso não foi alcançado nos níveis desejados. A Turquia enfrentou um revés após o desastre de Chernobyl, na atual Ucrânia, em 1986, quando todas as exportações de chá turco foram interrompidas porque algumas plantas apresentaram alto teor de contaminantes radioativos após a chuva radioativa na região. No entanto, desde então, ela se recuperou. Os maiores mercados de exportação da Turquia são a União Europeia, a Índia, a Rússia e os Estados Unidos.

CLIMA, TERRENO E COLHEITA

Todo o chá turco é produzido em uma pequena área ao redor da cidade de Rize, situada na costa nordeste da Turquia, no mar Negro. Isso se deve ao fato de o clima típico da Turquia não ser adequado para o cultivo de chá; somente por causa de um conjunto exclusivo de condições é que o chá pode ser cultivado nessa região. Rize tem um clima ameno e sua localização litorânea, combinada com o abrigo no interior proporcionado pelas montanhas Kaçkar, retém a brisa úmida do mar, garantindo muita chuva e um solo rico em nutrientes.

O clima tende a ser úmido entre setembro e janeiro, e a colheita principal ocorre entre maio e outubro. É comum haver três colheitas por ano, mas o clima às vezes pode ser imprevisivelmente frio e chuvoso, causando geadas e deslizamentos de terra. Quando ocorre uma geada inesperada, é difícil obter todas as três colheitas na estação seca, enquanto os deslizamentos de terra podem destruir campos de chá inteiros. Isso pode custar caro aos produtores e tem um grande impacto na economia do país.

Abaixo: De reuniões de negócios a casamentos, não há nenhuma faceta da vida turca em que o chá – servido em um copo em forma de tulipa e diluído a gosto com água fervente – não tenha um papel importante.

REGIÕES

De toda a produção do chá turco, 66% são cultivados ao redor da própria Rize. O restante é cultivado na região de Rize como um todo: 20% em Trabzon, 11% em Artvin e 3% em Giresun/Ordu. Embora sejam cultivados em diferentes províncias, as estatísticas a seguir para a região de Rize se aplicam a todos os chás turcos, pois eles crescem ao longo de uma pequena faixa de litoral.

REGIÃO DE RIZE
Tipo de chá: Chá preto
Clima/terreno: Litorâneo, baixa altitude, abrigado pela cordilheira; úmido com solo rico em nutrientes
Localização: Costa nordeste da Turquia, no mar Negro
Plantações: Rize, Trabzon, Artvin, Giresun e Ordu

TIPOS DE CHÁ CULTIVADOS NA TURQUIA

A Turquia produz principalmente chás pretos, com uma pequena produção de chá verde estabelecida em 2003. O governo está tentando incentivar a produção de chás de origem única de maior qualidade e mais variados para o mercado de exportação, mas, como a demanda doméstica é muito alta, isso não está vingando em grande escala. A preparação doméstica do chá – os habitantes locais o bebem muito forte, com infusões muito longas – implica que não há necessidade de variação na produção ou no tipo de chá. Portanto, é raro encontrar qualquer especificação sobre os chás produzidos na Turquia, já que todos são cultivados praticamente nas mesmas condições e, em sua maioria, processados pelas fábricas centrais de Çaykur.

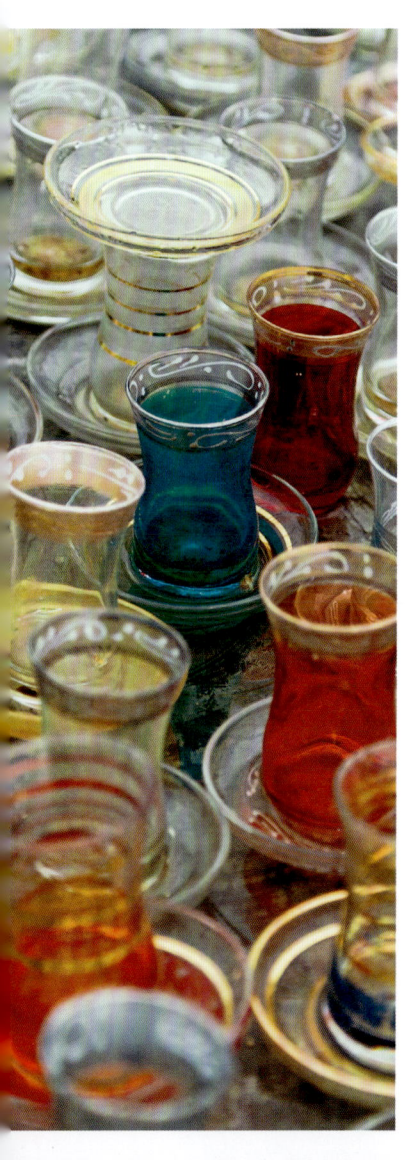

Produtores de chá preparando seus produtos para venda nas colinas de Rize, na costa do mar Negro da Turquia. Durante séculos, o café foi um elemento fundamental no estilo de vida otomano, mas atualmente a população da Turquia bebe mais chá por pessoa do que qualquer outra no mundo.

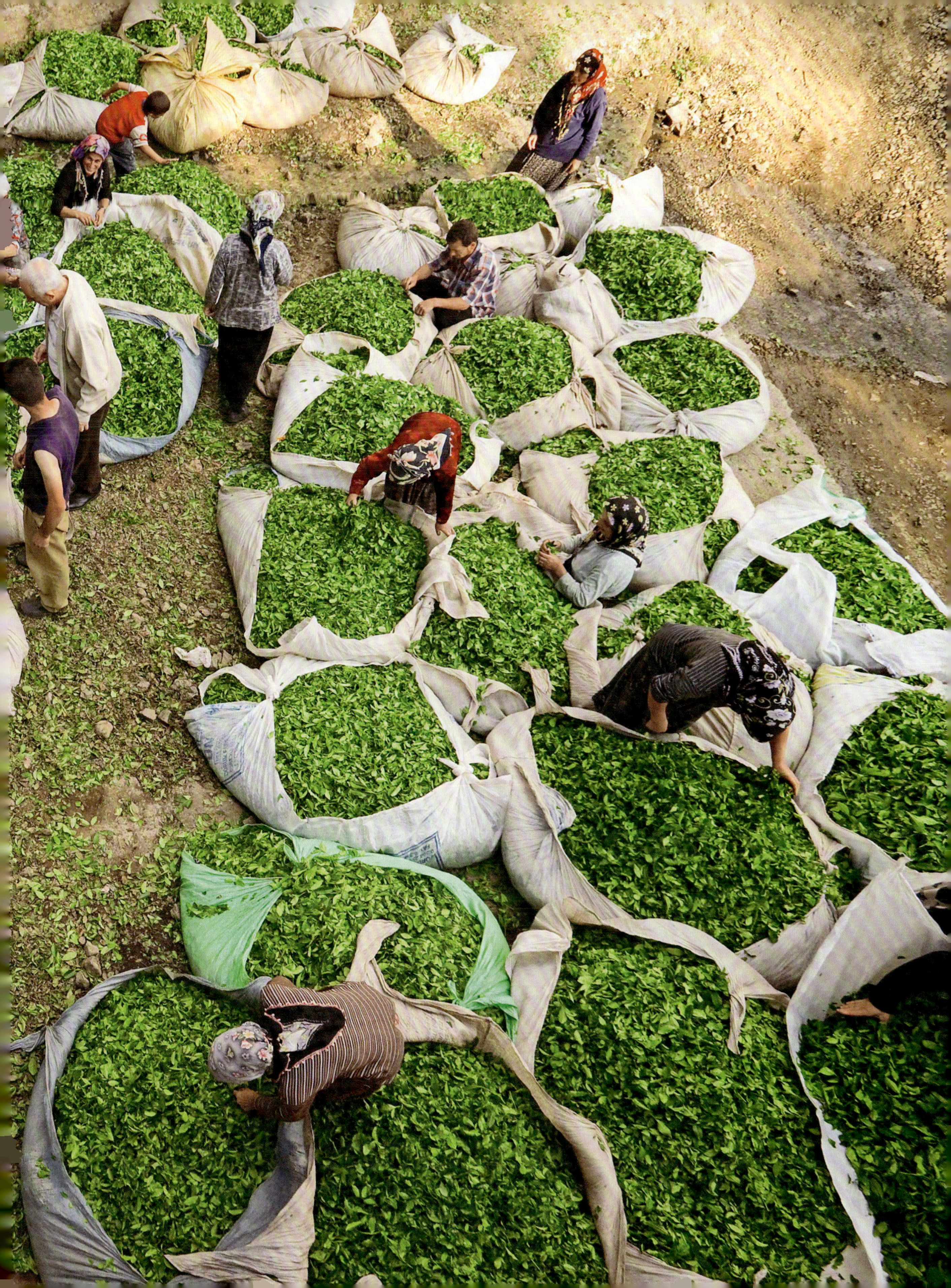

O CHÁ PERFEITO NA TURQUIA

O CHÁ DE RIZE TURCO E O BULE ÇAYDANLIK

Dificilmente há uma situação ou hora do dia que não seja considerada adequada para o chá na Turquia. É uma bebida realmente versátil, apreciada em todos os níveis da sociedade e com um papel importante na demonstração de hospitalidade e amizade.

O chá geralmente é preto e doce. Os turcos têm um método único de servir o chá, primeiro colocando uma dose de chá forte e concentrado em um copo e, em seguida, diluindo-o com água fervente até a concentração desejada.

COMO É FEITO E SERVIDO

O chá turco conta com os próprios utensílios e métodos de servir que são famosos em todo o mundo. Apenas um tipo de chá é produzido na Turquia, o chá preto de Rize, que é servido forte, com açúcar, em um copo pequeno que às vezes fica tão quente que queima seus dedos.

O primeiro fator exclusivo da produção de chá na Turquia é o uso de um *çaydanlik*, um tipo de samovar turco – uma chaleira de água quente com um bule de chá em cima, ambos tradicionalmente feitos de metal. O samovar em si não é nativo da Turquia, mas emprestado da Rússia (onde as pessoas também tomam o chá bem forte e preto).

O bule superior, que contém as folhas de chá, é colocado em cima do bule inferior cheio de água e levado ao fogão para ferver. Depois que a água ferve, metade dela é despejada no pote superior e, em seguida, os potes são empilhados um sobre o outro novamente e voltam ao fogo. Isso permite que as folhas comecem a ser infundidas no bule superior, com o vapor que sobe do bule inferior mantendo a água quente o suficiente para infundir as folhas por pelo menos 20 minutos, criando a famosa intensidade de sabor do chá turco.

O chá forte e concentrado é servido em xícaras de vidro, que são enchidas até a metade, e a água fervente do bule inferior é usada para diluir o chá até a concentração desejada por quem vai beber. Na Turquia, é comum ouvir as pessoas dizerem *koyu* – escuro e forte – ou *açık* – leve e fraco –, pois cada turco gosta de seu chá de um jeito. Nessa etapa, os bebedores de chá também costumam adicionar a quantidade de açúcar de sua preferência. As panelas são então colocadas de volta no fogão a fim de permanecerem quentes para servir depois.

CHÁ TURCO DE MAÇÃ

A maioria dos visitantes da Turquia terá boas lembranças de um chá com sabor de maçã que lhes foi servido por anfitriões durante suas viagens. O costume de servir chá com sabor de maçã aos turistas é muito difundido, cai bem e, sem surpresa, levou à crença de que a bebida nacional à base de chá da Turquia é o chá de maçã, mas isso não é verdade.

O mito do chá de maçã turco provavelmente vem de uma combinação da abundância de chás aromatizados e de ervas na Turquia e da importância social do chá na hospitalidade e no comércio. Por exemplo, o chá é quase sempre servido em reuniões de negócios ou para clientes em lojas (para mantê-los lá por mais tempo e literalmente adoçar as negociações). Então, o chá turco era servido aos turistas em lojas, cafés e hotéis como um gesto de boas-vindas, mas logo ficou evidente que esse chá tradicional era muito forte e não tão saboroso para os visitantes. Por isso, começaram a ser oferecidos chás aromatizados, e o de maçã se tornou o mais popular com o passar do tempo. Isso fez que inúmeras empresas, tanto na Turquia quanto em outros países, produzissem chás pretos aromatizados e os rotulassem como "chá de maçã turco", em uma tentativa de lucrar com a popularidade da bebida. É comum que esses blends de chá sejam feitos com aromatizante de maçã puramente artificial, sem nenhuma fruta de fato e, em alguns casos, eles sequer contêm chá.

Ao lado: Em geral, o chá turco é feito em um çaydanlık, que é uma chaleira de metal com um bule de metal menor empilhado sobre ela.

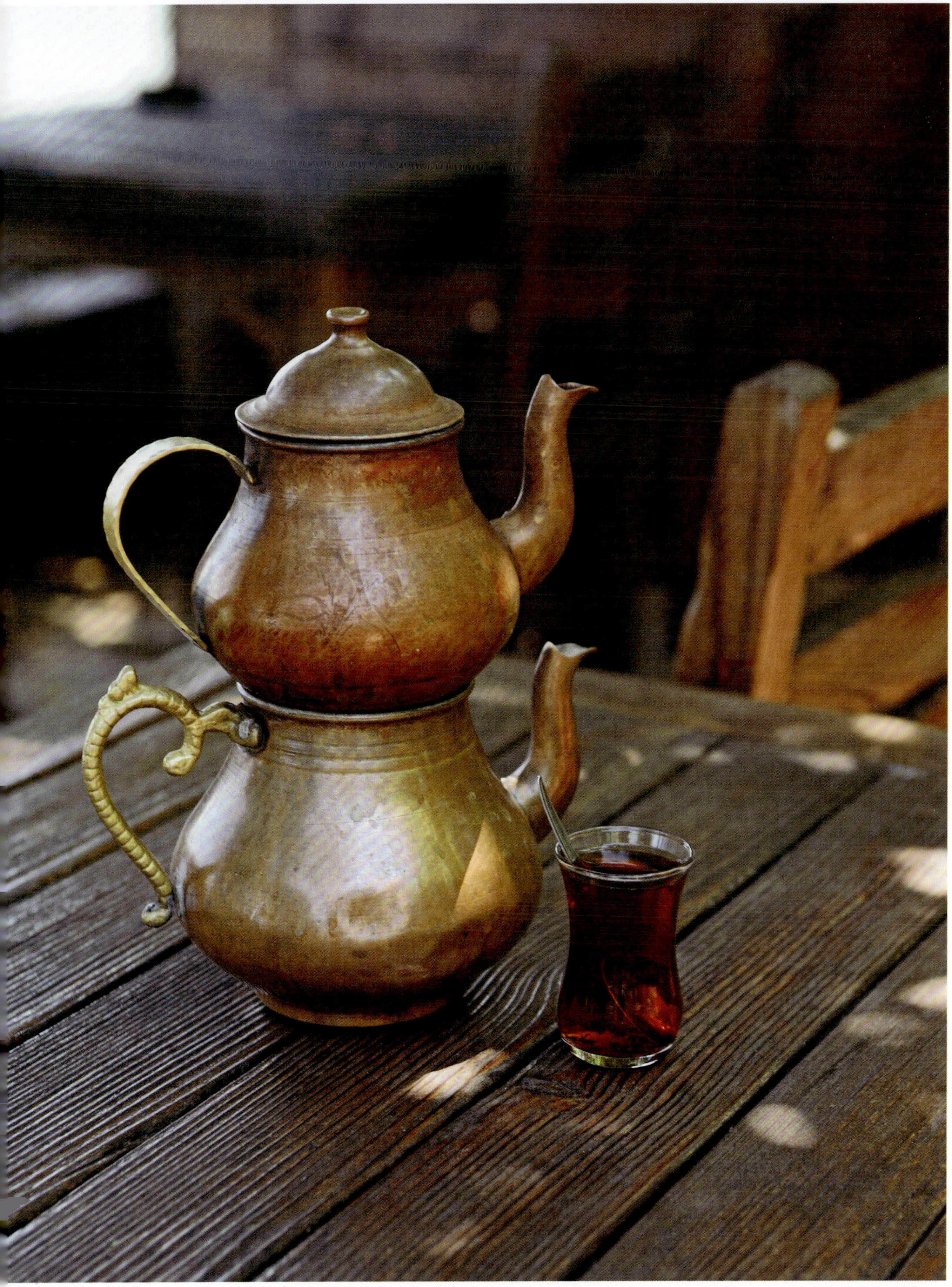

IRÃ

A produção de chá foi introduzida no Irã pelo príncipe Mohammad Mirza, que atuou como embaixador na Índia. Na década de 1890, ele contrabandeou mudas de chá para fora da Índia e as plantou em sua cidade natal, Lahijan (ver o quadro na página 178 para saber mais sobre isso). Fábricas e outras plantações surgiram logo em seguida.

O Irã pode ser relativamente novo na produção de chá, mas o país tem uma cultura de consumo de longa data, além de um bom clima e terreno com potencial para dar suporte a uma importante indústria de produção. Aparentemente, esse já parece ser o caso, pois o Irã triplicou sua produção nos últimos 10 anos e se tornou o sétimo maior produtor do mundo. No entanto, estão começando a aparecer as fragilidades da indústria iraniana, à medida que a demanda cai em razão da importação em larga escala de chá produzido fora do Irã. Isso fez que muitos dos que enriqueceram com o cultivo do chá abandonassem a indústria em favor de outros negócios, como a agricultura ou o investimento em propriedades.

HISTÓRIA E DESENVOLVIMENTO

O chá tem sido amplamente apreciado no Irã desde que as antigas rotas comerciais trouxeram mercadorias da China para o Ocidente. No final do século XIX, o consumo local era mais do que suficiente para sustentar a própria produção de chá, e o príncipe Mohammad Mirza foi quem começou a fazer isso acontecer.

O Irã construiu sua primeira fábrica de chá na década de 1930 e, desde então, a indústria cresceu até abranger mais de 100 fábricas e 35.000 hectares de fazendas de chá. O investimento inicial se pagou, conforme demonstrado pelas milhares de toneladas de chá que o Irã produz a cada ano. No entanto, os níveis de consumo de chá iraniano doméstico sem marca estão em declínio, dando lugar a chás de marca mais modernos produzidos em outros lu-

PRODUZ: 160.000 t
EXPORTA: 11.208 t
IMPORTA: 63.557 t
CONSOME: 137.883 t
CONSUMO ANUAL POR PESSOA: 1,83 kg

Acima: Uma casa de chá, ou *chaikaneh*, em Isfahan, uma cidade no oeste do Irã conhecida há muito tempo como a Florença da Pérsia por sua bela arquitetura do século XVII. Antigamente, as casas de chá eram exclusivas para homens, mas agora são frequentadas por todos os membros da sociedade iraniana.

gares. Dessa forma, sem um mercado de exportação adequado, a oferta ameaça superar a demanda. O comércio ilegal desses chás provou ser um grande obstáculo para o crescimento da indústria doméstica do Irã. O governo tentou controlar as importações de chá, tanto legais quanto ilegais, com níveis variados de esforço e sucesso. O impacto sobre o setor de chá iraniano foi grande, com muitas fábricas vazias ou funcionando com metade da capacidade, e muitos agricultores e trabalhadores com os campos cheios de chá e sem renda.

Com o crescimento da demanda por chás de marca de alta qualidade, especialmente entre as classes mais altas do Irã, a capacidade de se focar e produzir chás a fim de atender a esse mercado doméstico, aumentar as exportações e controlar o comércio ilegal será um fator decisivo e definidor para a indústria nos próximos anos.

CLIMA, TERRENO E COLHEITA

Os chás do Irã são cultivados nas colinas da província de Gilan, que fica logo abaixo do mar Cáspio. A combinação do terreno montanhoso e do clima litorâneo significa que a área é úmida e exuberante, e com chuvas regulares, o que a torna perfeita para a produção de chá.

O PRÍNCIPE IRANIANO DO CHÁ

Embaixador do Irã na Índia durante o período em que o subcontinente estava sob o domínio britânico, o príncipe Mirza tinha bastante acesso à indústria de chá indiana. Ele sabia o quanto as pessoas em seu próprio país gostavam de chá e que o clima de sua cidade natal, Lahijan, seria perfeito para o cultivo.

No entanto, o príncipe também sabia que os britânicos mantinham o setor de chá indiano sob vigilância e que jamais concordariam que ele usasse as plantas ou as habilidades cultivadas lá para fundar uma indústria rival no Irã. Assim, ele se disfarçou de trabalhador francês para conseguir um emprego em uma plantação a fim de aprender o básico e, por fim, contrabandear mudas de chá para o Irã.

Sua imunidade política impedia que os britânicos revistassem seus pertences ou o interrogassem ao reentrar no Irã e, assim, ele teve sucesso em seus planos. No final, ele contrabandeou milhares de mudas para o Irã e as plantou na província de Gilan, no norte do país. O resto é história.

REGIÕES

Com a exceção de pequenas fazendas aqui e ali, os chás do Irã são todos cultivados ao redor da cidade de Lahijan, na província de Gilan. As cidades e os vilarejos do Lahijan ficam logo atrás da orla do mar Cáspio, com plantações de chá espalhadas ao sul da cidade, nas encostas enevoadas.

CONDADO DE LAHIJAN
Tipo de chá: Chá preto ortodoxo
Clima/terreno: Terreno no litoral, em uma encosta com umidade constante e clima nebuloso
Localização: Costa norte do Irã, no mar Cáspio
Plantações: Diversas fazendas e fábricas de agricultura familiar, todas na área de Lahijan

TIPOS DE CHÁ CULTIVADOS NO IRÃ

Quase todo o chá iraniano é preto ortodoxo para o mercado doméstico, sem marca. Portanto, não é comum encontrar chás iranianos fora do Irã, especialmente um com um nome ou perfil de sabor específico. Os poucos disponíveis para compra fora do Irã são chamados simplesmente de "chá Gilan".

Todos os chás pretos iranianos têm um sabor leve e um tom vermelho em seu líquido. O terreno da encosta de Lahijan não é muito diferente da região de Darjeeling, na Índia (ver a página 150), de modo que os sabores leves e perfumados geralmente encontrados nos chás Darjeeling podem estar presentes, embora isso não seja comum. Os chás iranianos também vão bem sem leite, em geral são tomados com a adição de açúcar e podem ser preparados em um samovar (ver a página 174). O Irã cultiva uma pequena quantidade de chá verde, que também é consumido adoçado.

À esquerda: Com seu clima ameno, a província de Gilan é adequada para o cultivo de chá. Originalmente estabelecido pelo príncipe Mohammad Mirza na década de 1890, o cultivo de chá se expandiu rapidamente na região.

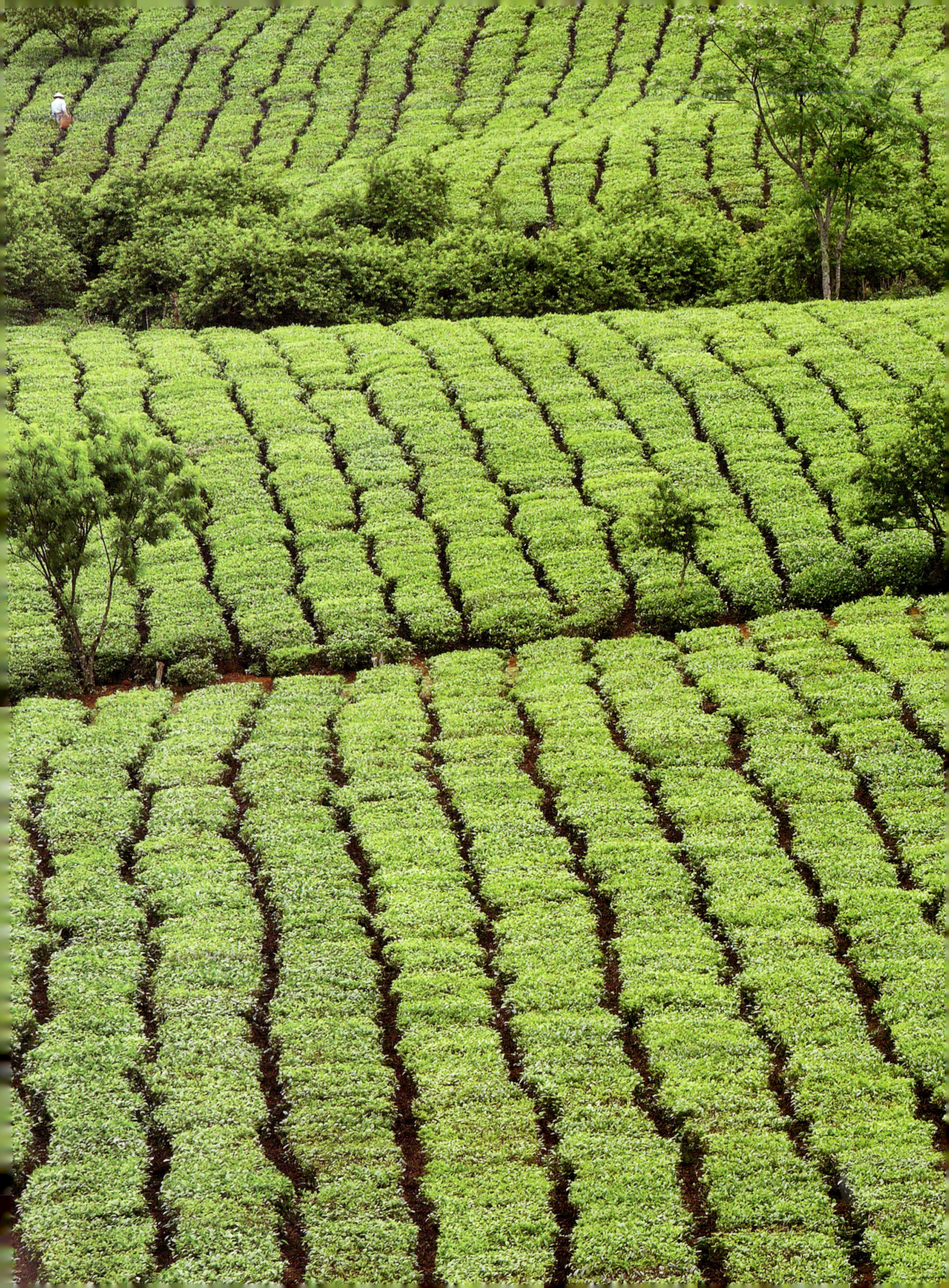

EXTREMO ORIENTE

Lar de uma grande variedade de tipos de chá, costumes e tradições, o Extremo Oriente é a região mais influente do mundo quando se trata de chá. Os níveis de consumo de chá nela são quase o dobro dos níveis do segundo maior consumidor, o subcontinente indiano. Este exporta mais chá do que o Extremo Oriente, mas os níveis de produção e consumo demonstram as diferentes abordagens que as duas áreas têm em relação ao chá: na Índia e no Sri Lanka, o chá pode ser uma indústria de exportação em expansão, mas na China e no Japão é um modo de vida. A maioria dos chás produzidos no Extremo Oriente ainda é de chás verdes feitos com os métodos tradicionais de cozimento a vapor e secagem em panelas (ver a página 57), bem como chás branco e oolong delicadamente perfumados. A China abriga a maior população de consumidores de chá do planeta e, embora seja de longe o maior produtor do mundo, uma grande porcentagem de sua produção é consumida pelo mercado doméstico.

PAÍSES PRODUTORES DE CHÁ

(ORDENADOS POR VOLUME DE PRODUÇÃO)

CHINA (CONTINENTAL)

O verdadeiro lar do chá, a China tem cerca de 5 mil anos de vantagem sobre o resto do mundo, tanto em termos de consumo quanto de cultivo. A variedade de chás produzidos na China é impressionante, e um especialista levaria uma vida inteira para explorar todos eles. A maior parte produzida lá é de chá verde, que é consumido pelo mercado local, mas a China ainda consegue exportar quase 320.000 toneladas para o mundo todo.

Produz: 1.924.457 t
Exporta: 319.357 t
Importa: 61.416 t
Consome: 1.612.290 t
Consumo anual por pessoa: 1,1 kg
Perfil do chá: Ampla variedade de chá verde, além de chás preto, pu'erh, oolong e branco também.

TAIWAN, CHINA

Taiwan contribuiu muito para a indústria do chá em termos de novos métodos de produção e variedades. A ilha produz alguns dos melhores oolongs do mundo, incluindo um tipo único, o pouchong, criado em Pinglin. Taiwan também é o berço do icônico "*bubble tea*", um chá doce e leitoso, geralmente batido com xaropes de frutas e bolinhas de tapioca.

Produz: 14.902 t
Exporta: 3.145 t
Importa: 29.900 t
Consome: 41.000 t
Consumo anual por pessoa: 1,7 kg
Perfil do chá: Chás oolongs e também um pouco dos chás pu'erh, preto e verde.

Páginas anteriores: Fileiras de arbustos de chá nas montanhas de Moc Chau, distrito do Vietnã, que fica a cerca de 200 km a noroeste de Hanói.

PRODUZ: 2.480.000 t

EXPORTA: 545.000 t

IMPORTA: 164.713 t

CONSUMO ANUAL POR PESSOA: 1,2 kg

EXTREMO ORIENTE 183

VIETNÃ

O Vietnã tem excelentes condições para o cultivo de chá, mas a indústria tem sido abalada ao longo dos anos pela economia instável do país. Os chás são produzidos tanto para exportação quanto para o mercado interno. O Vietnã é especialmente famoso por seus chás perfumados.

Produz: 214.300 t
Exporta: 146.700 t
Importa: 200 t
Consome: 72.000 t
Consumo anual por pessoa: 0,7 kg
Perfil do chá: Chás pretos CTC, chás oolongs e aromáticos de montanhas altas.

INDONÉSIA

Diz-se que o chá cultivado em Java, especialmente no oeste da ilha, é o da mais alta qualidade na Indonésia, embora também haja cultivos em duas das ilhas menores do país: Sumatra e Sulawesi. Os chás pretos produzidos são com frequência comparados aos chás do Sri Lanka por sua fragrância leve.

Produz: 148.000 t
Exporta: 70.071 t
Importa: 24.397 t
Consome: 94.740 t
Consumo anual por pessoa: 0,38 kg
Perfil do chá: Chás pretos leves com um aroma único e delicado.

JAPÃO

Embora o Japão seja menor em termos de produção do que alguns outros países da região, sua cultura do chá é possivelmente a mais famosa do mundo. O chá é uma parte tão arraigada da sociedade e dos costumes japoneses que o país precisa importar 40.000 toneladas por ano, além das 84.800 toneladas que produz, apenas para atender à demanda local. O Japão também produz matcha (ver a página 218), um chá verde em pó particularmente apreciado por seus benefícios à saúde e celebrado como parte da tradicional cerimônia budista do chá.

Produz: 84.800 t
Exporta: 2.500 t
Importa: 40.000 t
Consome: 123.400 t
Consumo anual por pessoa: 1,5 kg
Perfil do chá: Uma ampla variedade de chás verdes incluindo o matcha, além de um pouco de chás pretos e brancos.

TAILÂNDIA

A produção de chá ocorre principalmente na região norte da Tailândia, no mesmo tipo de terra florestada encontrada nas áreas produtoras de Yunnan, na China, e Assam, na Índia. Os chás tailandeses são, em sua maioria, oolong e verde, embora alguns pu'erhs tradicionais ainda sejam produzidos pelo povo Shan (ver a página 222). Os chás tailandeses têm uma boa reputação em termos de qualidade, embora muitas vezes seja difícil encontrá-los fora do país.

Produz: 75.000 t
Exporta: 1.500 t
Importa: 5.600 t
Consome: 78.000 t
Consumo anual por pessoa: 1,1 kg
Perfil do chá: Chás verde, oolong, preto e pu'erh.

MALÁSIA

O planalto de Cameron, na Malásia, talvez tenha as plantações de chá mais acessíveis do mundo, abrindo suas portas para turistas e visitantes durante todo o ano. Os chás produzidos são, em sua maioria, pretos ortodoxos de boa qualidade, mas tendem a ser mais leves do que outros produzidos na região.

Produz: 64.000 t
Exporta: 2.000 t
Importa: 18.200 t
Consome: 33.000 t
Consumo anual por pessoa: 1,4 kg
Perfil do chá: Chás pretos leves e aromáticos, e um pouco de chá verde.

À esquerda: Agricultores vietnamitas equilibrando habilmente suas cestas carregadas com folhas de chá recém-colhidas. No Vietnã, o chá geralmente é colhido de três a quatro vezes por ano.

CHINA

Lar das primeiras plantas de chá, com uma antiga cultura de consumo que ocorre há milhares de anos, a China tem influenciado a produção e o cultivo de chá em todo o mundo há séculos.

Atualmente, o país é, de longe, o maior produtor de chá do mundo e sua indústria continua a crescer em um ritmo mais acelerado que a de qualquer outro país do mundo. Se levarmos em consideração que a China produz a maior variedade de chá e que os chineses consomem a segunda maior quantidade por pessoa em um ano, seria justo dizer que a China está no centro do mundo moderno do chá.

Acima: A névoa matinal pairando sobre uma plantação de chá de altitude elevada em Zhejiang, uma província litorânea no sudeste da China. Os chás Dragon Well (Poço do Dragão), verde e verde gunpowder (pólvora) são cultivados em Zhejiang, a principal província produtora de chá da China.

HISTÓRIA E DESENVOLVIMENTO

Em 2004, cientistas que estavam escavando o sopé do monte Tianluo, no norte da província de Zhejiang, descobriram fósseis antigos de plantas de chá com marcas que indicavam o cultivo. Essas descobertas abalaram todas as crenças anteriores sobre a idade da indústria do chá. Anteriormente, a amostra mais antiga registrada, que também foi encontrada na China, datava de 3.000 a.C. Essas novas e notáveis descobertas indicam que a data real da origem do cultivo do chá foi há 9 mil anos.

O registro escrito mais antigo sobre chá é da China e data de 600 a.C. O primeiro livro conhecido sobre como preparar e servir a bebida, escrito pelo poeta chinês Lu Yu, foi publicado pouco tempo depois (ver a página 61). Durante grande parte da história chinesa, o chá foi aclamado por seu papel tanto na medicina herbal quanto nas cerimônias.

Os métodos tradicionais de colheita, secagem em panela e laminação das folhas de chá, todos feitos à mão, ainda são praticados em muitas áreas da China, produzin-

PRODUZ: 1.924.457 t
EXPORTA: 319.357 t
IMPORTA: 61.416 t
CONSOME: 1.612.290 t
CONSUMO ANUAL POR PESSOA: 1,1 kg

À esquerda: Uma mulher chinesa colhendo folhas de chá nesta xilogravura datada de 1857.

do alguns dos chás mais procurados do mundo. Contudo, muitas empresas estabeleceram instalações de processamento em grande escala, nas quais a maior parte da produção é mecânica atualmente.

A maior parte do chá chinês é verde ou oolong, com alguma produção tradicional de pu'erh e um foco mais recente em chás pretos para exportação, como Keemun, Yunnan e lapsang souchong.

CLIMA, TERRENO E COLHEITA

Há uma grande variedade de chás chineses, cultivados em uma variedade igualmente grande de condições climáticas e em muitos tipos de terreno. As folhas de chá são colhidas em diferentes épocas do ano, geralmente na primavera, no verão e no outono, mas não durante o inverno, pois as temperaturas são baixas demais.

A primeira colheita da primavera é considerada a de melhor qualidade e representa quase a metade de toda a produção. Em algumas das províncias mais ao sul da China, como Yunnan, o clima é quente e ensolarado o suficiente para que a primeira colheita ocorra já em fevereiro, mas nas regiões mais frias do norte as plantas podem não estar prontas até maio.

Alguns dos sabores de chá mais interessantes e procurados são originários das regiões montanhosas da China, onde alguns fatores únicos de clima e terreno se combinam para tornar os chás muito especiais. Primeiro, a alta elevação significa que o ar fresco circula em torno dos picos das montanhas. Em segundo lugar, as montanhas oferecem abrigo contra as monções e, ao mesmo tempo, garantem muita neblina e chuva. Por fim, os ventos e as monções trazem vários aromas que são absorvidos pelas folhas.

Os chás chineses são colhidos e processados manualmente há milhares de anos. Os métodos de processamento chineses, em particular, orientaram e moldaram a produção em muitos outros países, além de servirem como referência na criação de máquinas para substituir as pessoas. As máquinas de processamento de chá foram desenvolvidas para replicar o toque e o calor que eram meticulosamente aplicados à mão, mais do que dobrando a velocidade de processamento e reduzindo pela metade os custos de mão de obra. Essas máquinas são, sem dúvida, mais eficientes, mas há controvérsias sobre a questão de elas produzirem ou não um chá superior, por isso muitos produtos de alta qualidade ainda são processados manualmente.

Quase todos os chás chineses ainda são colhidos à mão. No caso da maioria dos tipos de chá, os colhedores buscam colher as duas folhas superiores e o broto da planta. Há algumas exceções na China, principalmente quanto ao oolong, sendo possível colher algumas das folhas inferiores com as duas superiores e o broto, e também quanto ao lapsang souchong, para o qual são necessárias as folhas inferiores, mais escuras e mais duras.

> ### "NEM POR TODO O CHÁ DA CHINA"
>
> Esse ditado foi criado por volta da virada do século XIX, provavelmente na Austrália, e se refere à grande quantidade de chá produzida pela qual a China é conhecida. A frase é usada para demonstrar a determinação em não concordar em fazer algo: "Não mesmo! De forma alguma, *nem por todo o chá da China*".

Ao lado: Pintada em seda, esta é uma representação do início do século XVIII de fazendeiros na China separando folhas de chá para transporte.

EXTREMO ORIENTE CHINA

REGIÕES

O chá é produzido em quase 20 regiões da China, mas as principais são:

FUJIAN
Tipo de chá: Chá branco Silver Needle (Agulha de Prata), oolong da montanha Wuyi, tie guan yin, chás pretos guyi, lapsang souchong
Clima/terreno: Altitude elevada, terreno enevoado e muito montanhoso; clima subtropical com estações muito úmidas e secas, mas com um pouco de chuva o ano todo
Localização: Costa sudeste da China
Jardins/fazendas de chá: Wuyi, Funding, Anxi

YUNNAN
Tipo de chá: Verde Yunnan, pu'erh Yunnan
Clima/terreno: Terreno montanhoso e florestado; clima sazonal de monções – chuva pesada, clima quente, ótima irrigação do rio Mekong
Localização: Sudoeste da China, na fronteira com Tibete, Vietnã, Laos e Myanmar
Jardins/fazendas de chá: Puer, Lincang, Baoshan, Xishuangbanna

ZHEJIANG
Tipo de chá: Chá verde Dragon Well (Poço do Dragão – lung ching), chá verde gunpowder (pólvora)
Clima/terreno: Terreno montanhoso, com algumas fazendas em altitudes elevadas; padrão climático subtropical, úmido, com bastante chuva, mas também tempo aberto sazonal
Localização: Costa leste da China
Jardins/fazendas de chá: Hangzhou, Pingshui, Anji

JIANGXI
Tipo de chá: Dongding, Keemun, chun mee
Clima/terreno: Montanhoso de altitude elevada; subtropical, úmido, seco no inverno, muito úmido no verão
Localização: Província sem acesso ao litoral no sudeste da China
Jardins/fazendas de chá: Wuyuan

ANHUI
Tipo de chá: Keemun, mao feng, chun mee
Clima/terreno: Clima e terreno variáveis
Localização: Leste da China
Jardins/fazendas de chá: Qimen, Jinzhai, Huangshan

TIPOS DE CHÁ CULTIVADOS NA CHINA

A China produz quase todos os tipos de chá e muitas variedades de cada tipo. A maior parte do chá produzido aqui é verde e destinado ao enorme mercado doméstico, com uma variedade maior – mas em quantidades muito menores – de preto e oolongs sendo produzida para exportação. A China exporta seu chá principalmente para os países asiáticos vizinhos, bem como para a Rússia e a Europa.

Os nomes dos chás chineses podem ser confusos, pois geralmente há algumas pronúncias e grafias diferentes, além de apelidos para os chás baseados na aparência deles ou em alguma lenda. Ao contrário dos chás de outros países, que recebem o nome da área em que são cultivados, os chás chineses são um pouco mais complicados. É comum que haja vários tipos de cada nome de chá, como um Yunnan verde e um Yunnan preto, por exemplo, ou um Keemun preto, um Keemun mao feng e um mao feng verde.

TIE GUAN YIN (deusa de ferro da misericórdia, Buda de ferro)
Região: Anxi, província de Fujian
Clima/terreno: Cultivado em montanhas com clima enevoado.
Métodos de processamento: Torrado por métodos chineses tradicionais e semioxidado.
Perfil de sabor: Dependendo da torra escura ou clara – tostado, doce e complexo.

DRAGON WELL [POÇO DO DRAGÃO] (lung ching, long jing)
Região: Hangzhou, província de Zhejiang
Clima/terreno: Cultivado em montanhas com clima enevoado.
Métodos de processamento: Seco em panelas para criar folhas muito planas e longas.
Perfil de sabor: Líquido intenso e de cor verde-gema, sabor suave com retrogosto doce e gramíneo. Sem amargor.

CHUN MEE (zhen mei, sobrancelhas preciosas)
Região: Províncias de Jiangxi, Zhejiang e Anhui
Clima/terreno: Alta elevação – 1.000 m, terreno montanhoso; clima subtropical e úmido.
Métodos de processamento: Aquecido em panelas, enrolado à mão em forma de "sobrancelha".
Perfil de sabor: Forte e muitas vezes defumado, não é doce, mas é suave ao paladar.

MAO FENG
Região: Província de Anhui
Clima/terreno: Cultivado perto da cordilheira Huangshan; nublado e úmido o ano todo; colhido no início da primavera para obter os melhores sabores.
Métodos de processamento: Depende do tipo de mao feng – todos são secos naturalmente para preservar os pelos finos das folhas (*mao feng* significa "pico peludo").
Perfil de sabor: Aromas leves de frutas e sabores puros de grama, com bebida límpida verde pálido.

LAPSANG SOUCHONG
Região: Província de Fujian
Clima/terreno: Altitude elevada nas montanhas Wuyi, terreno íngreme e acidentado; clima subtropical com sazonalidade úmida/seca.
Métodos de processamento: Folhas maiores são colhidas e secas sobre fogueiras de pinho, depois processadas como chá preto.
Perfil de sabor: Aroma de fumaça, sabor defumado com sensação suave na boca e um retrogosto distinto.

KEEMUN
Região: Província de Anhui
Clima/terreno: Depende do tipo de Keemun.
Métodos de processamento: Murchamento e oxidação lentas comparadas às de outros chás pretos.
Perfil de sabor: Sabores distintamente aromáticos com notas florais e às vezes doces.

Ao lado: Patrimônio Mundial da Unesco, as Montanhas Wuyi na Província de Fujian produzem uma variedade de chás, incluindo oolong e lapsang souchong.

Folhas de outono de um vermelho profundo pontuando as fileiras serrilhadas de arbustos verde-escuros de chá nesta plantação chinesa.

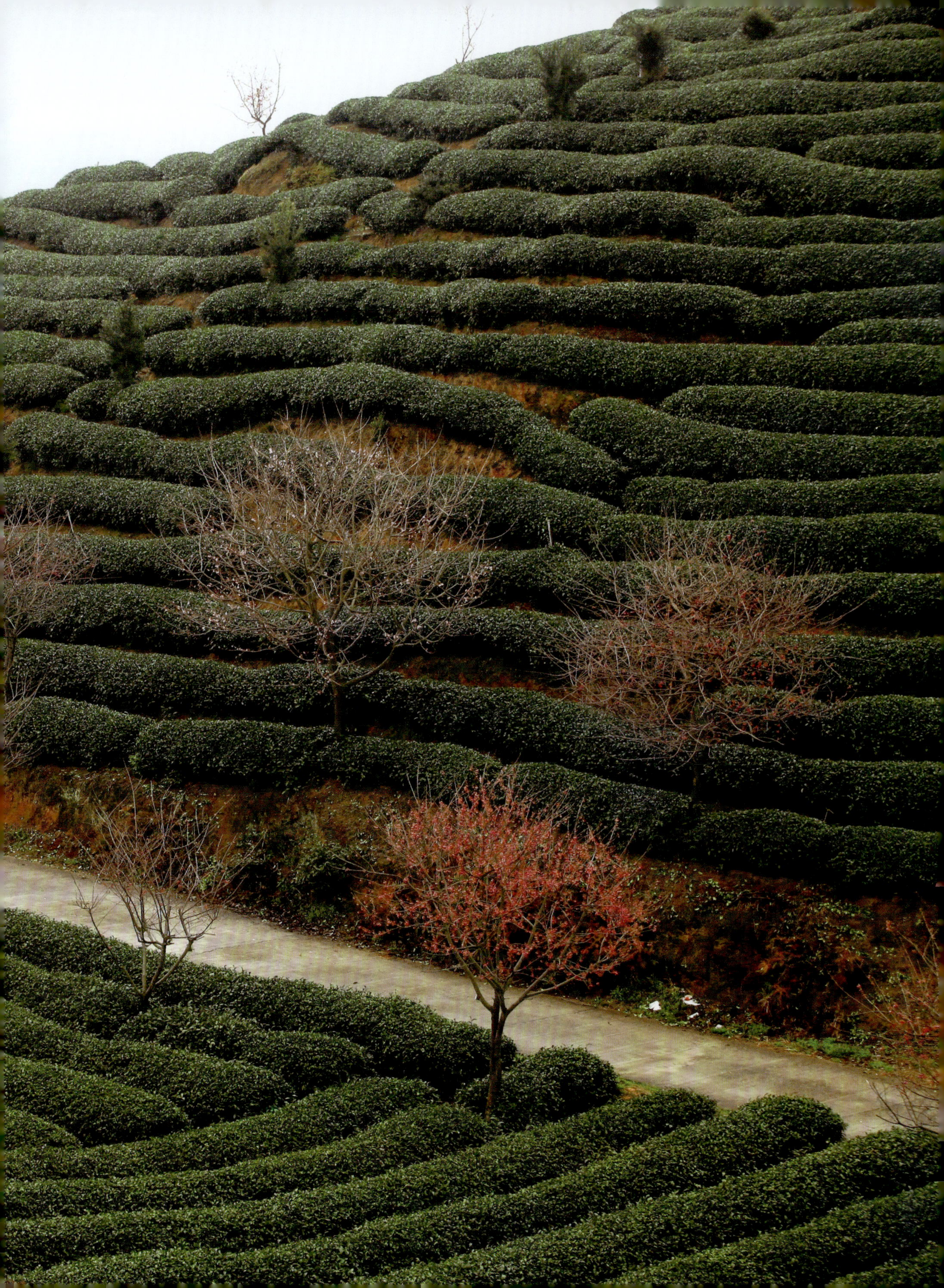

TAIWAN, CHINA

A ilha de Taiwan é importante no mundo do chá por causa do número de chás exclusivos que foram desenvolvidos nela. A maior parte das planícies litorâneas de baixa altitude de Taiwan não é "comum" para o cultivo de chá de alta qualidade, mas a cadeia de montanhas enevoadas de alta altitude que se estende pelo centro da ilha acrescenta um elemento interessante à produção. É por isso que Taiwan produz alguns dos melhores oolongs do mundo, incluindo o pouchong, criado na vila de Pinglin e em seus arredores, que é um chá mais leve, quase verde, com notas florais. Taiwan é responsável por quase 20% da produção mundial de oolong, além de produzir chás preto, verde e branco. Os chás de Taiwan são comumente rotulados como "Formosa", em homenagem ao nome histórico da ilha.

Acima: Taiwan tem dois terrenos distintos para o cultivo de chá: planícies de baixa altitude e cadeias de montanhas envoltas em névoa.

À direita: Chapéus de abas largas e mangas compridas protegem os colhedores taiwaneses do sol forte.

HISTÓRIA E DESENVOLVIMENTO

Nos anos 1800, quando a indústria do chá preto estava crescendo no Ceilão (atual Sri Lanka), na Indonésia e na Índia, um empresário britânico chamado John Dodd decidiu fazer de Taiwan sua base para criar uma marca exclusiva de chá para a ilha exportar. A marca era "Oolong Formosa" e, desde então, o chá Formosa tem sido sinônimo de chá oolong. Antes do século XIX, o povo de Taiwan já bebia e cultivava chá havia cem anos, pois algumas das plantas tinham sido trazidas da província de Fujian, na China continental.

Outro marco na produção de chá foi a criação de um novo tipo na ilha: o pouchong. Uma forma mais leve de oolong, o pouchong foi desenvolvido no pequeno vilarejo de Pinglin no final do século XIX. Desde então, ele se tornou um dos chás mais procurados do mundo.

O consumo de chá está arraigado na cultura taiwanesa e há um enorme mercado local para o consumo, com grandes marcas sediadas em Taiwan fornecendo a maioria deles. Taiwan é uma das poucas regiões produtoras de chá do mundo que importa mais do que o dobro da quantidade produzida para atender à demanda local.

É a Taiwan que devemos agradecer pela recente tendência do *bubble tea* – uma bebida à base de chá que geralmente é batida com frutas ou leite, com a adição de bolinhas de tapioca que lhe conferem sua textura característica (ver a página 198).

CLIMA, TERRENO E COLHEITA

Em Taiwan, o terreno é dividido entre planícies costeiras planas e regiões montanhosas elevadas, mas toda a ilha está situada ao longo do trópico de Câncer, o que proporciona o clima ideal para o cultivo de chá: quente e úmido, com muita chuva. Os chás são produzidos tanto nas planícies arejadas quanto nas encostas das montanhas, com ambos os climas e terrenos trazendo sabores e aromas característicos aos chás resultantes.

Os oolongs da mais alta qualidade são cultivados nas áreas montanhosas, enquanto as principais plantações comerciais de chá estão no condado de Nantou, que contribui com quase 85% da produção anual de chá de Taiwan.

PRODUZ: 14.902 t
EXPORTA: 3.145 t
IMPORTA: 29.900 t
CONSOME: 41.000 t
CONSUMO ANUAL POR PESSOA: 1,7 kg

REGIÕES

O chá é cultivado em todos os 15 condados de Taiwan, sem contar suas ilhas. Grande parte da produção ocorre no condado central de Nantou. É importante observar que uma cadeia de montanhas se estende pelo centro de Taiwan, abrangendo partes de Nantou, Chiayi, Taichung e Hualien, portanto, nessas áreas, geralmente há dois climas e terrenos distintos onde o chá é cultivado.

TAIPEI (NORTE)
Tipo de chá: Chás pouchong (Pinglin), Dragon Well (Poço do Dragão) verde
Clima/terreno: Área mais ao norte para o cultivo do chá em Taiwan; monções a nordeste mantêm a região fresca, úmida e enevoada em altitudes mais baixas de 200-500 m
Localização: Norte de Taiwan
Plantações: Pinglin, Wenshan, Shenkeng, Nangang, Sanhsia

NORDESTE
Tipo de chá: Chá verde, Oriental Beauty (Beleza Oriental – Hsinchu)
Clima/terreno: Monções a nordeste mantêm a região fresca, úmida e enevoada nas planícies de baixa altitude, mas há também uma cordilheira em Miaoli
Localização: Nordeste de Taiwan
Plantações: Miaoli, Hsinchu

CENTRO
Tipo de chá: Oolong li shan (Taichung), chás pretos e verdes (Nantou) de larga escala comercial, oolong don ding (Nantou)
Clima/terreno: Terreno de baixa altitude, porém montanhoso; clima com neblina considerável na maior parte do ano
Localização: Taiwan Central
Plantações: Nantou, Chiayi, Taichung e Yunlin

SUL
Tipo de chá: Oolong ali shan (Chiayi)
Clima/terreno: Terreno montanhoso e clima tropical quente
Localização: Sul de Taiwan, sobre o trópico de Câncer
Plantações: Chiayi, Pingtung

À direita: Uma mulher sentindo o aroma de um punhado de folhas de chá frescas na plantação de chá preto Assam, perto do Lago Sun Moon, o maior corpo de água de Taiwan.

TIPOS DE CHÁ CULTIVADOS EM TAIWAN

O pouchong é um oolong levemente oxidado, com sabor mais próximo do chá verde do que do preto. Ele tem um sabor mais forte do que o chá verde, por ser oxidado, mas apenas de 8% a 10%, portanto não é tão pesado quanto o oolong comum. Os chás pouchongs (chás "embrulhados"), foram desenvolvidos em Taiwan usando os métodos de laminação aprendidos na província de Fujian. Embora alguns deles também sejam produzidos na China continental, os pouchongs de Taiwan continuam sendo o modelo da mais alta qualidade do mundo. O pouchong tem aroma muito suave e floral, sabor levemente amanteigado e luxuoso e líquido amarelo-claro.

POUCHONG (BAO ZHONG)

Região: Distrito de Pinglin, Taipei

Clima/terreno: Colhido de abril a maio, por um ou dois dias; área mais ao norte para o cultivo de chá em Taiwan; monções a nordeste mantêm a região fresca, úmida e enevoada em elevações mais baixas de 200-500 m.

Métodos de processamento: Parcialmente oxidado (apenas de 8% a 10%), torcido e seco em tambores.

Perfil de sabor: Leves e limpos com um aroma floral.

DONG DING (TUNG TING)

Região: Condado de Nantou

Clima/terreno: Montanhas, com neblina constante.

Métodos de processamento: Produção de chá oolong e torrado sobre carvão.

Perfil de sabor: Chá premium com aroma doce e tostado de nozes.

OOLONG LI SHAN (ALTO DA MONTANHA)

Região: Monte Li (montanha Pera), condado de Taichung

Clima/terreno: Altitude elevada (um dos chás de cultivo mais alto do mundo, a 2.800 m); clima e terrenos montanhosos.

Métodos de processamento: Crescimento lento por causa das condições nubladas e com neblina do alto da montanha; produzido e colhido à mão em safras pequenas e limitadas.

Perfil de sabor: Chá premium com sabor suave, doce, intenso e complexo.

DONG FANG MEI REN (ORIENTAL BEAUTY) [BELEZA ORIENTAL]

Região: Monte Li (montanha Pera), condado de Taichung

Clima/terreno: Altitude elevada (um dos chás de cultivo mais alto do mundo, a 2.800 m); clima e terrenos montanhosos.

Métodos de processamento: Inusitadamente, colhido nos meses de verão quando o jassídeo do chá (*Jacobiasca formosana*, uma espécie de grilo) está em seu ápice – esse inseto come as bordas das folhas, iniciando o processo de oxidação; alta oxidação.

Perfil de sabor: Refrescante, porém floral.

O CHÁ PERFEITO
EM TAIWAN

BUBBLE TEA

Uma das tendências mais recentes que cativou o mundo do chá foi o *bubble tea* – uma bebida leitosa e doce à base de chá, batida com bolinhas de tapioca mastigáveis e servida com um enorme canudo de plástico. A receita original foi criada em Taichung na década de 1980.

COMO É FEITO E SERVIDO

Tradicionalmente, o *bubble tea* é feito com chá preto quente, bolinhas de tapioca e leite adoçado ou condensado. Os ingredientes são agitados para produzir uma fina camada de espuma. Entretanto, muitas variedades de *bubble tea* foram criadas, tanto quentes quanto frias, com a adição de xaropes de frutas, leites aromatizados e até mesmo pequenos pedaços de geleia de frutas em vez de bolinhas de tapioca. Não há limites para as combinações possíveis no *bubble tea*, e isso fez que as lojas de *bubble tea* se tornassem cada vez mais populares em todo o mundo.

Em uma loja de *bubble tea*, geralmente há uma máquina que mistura continuamente a bebida. O recipiente em que o chá é servido é selado com uma camada de plástico ou tampa, que é perfurada com um canudo largo o suficiente para a passagem das bolinhas de tapioca.

À esquerda: Desde sua origem em Taiwan, o *bubble tea* tem se tornado cada vez mais popular, e agora há lojas e bares dedicados a ele em todo o mundo, como este em Los Angeles.

Ao lado: Vale tudo quando se trata dos sabores, que variam de frutas – este é um *bubble tea* de framboesa – a chocolate, café, nozes e flores.

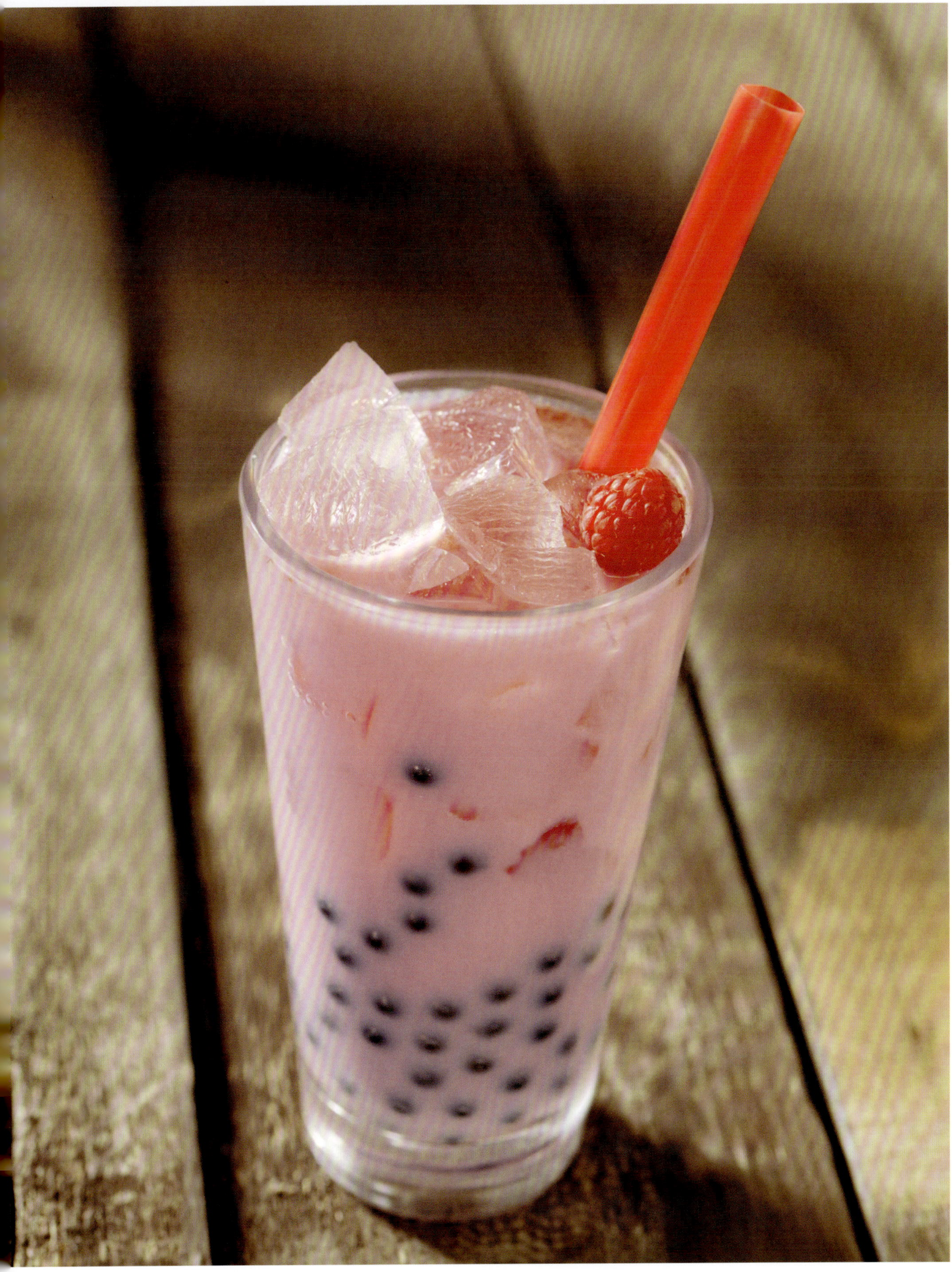

VIETNÃ

Quinto maior produtor de chá do mundo, o Vietnã produz uma grande variedade, incluindo preto, verde, branco e oolongs, mas o mercado doméstico é voltado principalmente para chás verdes florais e perfumados. Assim como os holandeses na Indonésia e os britânicos na Índia, os franceses foram responsáveis pelo estabelecimento da indústria de chá no Vietnã no século XIX.

Infelizmente, em razão do aumento de conflitos e da destruição de terras adequadas para o cultivo de chá, o setor não vingou da mesma forma. Hoje, a indústria de chá do Vietnã tem um enorme potencial de crescimento, pois há milhares de hectares de terras adequadas ainda intocadas. É interessante notar que as árvores de chá que crescem ao longo da fronteira norte do Vietnã, compartilhada com a China, são as mais antigas descobertas até hoje.

Acima: O chá cultivado na aldeia de Tan Cuong, na província de Thai Nguyen, no norte do Vietnã, está entre os chás verdes mais valorizados dessa região.

PRODUZ: 214.300 t
EXPORTA: 146.700 t
IMPORTA: 200 t
CONSOME: 72.000 t
CONSUMO ANUAL POR PESSOA: 0,7 kg

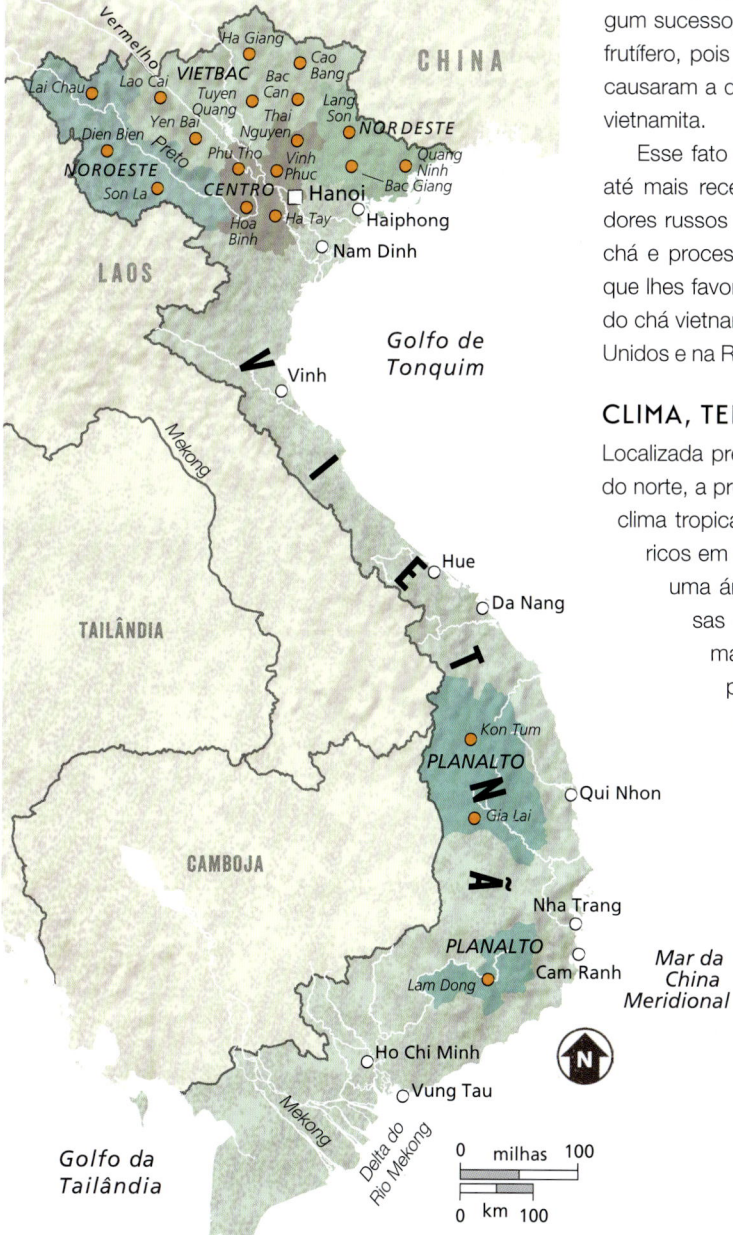

HISTÓRIA E DESENVOLVIMENTO

Embora o chá verde seja apreciado há muitos séculos no Vietnã, depois de ter sido introduzido pelos vizinhos chineses, foi somente no século XIX que o cultivo comercial foi iniciado no país, pelos colonialistas franceses que nele se estabeleceram.

Os franceses começaram a produzir chás pretos CTC no Vietnã na tentativa de competir com os holandeses na Indonésia e com os britânicos na Índia e no Sri Lanka. Eles também produziram chá verde, com o qual obtiveram algum sucesso, mas isso acabou se revelando um tanto infrutífero, pois os anos seguintes de guerra e instabilidade causaram a destruição total da incipiente indústria do chá vietnamita.

Esse fato fez que seu comércio não vingasse de fato até mais recentemente. Na década de 1950, pesquisadores russos ajudaram o Vietnã a estabelecer fábricas de chá e processos de produção em troca de exportações que lhes favorecessem. Nos últimos anos, a popularidade do chá vietnamita vem crescendo na Europa, nos Estados Unidos e na Rússia, bem como em outros países asiáticos.

CLIMA, TERRENO E COLHEITA

Localizada predominantemente nas regiões montanhosas do norte, a produção de chá no Vietnã se beneficia de um clima tropical, ventos frios, chuvas consistentes e solos ricos em nutrientes. Há certa variedade de terreno de uma área para outra, incluindo regiões montanhosas com florestas e planícies de baixa altitude, mas a qualidade do chá vietnamita em geral permanece com um alto padrão em virtude de seu clima ideal.

Os métodos de produção e colheita desenvolvidos com o financiamento e a educação da então União Soviética colocaram algumas das principais plantações de chá do Vietnã na vanguarda dos métodos de produção. No entanto, após o colapso da União Soviética, essa mudança para os métodos de plantação e fabricação diminuiu e hoje a produção é realizada principalmente pela agricultura familiar, na qual as colheitas ocorrem de três a quatro vezes por ano.

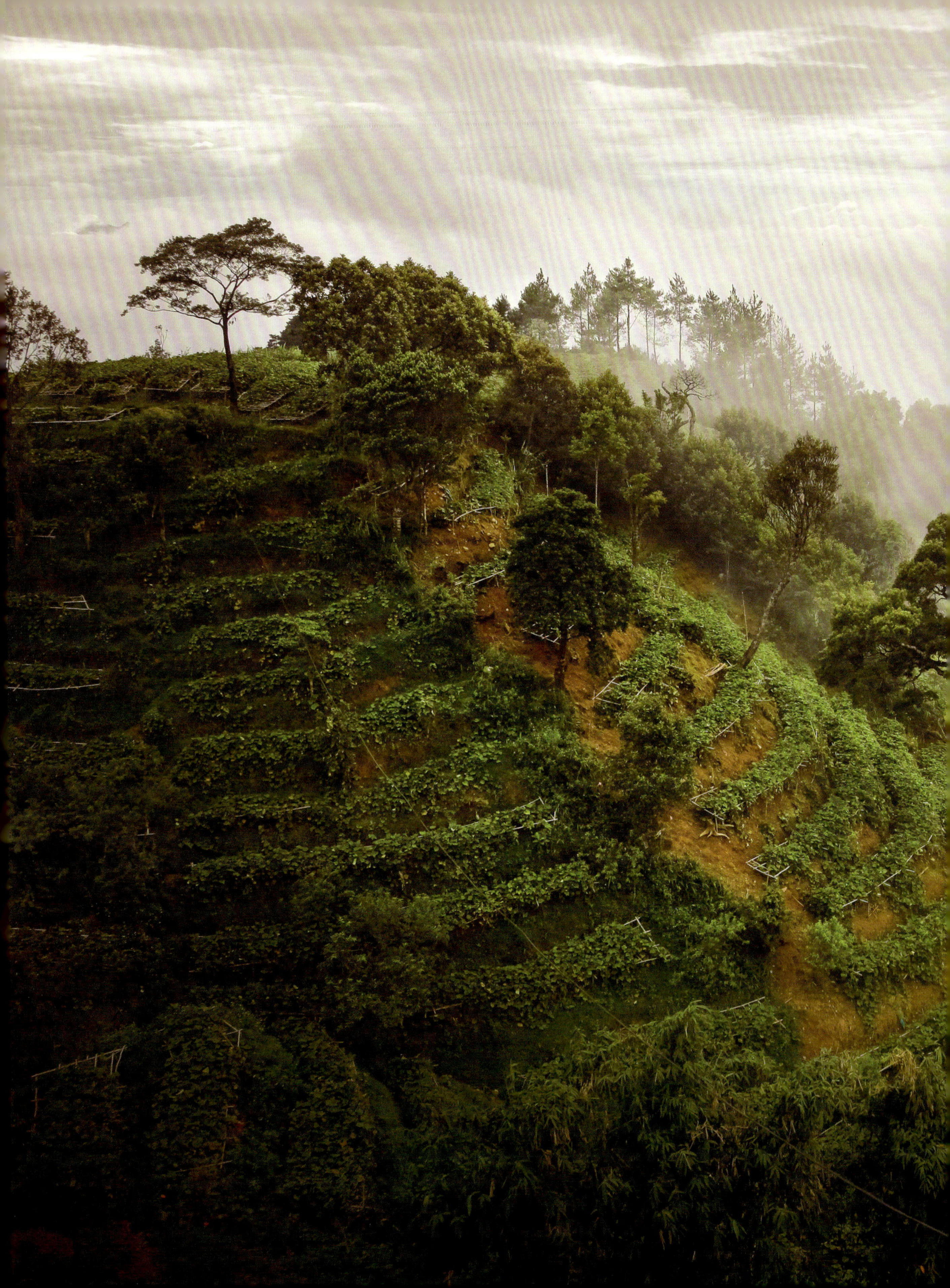

A cadeia de montanhas Tam Dao atravessa três províncias, incluindo Vinh Phuc, uma das regiões do Vietnã onde o chá verde é cultivado.

REGIÕES

REGIÃO NOROESTE
Tipo de chá: Chás oolongs
Clima/terreno: 500 m de altitude; floresta montanhosa com fluxo de ar fresco
Localização: Noroeste do Vietnã, na fronteira com o Laos
Plantações: Son La, Lai Chau, Dien Bien

REGIÃO VIETBAC
Tipo de chá: Chás preto, verde, oolong e branco
Clima/terreno: Florestas montanhosas; quentes, porém com ventos frescos
Localização: Norte do Vietnã, na fronteira com a China
Plantações: Ha Giang, Yen Bai, Tuyen Quang, Lao Cai, Bac Can, Cao Bang

REGIÃO NORDESTE
Tipo de chá: Chás verdes
Clima/terreno: Florestas montanhosas; quentes, porém com ventos frescos
Localização: Nordeste do Vietnã, na fronteira com a China
Plantações: Quang Ninh, Lang Son, Bac Giang

REGIÃO CENTRAL
Tipo de chá: Chás verdes
Clima/terreno: Montanhoso em alguns locais, planícies de baixa atitude em outros; clima subtropical com sazonalidade de monções
Localização: Norte/centro do Vietnã
Plantações: Thai Nguyen, Phu Tho, Hoa Binh, Ha Tay, Hanoi, Vinh Phuc

REGIÃO DOS PLANALTOS
Tipo de chá: Chás oolongs
Clima/terreno: Montanhoso, 850-1.500 m; clima subtropical com névoa e fluxo de ar fresco
Localização: Sul/centro do Vietnã
Plantações: Lam Dong, Gia Lai, Kon Tum

Abaixo: Reunião para compartilhar um chá matinal na simpática Cidade Velha de Hoi An, um destino turístico popular.

TIPOS DE CHÁ CULTIVADOS NO VIETNÃ

Cerca de um terço do chá produzido no Vietnã é verde, e grande parte dele é perfumado. Esse chá é consumido internamente ou por outros países do sul da Ásia. Os chás pretos do Vietnã são, em sua maioria, CTC e destinados ao mercado de exportação de blends. Os demais chás produzidos no país são oolongs de alta qualidade e brancos do tipo Silver Needle (Agulha de Prata), geralmente usados para criar chás floridos.

SHAN TUYET
Região: Bah Butong, Sumatra
Clima/terreno: Alta elevação – 2.000 m – enevoado e úmido; dias claros e longos de sol e solo vulcânico vermelho rico em nutrientes.
Métodos de processamento: Folhas arrancadas de árvores de chá altas, antigas e nativas, em vez de arbustos podados em terraços; levemente laminadas e vaporizadas antes de serem secas delicadamente.
Perfil de sabor: Notas de sabor doce e fresco com um retrogosto suave.

OOLONG DO ALTO DA MONTANHA
Região: Lam Dong, Planalto Central
Clima/terreno: Alta elevação – 1.000 m; floresta na encosta da montanha com forte fluxo de vento e névoas sazonais, trazendo aromas delicados às folhas de chá.
Métodos de processamento: Vinte por cento oxidados; torcidos e enrolados firmemente.
Perfil de sabor: Notas amanteigadas de oolong com um retrogosto doce e floral.

CHÁS DE FLOR-DE-DRAGÃO
Os chás floridos amarrados à mão, tradicionalmente de origem chinesa, são populares no Vietnã. Essas pequenas pérolas de botões delicados e perfumados, brancos ou verdes, são habilmente amarradas e em geral têm uma flor no centro. Quando colocados em água quente, esses chás de fato desabrocham, criando um maravilhoso sabor floral e um espetáculo para os olhos. O Vietnã agora produz os próprios chás floridos, chamados de chás de flor-de-dragão, feitos com o luxuoso chá branco Silver Needle (Agulha de Prata).

CHÁ DE ALCACHOFRA
Embora não seja um produto da planta do chá, o Vietnã produz um chá feito de plantas de alcachofra nos planaltos de Lam Dong. Ele tem um sabor leitoso e doce e é muito popular em todo o Vietnã e no Sudeste Asiático por seus benefícios à saúde.

NAM LANH
Região: Yen Bai, norte do Vietnã
Clima/terreno: Região montanhosa, porém os terraços de chá situam-se nas encostas do vale perto do delta do rio Vermelho; solo exuberante e bem irrigado e sazonalidade de monções tropicais.
Métodos de processamento: Processamento de chá preto com a adição da torção antes da secagem.
Perfil de sabor: Chá preto intenso e maltado, bom com leite.

CHÁ VERDE COM JASMIM
Região: Província de Ha Giang (além de outros lugares), ao norte do Vietnã
Clima/terreno: Terraços de chá plantados nas colinas onduladas e enevoadas por entre as imponentes montanhas de calcário que ajudam a gerar a névoa e o fluxo de ar fresco.
Métodos de processamento: Gentilmente enrolados e secos a vapor, e então aromatizados com flores frescas de jasmim.
Perfil de sabor: Notas de chá verde encorpadas e saborosas com o doce e aromático perfume de jasmim; claro e refrescante ao paladar.

CHÁ DE LÓTUS (TRÀ SEN)
Especialidade vietnamita, o chá de lótus é feito perfumando o chá verde com flores de lótus. Costuma ser reservado a ocasiões especiais.

INDONÉSIA

Esse arquipélago, que se estende por milhares de quilômetros dos oceanos Índico e Pacífico, é o oitavo maior produtor de chá do mundo, com a produção ocorrendo principalmente nas duas maiores ilhas, Java e Sumatra. A Indonésia foi um dos primeiros países a cultivar o chá, depois que a Companhia Holandesa das Índias Orientais levou arbustos de *assamica* da Índia e os plantou nele nos anos 1600. Por muitos anos, a Indonésia foi um grande participante global no mercado de chá preto, mas os efeitos devastadores da Segunda Guerra Mundial diminuíram o ritmo. Por outro lado, um recente renascimento, especialmente focado na produção de chá verde, fez que a indústria do chá na Indonésia se fortalecesse cada vez mais. Os chás indonésios, tanto o verde quanto o preto, são com frequência usados em blends, com os chás africanos, do Ceilão e indianos.

Acima: As plantações de chá florescem em Java desde que Jacobus Jacobson plantou arbustos de chá no local no século XIX.

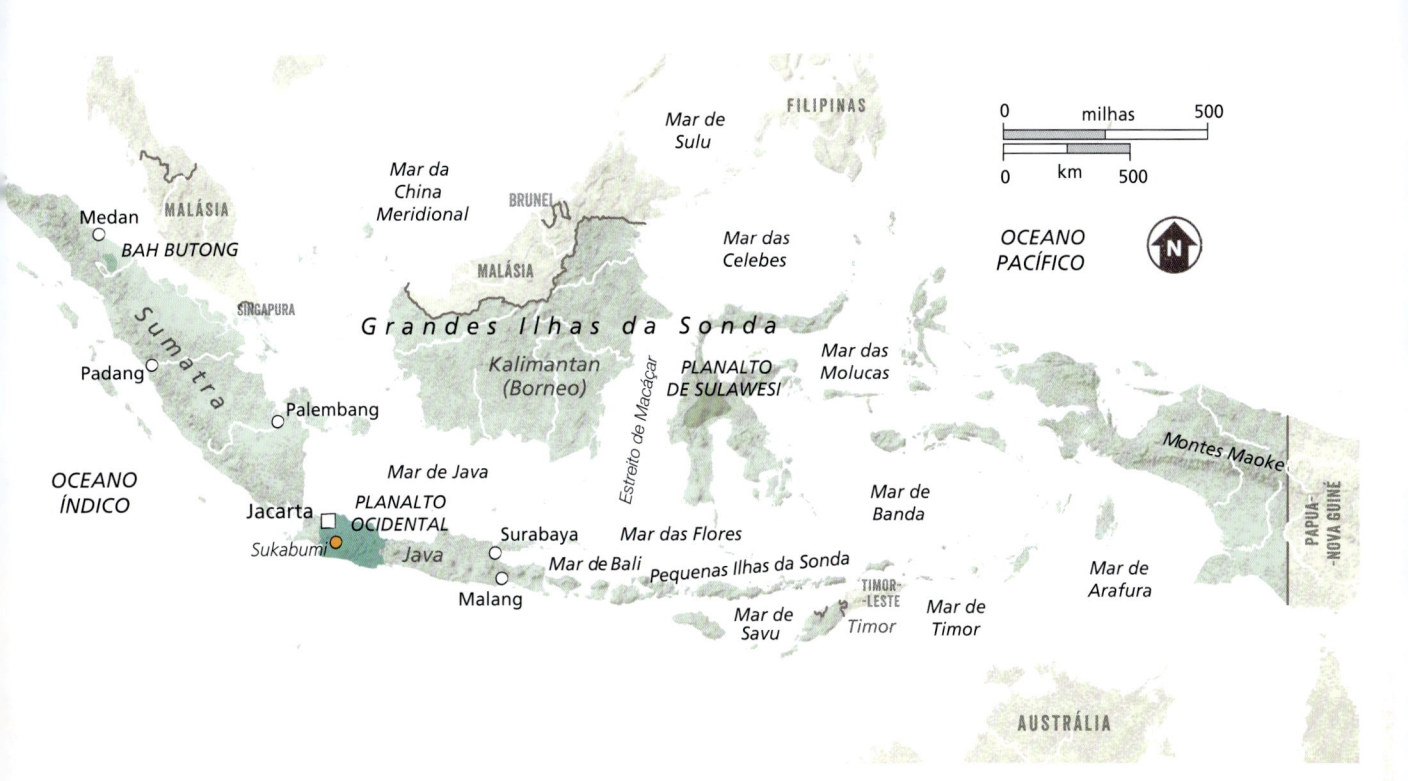

HISTÓRIA E DESENVOLVIMENTO

Em 1600, a Companhia Holandesa das Índias Orientais estabeleceu negócios em Java para enviar especiarias, chá e outros produtos do Extremo Oriente à Europa. Por muitos anos, a empresa controlou todas as importações e exportações na Indonésia e, portanto, pôde facilitar a importação de plantas de chá chinesas. Os esforços iniciais de um holandês, Jacobus Jacobson, para cultivar chá em Java logo levaram à constatação de que os arbustos da variedade *sinensis* não eram adequados ao clima tropical. Então, em vez disso, ele decidiu experimentar a variedade *assamica*, que estava dando tão certo para os britânicos do outro lado do mar, na Índia, e essas plantas prosperaram imediatamente no solo rico em minerais da ilha.

Durante os séculos XVIII e XIX, a produção de chá floresceu, pois havia uma grande demanda por chás pretos indonésios na Europa. Assim, ela se espalhou de Java para uma ilha vizinha, Sumatra, e depois para Sulawesi. Antes da Segunda Guerra Mundial, a Indonésia era o quarto maior produtor de chá do mundo e seus produtos eram extremamente valorizados. No entanto, a guerra causou grande destruição na indústria do chá da Indonésia, tanto em termos de infraestrutura quanto de mão de obra, e, desde então, o país vem lutando arduamente para voltar ao topo.

PRODUZ: 148.000 t
EXPORTA: 70.071 t
IMPORTA: 24.397 t
CONSOME: 94.740 t
CONSUMO ANUAL POR PESSOA: 0,38 kg

CLIMA, TERRENO E COLHEITA

O terreno varia drasticamente entre os milhares de ilhas da Indonésia, mas as plantações de chá prosperaram em especial no rico solo vulcânico encontrado nas áreas florestais e montanhosas. O clima tropical é predominantemente estável e há muita chuva nas altitudes mais elevadas, de modo que os arbustos podem ser colhidos durante todo o ano. As melhores colheitas ocorrem entre julho e setembro.

Desde a devastação da Segunda Guerra Mundial, a Indonésia investiu muitos recursos no replantio e no reparo de plantações de chá, bem como na atualização de equipamentos e maquinário.

REGIÕES

O chá é cultivado em treze províncias da Indonésia:

PLANALTO OESTE, JAVA
Tipo de chá: Chá preto taloon
Clima/terreno: Floresta tropical do planalto com monções sazonais; quente e úmido
Localização: Oeste de Java, perto de Bogar e Bandung
Plantações: Malabar, Ciater, Wallini, Cibuna, Cisaruni, Kerasarie

SUKABUMI, JAVA
Tipo de chá: Chá preto complexo e frutado
Clima/terreno: Altitude mais elevada, acima dos 600 m; enevoada com uma brisa fresca e estações chuvosas; terraços de chá plantados nas planícies no pé da montanha
Localização: Oeste de Java
Plantações: Goalpara, Nirmala

PLANALTO DE SULAWESI, SULAWESI
Tipo de chá: Chás preto e verde, ambos para o mercado de exportação de blends
Clima/terreno: Terreno de selva tropical, porém com clima fresco; a estação de neblinas e chuvas chega aos terraços de chá
Localização: Sul de Sulawesi, distrito de Gow
Plantação: Malino

TIPOS DE CHÁ CULTIVADOS NA INDONÉSIA

Descritos como leves, aromáticos e cheios de sabor, os chás indonésios são muito comparados aos chás do Ceilão de alta qualidade. A maior parte do chá preto é usada em blends de chá preto para café da manhã, e a maior parte do chá verde é usada em saquinhos de qualidade mediana. Não é comum encontrar muitos chás indonésios de origem única, mas o país produz uma pequena quantidade de oolong.

Há uma boa demanda pelo chá indonésio no mercado local, onde ele pode ser encontrado misturado e embalado no supermercado ou em barracas de chá em beiras de estrada.

BAH BUTONG
Região: Bah Butong, Sumatra
Clima/terreno: Alta elevação – 2.000 m; dias de sol longos e claros, enevoados e úmidos; solo vulcânico vermelho rico em nutrientes.
Métodos de processamento: Chá ortodoxo, a maioria de qualidade BOP produzida durante muitas etapas de peneiragem.
Perfil de sabor: Cor e corpo fortes e escuros com notas florais.

TALOON
Região: Bandung, oeste de Java
Clima/terreno: 1.900 m; ar fresco e solo rochoso.
Métodos de processamento: Produção de chá ortodoxo.
Perfil de sabor: Dito o chá de mais alta qualidade da Indonésia, uma infusão aromática e saborosa com pontas douradas.

Ao lado: Esta fotografia da década de 1930 mostra mulheres javanesas separando cestas de chá seco para remover galhos e outros detritos.

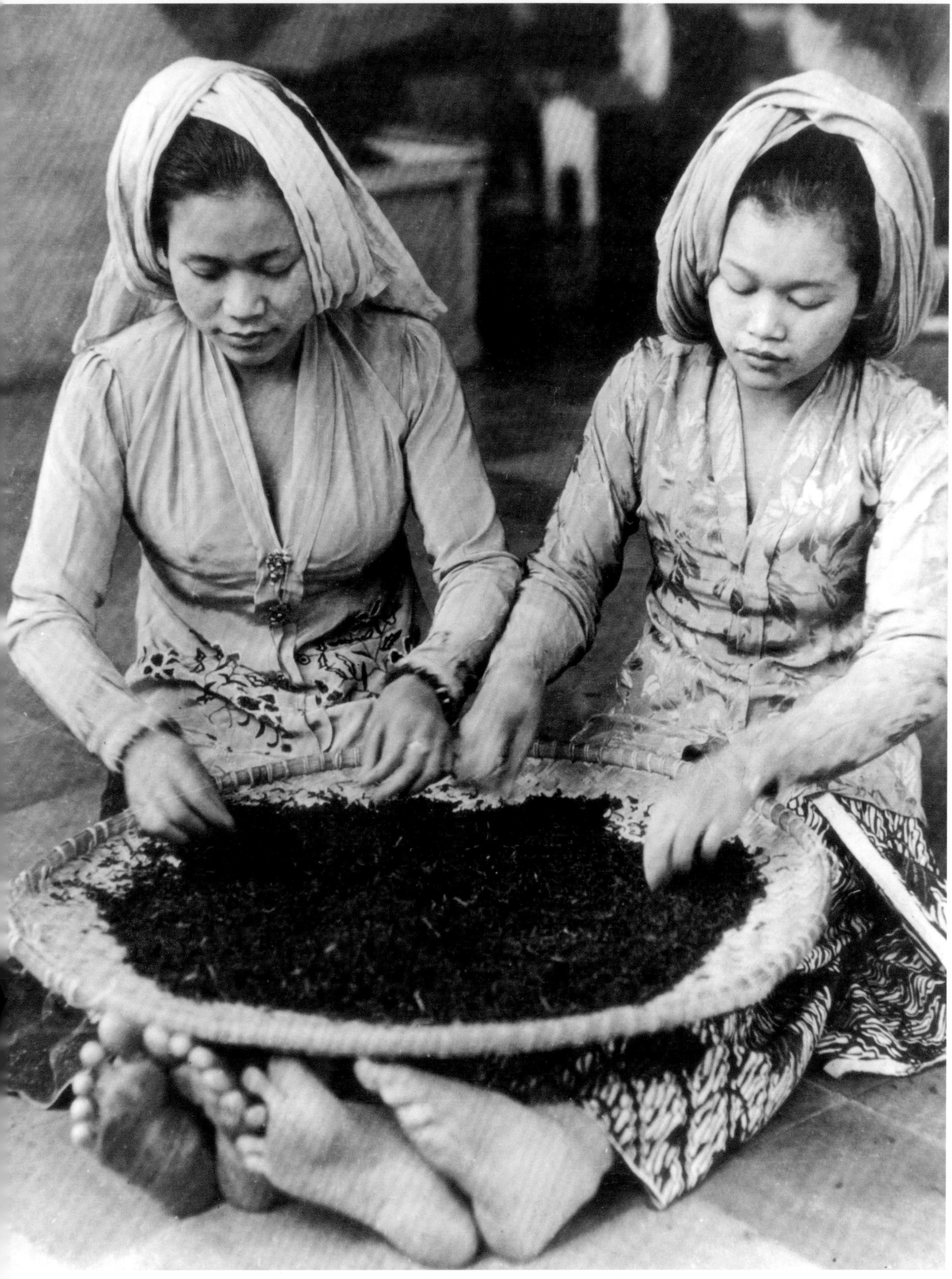

JAPÃO

O Japão foi um dos primeiros países a cultivarem chá. No século VIII, estudiosos budistas descobriram o chá na China e o trouxeram para o Japão, onde foi cultivado primeiro para uso medicinal e mais tarde foi celebrado por suas propriedades espirituais e cerimoniais. Isso muito antes de o chá crescer em popularidade e se tornar um alimento básico para toda a nação.

Atualmente, o Japão ocupa o décimo lugar no mundo em produção e o quarto em consumo de chá. Por séculos, o chá foi cultivado por monges budistas no sopé das montanhas perto de Uji, uma cidade ao sul de Quioto, mas agora existem plantações em todo o país. A maior região produtora é Shizuoka, responsável por quase metade do chá do Japão. Também é comum que o chá de outras partes do país seja processado em Shizuoka. Todas as plan-

Acima: A maior parte do chá cultivado em Shizuoka, onde fica o monte Fuji – o pico mais alto do Japão –, é o sencha verde.

JAPÃO

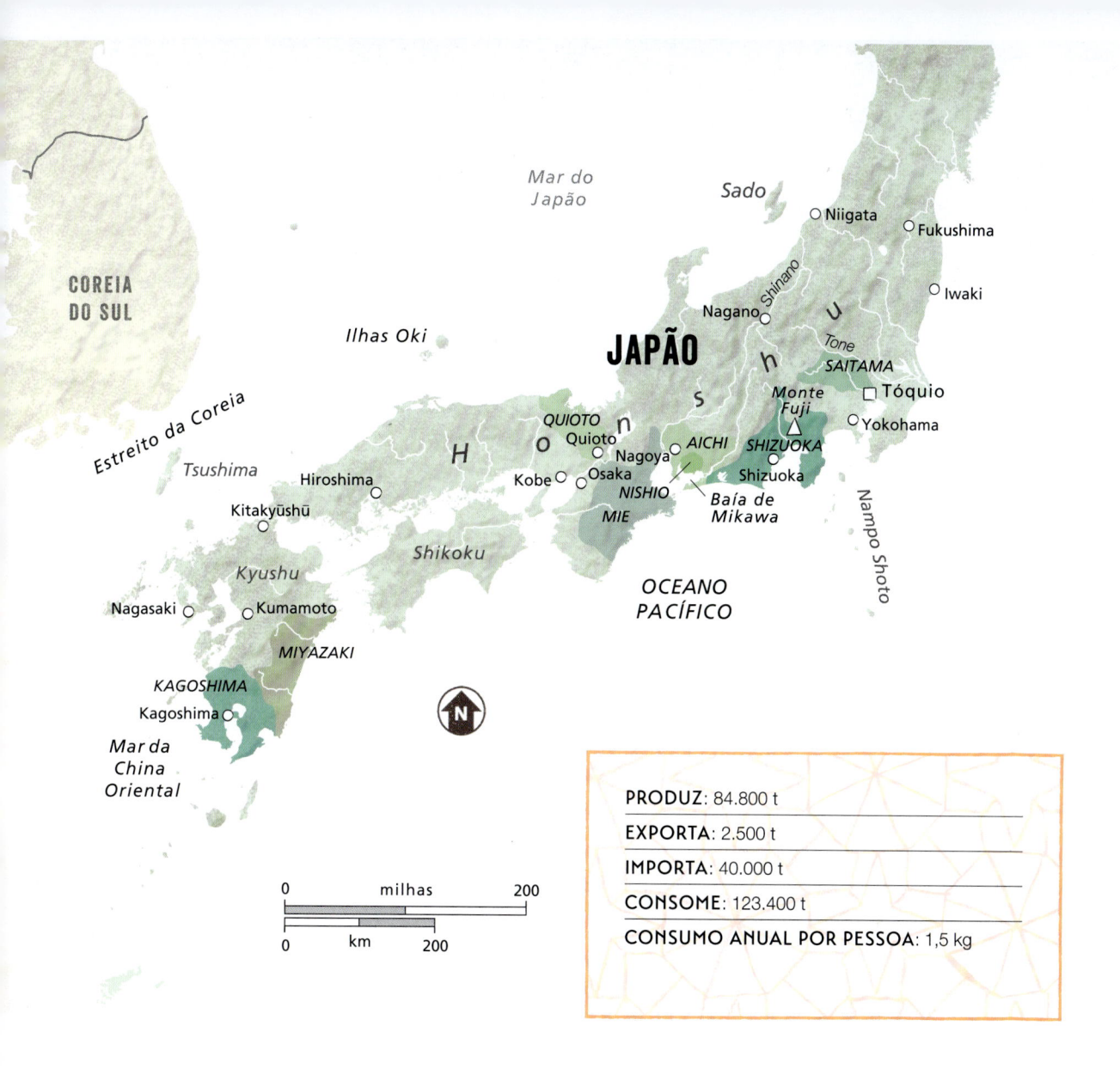

Mar do Japão · Sado · Niigata · Fukushima · Iwaki · Nagano · Shinano · Tone · SAITAMA · Monte Fuji · Tóquio · Yokohama · Ilhas Oki · QUIOTO · Quioto · Nagoya · AICHI · SHIZUOKA · Shizuoka · Kobe · Osaka · NISHIO · MIE · Baía de Mikawa · Nampo Shoto · Hiroshima · Tsushima · Estreito da Coreia · COREIA DO SUL · Kitakyūshū · Shikoku · OCEANO PACÍFICO · Kyushu · Nagasaki · Kumamoto · MIYAZAKI · KAGOSHIMA · Kagoshima · Mar da China Oriental

PRODUZ:	84.800 t
EXPORTA:	2.500 t
IMPORTA:	40.000 t
CONSOME:	123.400 t
CONSUMO ANUAL POR PESSOA:	1,5 kg

tações de chá japonesas têm em comum a proximidade relativa com o mar e o uso de um método característico de vaporização, então seus chás são sempre facilmente reconhecidos pelos sabores frescos, herbáceos e vegetais.

HISTÓRIA E DESENVOLVIMENTO

Os japoneses consomem uma grande quantidade de chá, o que não é de surpreender, considerando o quanto ele está inserido em todas as esferas da sociedade e da cultura, tendo um papel importante na cerimônia, na medicina, na hospitalidade e nos costumes espirituais. Um fato bastante notável se considerarmos que a planta do chá sequer é nativa do Japão.

O chá foi cultivado pela primeira vez no Japão no século VIII, nos terrenos dos templos budistas, aninhados no sopé das montanhas Uji. Depois de visitar a China, onde a *Camellia sinensis* era uma espécie nativa e já se tornara popular como bebida, os estudiosos budistas ficaram impressionados com as qualidades medicinais do chá verde e levaram sementes dele para o Japão. A primeira menção ao chá na literatura japonesa data de 815 d.C., quando foi registrado que ele foi servido ao imperador Saga. O chá permaneceu raro, valioso e disponível apenas para a corte imperial por muitos séculos.

No século XII, o monge zen-budista Eisai escreveu um tratado chamado *Kissa Yojoki* (*Como se manter saudável bebendo chá*) sobre os benefícios medicinais do consumo de chá, o que fez que as plantações começassem a surgir em Quioto a fim de produzir chá para fins espirituais e terapêuticos. As folhas de chá eram cozidas no vapor, secas e moídas em um pó fino, chamado matcha. Seus altos níveis de antioxidantes fizeram que ele se tornasse popular entre os guerreiros samurais em batalha e os budistas em treinamento.

A transição do chá de medicamento para bebida no Japão ocorreu no século XIV, quando a cerimônia do chá foi desenvolvida; *sado* ou *chado*, como é chamado no Japão, tornou-se a arte da hospitalidade por meio dessa bebida. A cerimônia do chá ficou muito na moda, espalhando-se pelas classes mais altas e pelos caixeiros-viajantes. No século XV, ela se tornou uma prática cotidiana nas ruas do Japão.

No século XVII, a Companhia Holandesa das Índias Orientais começou a exportar chá do Japão para a Europa e, posteriormente, para os Estados Unidos, e ele logo se tornou a principal mercadoria de exportação do Japão. Isso fez que o governo japonês se envolvesse em tratados comerciais, desenvolvesse a mecanização e fornecesse terras planas para as plantações.

CLIMA, TERRENO E COLHEITA

A maior parte do chá japonês é cultivada em pequenas fazendas que compartilham uma fábrica comunitária. É tão comum encontrar um ou outro campo de chá aninhado entre casas urbanas e ao lado de estradas movimentadas quanto encontrar campos nas montanhas remotas.

O clima varia de acordo com a região, mas, em geral, é quente e úmido, por causa da localização próxima ao mar ou aos rios. Há dois tipos de método de cultivo: à luz do sol ou sob a copa das árvores, com alguns arbustos sendo sombreados apenas algumas semanas antes da colheita (ver a página 61).

Há três ou quatro colheitas por ano no Japão, às vezes cinco em climas mais amenos. Mas a primeira safra mais procurada é a de abril, sendo junho e setembro os meses habituais para as mudas-padrão. Quanto mais cedo na estação o chá for colhido, maior será a qualidade dele. Nesse estágio, os colhedores procuram as duas folhas superiores e o broto da planta, mas para as colheitas posteriores eles podem se concentrar nas folhas um pouco mais baixas, voltadas à produção de um tipo diferente de chá. Ao adequar sua produção à época da colheita, os produtores japoneses conseguem maximizar o rendimento anual.

É muito raro encontrar alguma produção de chá orgânico no Japão, pois as demandas sobre o clima, o solo e as plantas, por causa do número limitado de colheitas por ano, implicam que produtos químicos sempre foram utilizados para melhorar a colheita. O resultado pode ser a restrição do potencial de exportação, pois alguns países não consideram aceitáveis as quantidades de produtos químicos utilizadas.

O MÉTODO UJI

Inventado no século XVIII para produzir sencha e bancha, o método Uji de processamento fez a demanda por esses tipos de chá explodir no Japão e no exterior. Desenvolvido por um fazendeiro de chá nas montanhas próximas a Uji, o novo método envolvia a secagem a vapor e a fricção manual das folhas, substituindo as técnicas tradicionais de torrefação. Esse novo método criou o sabor muito fresco e perfumado tão característico do chá japonês. Mais tarde, tornou-se possível replicar o método usando maquinário, e o sencha e o bancha continuam sendo os tipos de chá mais populares do Japão até hoje.

REFRIGERAÇÃO DO CHÁ

Em razão do frescor de muitos dos chás verde e oolong da mais alta qualidade do Japão, é importante que eles sejam vendidos e consumidos rapidamente. A natureza sazonal da colheita no Japão pode tornar isso um desafio, especialmente porque os chás colhidos no início do ano têm preços mais altos. Para gerenciar seus recursos, muitos produtores japoneses armazenam seus chás processados em câmaras frigoríficas a fim de mantê-los frescos. Isso não é o mesmo que uma geladeira doméstica, na qual o excesso de oxigênio e os aromas dos alimentos danificariam as folhas, mas sim uma câmara ou caixa fria especializada e cuidadosamente controlada, projetada com o propósito específico de maximizar o frescor do chá.

REGIÕES

SHIZUOKA
Quantidade: Mais de 30.000 t
Tipo de chá: Principalmente sencha
Clima/terreno: Planícies planas; clima ameno, com tempo e chuva variáveis; água de boa qualidade
Localização: Ao pé do monte Fuji, perto de Tóquio e de grandes portos da costa do Pacífico, portanto perfeito para exportação
Plantações: Honyama, Makinohara, Kawane, Tenryu, Kakegawa

KAGOSHIMA
Quantidade: 26.000 t
Tipo de chá: Sencha, bancha e gyokuro
Clima/terreno: Planícies planas; climas mais amenos, quentes e úmidos, portanto, colheitas mais longas
Localização: Ilha de Kyushu, no sul
Plantações: Saga, Miyazaki, Satsumacha, Fukuoka

MIE
Quantidade: Mais de 7.000 t
Tipo de chá: Principalmente o sencha Kabuse-cha
Clima/terreno: Clima ameno; baixa altitude
Localização: Japão central, ilha de Honshu
Plantação: Isecha

MIYAZAKI
Quantidade: Mais de 4.000 t
Tipo de chá: Sencha
Clima/terreno: Terreno montanhoso com clima enevoado e fresco
Localização: Ilha de Kyushu, no sul
Plantação: Miyazakicha

QUIOTO
Quantidade: Mais de 3.000 t
Tipo de chá: Gyokuro e sencha
Clima/terreno: Terreno acidentado; clima úmido subtropical, ameno no inverno e úmido no verão
Localização: Japão central, ilha de Honshu
Plantações: Wazuka, Minami-Yamashiro, Uji

SAYAMA
Quantidade: 2.000 t
Tipo de chá: Sayama (chá doce, intenso e tostado)
Clima/terreno: Morros levemente florestados, encharcados por chuvas, com clima frio, às vezes com geada no inverno
Localização: Prefeitura de Saitama, noroeste de Tóquio
Plantação: Iruma

NISHIO
Quantidade: 2.000 t, 290 t de matcha (25% da produção nacional)
Tipo de chá: Matcha
Clima/terreno: Clima ameno, ar enevoado e terreno acidentado por causa do rio Yahagi; solo fértil
Localização: Prefeitura de Aichi, perto do litoral da baía de Mikawa, ilha de Honshu
Plantações: Aiya, Shimoyama

À direita: O chá sendo colhido com um trator em uma plantação em Chiran, na província de Kagoshima.

東隣亭
德馬

きのふまて
ふるいを桶の
あけあの
ゐとよ
こ一茶も
ろふ乃若水

六歳亭
宝馬

祁坂や釣目みち
うつれ亀井戸の
そとやく貞ふ
ふうき樹々寿

七十翁
談洲樓
焉馬

四つきふ福茶のまうれ此壽老人
海亀みさんせら
あてやち

TIPOS DE CHÁ CULTIVADOS NO JAPÃO

Há uma variedade de chás verdes produzidos no Japão; os mais populares são o bancha, o sencha, o gyokuro e o tencha – com este último é feito o matcha. A colheita mais procurada é a primeira, que acontece em apenas um dia de abril e é usada para produzir o chá shincha.

Os chás japoneses tendem a ter um sabor muito herbáceo, marítimo e vegetal por causa do clima úmido e enevoado constante. Eles também podem ser bastante doces e cheios de sabores complexos. Os degustadores de chá japoneses geralmente descrevem um quinto sabor – *umami* – , que é difícil de traduzir, mas a palavra se entende como "um sabor salgado agradável" (ver a página 56). Geralmente é descrito como levemente salgado, e esse sabor também é encontrado em alimentos como caldo de carne, missô e cogumelos.

GYOKURO
Região: Quioto, Nishio
Condições de cultivo: Copa sombreada.
Métodos de processamento: Método "Uji" – vaporizado, seco e amassado.
Perfil de sabor: Fresco, aromático e doce, com cor jade-pálido.

TENCHA
Região: Quioto, Nishio
Condições de cultivo: Copa sombreada.
Métodos de processamento: Vaporizado, seco e moído. A folha é usada plana – jamais enrolada.
Perfil de sabor: Doce, suave, verde-claro.

SHINCHA
Região: Shizuoka
Condições de cultivo: Luz do sol, clima ameno, névoa e chuva.
Métodos de processamento: Vaporizado por 30 segundos, depois é seco ao sol antes de ser amassado ao método "Uji".
Perfil de sabor: A primeira colheita mais rara, mais doce e mais procurada do ano.

SENCHA
Região: Shizuoka, Quioto, Kagoshima
Condições de cultivo: Luz do sol, clima ameno.
Classificação: Primeiro e segundo ciclo de colheita; as três primeiras folhas de cima
Métodos de processamento: Vaporizado por 30 segundos, depois é seco ao sol antes de ser amassado ao método "Uji".
Perfil de sabor: Leve e doce, suave, cor amarelo-dourado.

BANCHA
Região: Shizuoka, Quioto, Kagoshima
Condições de cultivo: Luz do sol, clima ameno.
Classificação: Terceiro ou quarto ciclo de colheita; folhas inferiores maiores e alguns talos.
Métodos de processamento: Vaporizado por 60 segundos, depois é seco ao sol antes de ser amassado ao método "Uji".
Perfil de sabor: Sabor leve, mais adstringente que o do sencha e com aroma característico de palha.

HOJICHA
Região: Shizuoka, Quioto, Kagoshima
Condições de cultivo: Luz do sol, clima ameno.
Classificação: Terceiro ou quarto ciclo de colheita; folhas inferiores maiores e alguns talos.
Métodos de processamento: Vaporizado por 30 segundos, depois é seco ao sol antes de ser amassado ao método "Uji"; torra adicional.
Perfil de sabor: Fresco, porém saboroso, notas torradas semelhantes às dos chás pretos; líquido escuro, quase vermelho.

Ao lado: Intitulada *O primeiro chá do ano*, esta xilogravura de 1816 de Katsushika Hokusai (1760-1849) mostra duas mulheres e uma criança em uma festa do chá.

O cultivo de chá em áreas urbanas é uma paisagem comum no Japão, com fileiras de plantas de chá verde-claro e bem podadas, lado a lado com casas, estradas e trilhos de trem.

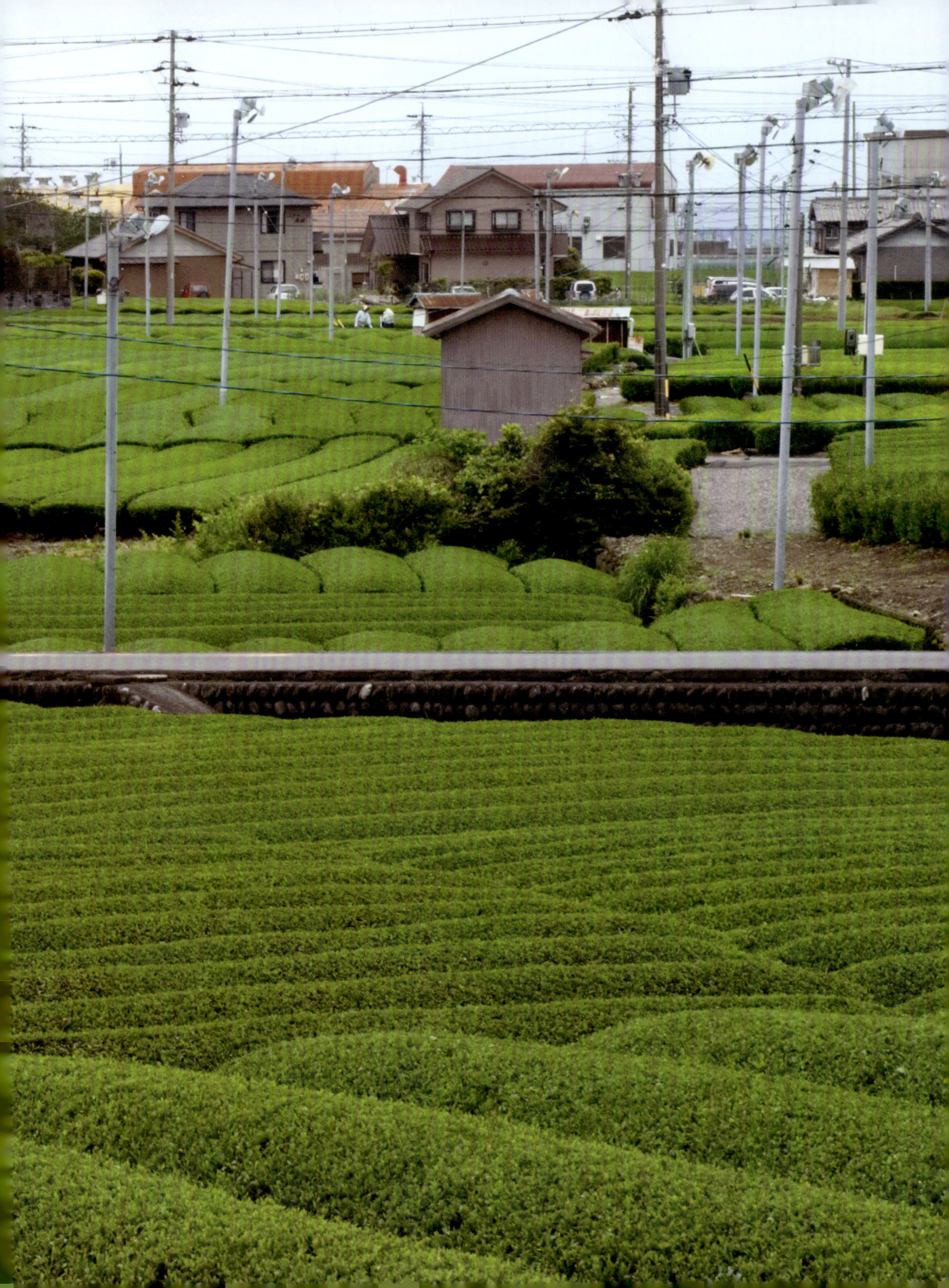

A CERIMÔNIA DO MATCHA

O CHÁ PERFEITO NO JAPÃO

A tradicional cerimônia do chá japonesa continua a ser muito reverenciada na cultura do Japão. Originalmente realizada pela classe guerreira dos samurais, ela se concentra no ato cerimonial de preparar e servir o matcha. Os movimentos envolvidos e o significado espiritual por trás deles são chamados de Caminho do Chá e foram desenvolvidos por seguidores da escola Zen do budismo.

MATCHA

O matcha é um chá verde em pó de alta qualidade feito com os brotos mais jovens da planta (ver a página 56). Os brotos são colhidos durante a primavera e, em seguida, moídos com uma pedra de moinho até ser obtido um pó fino. Dois tipos de chá são usados na cerimônia do chá: o *Koicha* ("chá grosso"), que é pesado e quase como uma sopa, é compartilhado na mesma tigela, refletindo e respeitando assim a unidade do grupo; já o *Usucha* ("chá fino") é bebido no final da cerimônia em xícaras individuais enquanto os convidados conversam entre si. Ambos são comumente apreciados com doces japoneses, que servem tanto para forrar o estômago quanto para complementar e contrastar com as notas amargas da bebida.

A CERIMÔNIA

Uma cerimônia de chá típica dura de 3 a 4 horas e consiste em muitos elementos, incluindo dois tipos de chá, almoço, doces e, muitas vezes, uma pausa no jardim.
1. Saudações **2.** Almoço **3.** Jardim **4.** Chá concentrado
5. Doces **6.** Chá diluído **7.** Despedida

EQUIPAMENTO

Cada convidado deve levar três itens para a cerimônia: um leque, um pequeno quadrado de papel japonês e uma faca. O leque deve ser um que nunca foi usado por motivos práticos ou decorativos, apenas para a cerimônia do chá. No início da cerimônia, cada pessoa coloca seu leque à sua frente e se curva para o grupo, em silêncio, como um ato respeitoso de saudação. O papel japonês é utilizado como guardanapo ou prato para colocar os doces tradicionais servidos como parte da cerimônia, e a faca pequena é para cortar os doces.

O anfitrião traja um quimono tradicional e também tem um lenço tradicional, utilizado para purificar e limpar todos os equipamentos antes e depois do uso. A cerimônia é realizada no chão, que é coberto com esteiras de bambu, chamadas de tatame. Os convidados e o anfitrião não podem usar sapatos no tatame, o que serve para lembrar os convidados da proximidade deles com a simplicidade e a natureza e de seu respeito pela ocasião.

O anfitrião escolhe as tigelas de chá mais bonitas e as apresenta aos convidados com o desenho decorativo voltado para a frente. Antes de beber, cada convidado gira a tigela duas vezes no sentido horário para mostrar o belo desenho ao anfitrião. Isso demonstra respeito pelo anfitrião e garante que eles bebam somente a partir da parte de trás da tigela.

Uma colher de chá para matcha (*chashuku*) é usada para medir e transportar o matcha à tigela. As colheres de chá são verdadeiras obras de arte, geralmente criadas e nomeadas pelos próprios mestres do chá. O mestre escolhe um nome que reflita a natureza e as estações do ano e que transmita uma mensagem que ele deseja passar durante a cerimônia. O recipiente de chá, usado para armazenar o pó de matcha, também pode ter uma mensagem ou um design que incentive a reflexão.

ESPIRITUALIDADE ZEN

Para os zen-budistas, o chá é mais do que uma bebida quente; é a oportunidade de fazer uma pausa e refletir, de ficar quieto e calmo e de contemplar a iluminação espiritual. Há quatro elementos de espiritualidade que devem ser lembrados durante a cerimônia do chá: harmonia, pureza, respeito e tranquilidade. Cada ação e movimento realizado na cerimônia tem um significado espiritual, até mesmo a maneira como os convidados entram na sala de chá: a porta geralmente é muito baixa, de modo que as pessoas devem se curvar ou ainda engatinhar para entrar. Isso serve para nos lembrar de sermos humildes e respeitarmos os outros e o mundo a nosso redor.

Ao lado: *Sado*, ou Caminho do Chá, envolve tanto a cerimônia, o ritual e a estética quanto o matcha, o chá verde em pó que é servido.

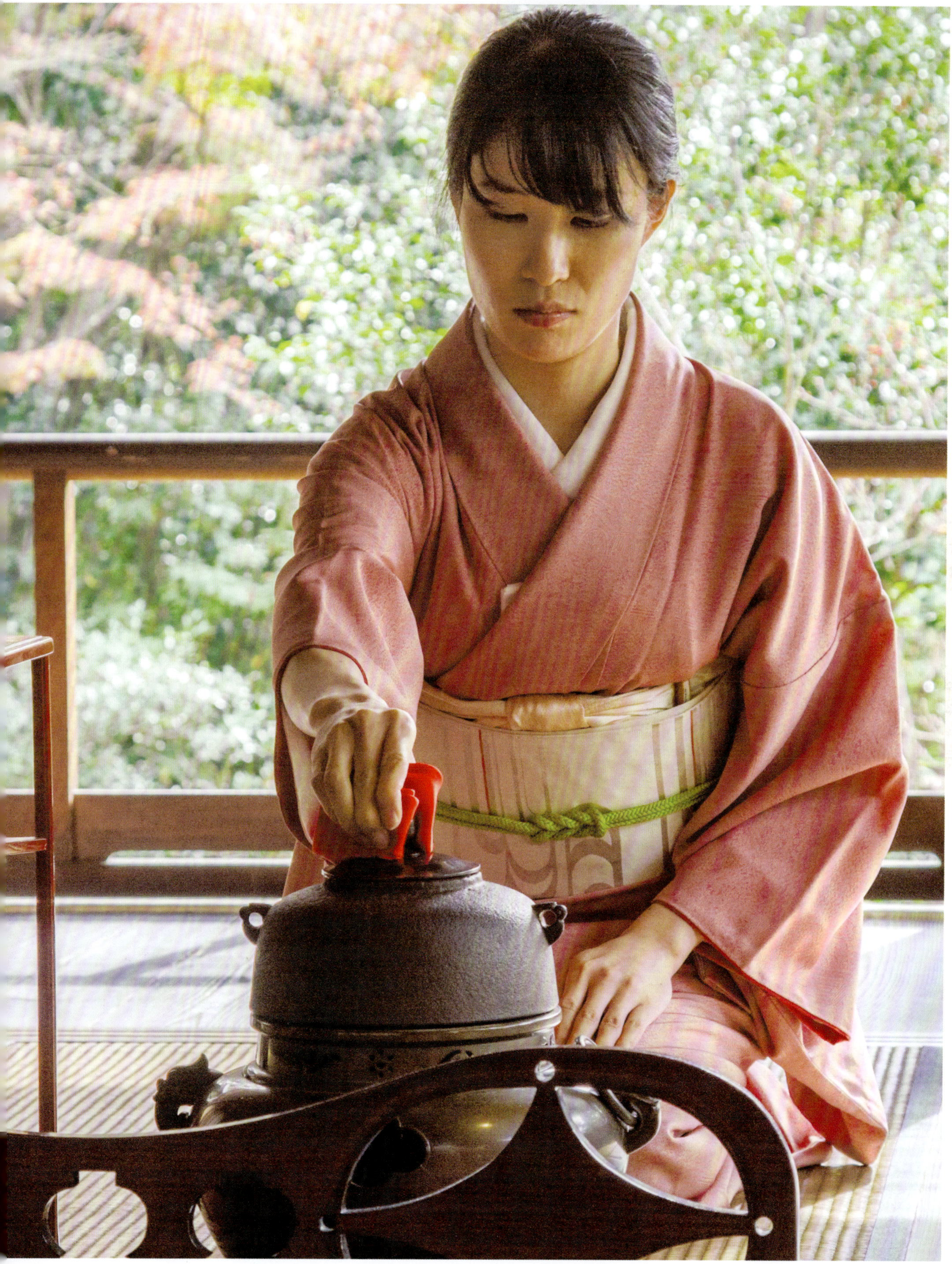

TAILÂNDIA

O chá foi introduzido na Tailândia pelos chineses, tanto por meio de séculos de comércio quanto pelos colonizadores chineses no norte do país. O conhecimento, as habilidades e as técnicas desenvolvidas na China continental e, posteriormente, na ilha de Taiwan, foram aproveitados para estabelecer a produção de chás oolong e verde na Tailândia. Nas florestas das montanhas do norte do país crescem as mesmas árvores de chá antigas que as do norte do Vietnã, abrangendo uma vasta área que vai de Assam, na Índia, a Yunnan, na China. Não é surpresa, portanto, que os chás tailandeses sejam conhecidos por sua alta qualidade. Eles também costumam ser cultivados organicamente.

Acima: Um resort de férias situado em uma plantação de chá perto de Ban Rak Thai, um vilarejo próximo à fronteira da Tailândia com a Birmânia (Myanmar), famoso por sua paisagem deslumbrante e pelo cultivo de chá.

A noção ocidental mais comum do chá tailandês é a de um chá preto leitoso e doce, servido gelado, mas essa bebida não é, de fato, originária da Tailândia, provavelmente foi importada da Europa ou da América. É também geralmente feita com chá do Ceilão em vez de chá tailandês. Dito isso, ela continua popular na Tailândia atualmente.

HISTÓRIA E DESENVOLVIMENTO

As plantas de chá mais antigas foram descobertas nas florestas do norte da Tailândia, onde cresceram por milhares de anos. As tribos das colinas tailandesas usavam, e ainda usam, as folhas frescas para fazer uma bebida quente fervendo-as em água, além de consumir as folhas em várias refeições.

O cultivo inicial de chá ocorreu principalmente no extremo norte do país, onde um caldeirão de culturas se fazia presente no infame Triângulo Dourado. Enquanto os vizinhos da Tailândia tentavam usar a força para mudar a afiliação da área com a produção e o comércio ilegal de ópio, o rei Bhumibol Adulyadej (1927-2016) sabia que essa abordagem não funcionaria. Ele reconheceu que o comércio de ópio fornecia o sustento de milhares de pessoas das tribos e sabia que deveria lhes oferecer um produto alternativo para cultivar se quisesse ter sucesso. Assim, o cultivo de chá se tornou a resposta, pois os vários povos da região já tinham o conhecimento e as habilidades necessárias por terem trabalhado em jardins de chá na China e no Vietnã.

O cultivo de chá continuou a crescer em outras áreas e, na década de 1960, outro fluxo de refugiados chineses chegou aos assentamentos ao norte de Chiang Mai e Chiang Rai. Eles foram bem-vindos para se estabelecer na região, mas foram incumbidos da tarefa de organizar uma produção de chá mais comercialmente viável. Assim, tiveram que confiar nas plantas de chá taiwanesas, que haviam sido desenvolvidas para produzir chás oolong.

CLIMA, TERRENO E COLHEITA

O clima no norte da Tailândia, onde a maior parte do chá é produzida, é ditado pelo padrão climático das monções. Isso cria três estações – úmida, seca e chuvosa – com temperaturas quentes durante todo o ano. As plantas de chá só podem ser colhidas durante os meses mais quentes, mas elas perduram por todas as estações e é dito que os melhores chás são colhidos durante as monções.

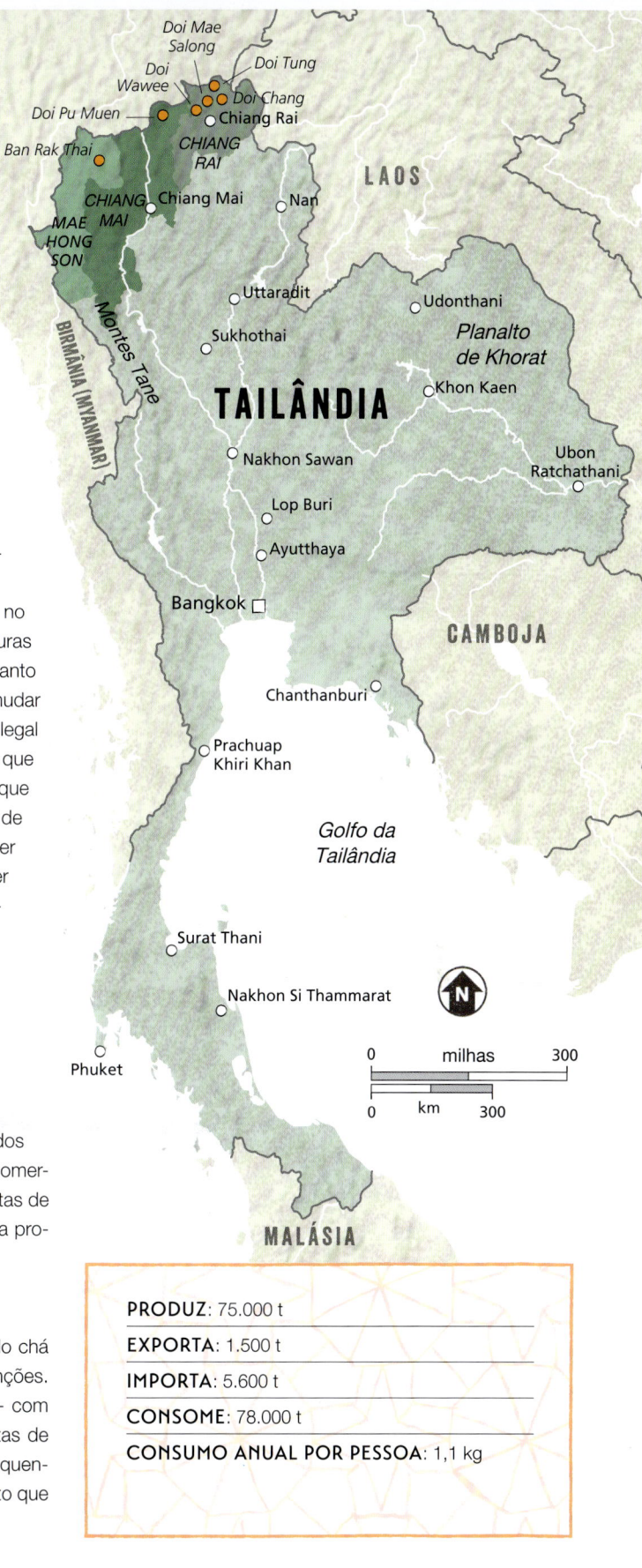

PRODUZ: 75.000 t
EXPORTA: 1.500 t
IMPORTA: 5.600 t
CONSOME: 78.000 t
CONSUMO ANUAL POR PESSOA: 1,1 kg

REGIÕES

CHIANG RAI
Tipo de chá: Chás oolong, verde e preto, pu'er (em Doi Wawee)
Clima/terreno: 1.800 m de altitude, terreno montanhoso e com floresta densa; clima tropical e úmido
Localização: Ponta norte da Tailândia, na fronteira com o Laos
Plantações: Doi Mae Salong, Doi Wawee, Doi Tung, Doi Chang

CHIANG MAI
Tipo de chá: Chás oolong, verde e preto
Clima/terreno: 1.400 m de altitude, terreno montanhoso e com floresta densa; clima tropical e úmido
Localização: Ponta norte da Tailândia, na fronteira com a Birmânia (Myanmar)
Plantação: Doi Pu Muen

MAE HONG SON
Tipo de chá: Chás oolong
Clima/terreno: Vale profundo; enevoado quase o ano todo
Localização: Noroeste da Tailândia, na fronteira com a Birmânia (Myanmar)
Plantação: Ban Rak Thai

CHÁ SHAN

As montanhas e florestas do norte da Tailândia são o lar da comunidade Shan, bem como de algumas das árvores de chá silvestres mais antigas do mundo. O povo Shan que se estabeleceu nessas florestas veio principalmente de Yunnan, na China. Há muitos grupos dentro do povo Shan, alguns vivendo no lado tailandês, outros na Birmânia (Myanmar), no Laos e no Vietnã. Após uma batalha pela independência com o governo birmanês, no século XIX, houve uma grande migração do povo Shan para cidades tailandesas, como Chiang Rai, Chiang Mai e Lampang.

Chamados de Tai Yai pelos tailandeses, os membros da comunidade Shan cultivam, colhem e bebem chá de várias formas há muitos anos. Seu conhecimento e trabalho ajudaram a moldar o setor de chá tailandês como é conhecido hoje. O povo Shan de Pang Kham, na província de Mae Hong Son, produz o tradicional chá pu'erh, que é quase todo apreciado localmente, mas está começando a ganhar algum reconhecimento no Sudeste Asiático.

TIPOS DE CHÁ CULTIVADOS NA TAILÂNDIA

Chás verde e oolong são cultivados na Tailândia.

CHÁ OOLONG OSMANTHUS
Região: Doi Mae Salong ao norte
Clima/terreno: Alta elevação – 1.800 m; um ar fresco e enevoado circula pelas montanhas e as temperaturas mais frias retardam o crescimento e desenvolvem o sabor.
Métodos de processamento: Oolong semioxidado e torcido à mão, e em seguida o método tradicional chinês de aromatizar as folhas com flores *Osmanthus fragrans*.
Perfil de sabor: Sensação na boca vibrante e luxuosa, com sabores florais e notas suaves e encorpadas.

CHÁ PRETO JIN XUAN
Região: Doi Mae Salong ao norte
Clima/terreno: Alta elevação – 1.800 m; um ar fresco e enevoado circula pelas montanhas e as temperaturas mais frias retardam o crescimento e desenvolvem o sabor.
Métodos de processamento: Chá preto totalmente processado, às vezes enrolado.
Perfil de sabor: Cor vermelho profundo, amendoado e maltado com notas aromáticas.

À direita: A segunda maior província da Tailândia, a província montanhosa de Chiang Mai, ao norte, produz chás verde, preto e oolong.

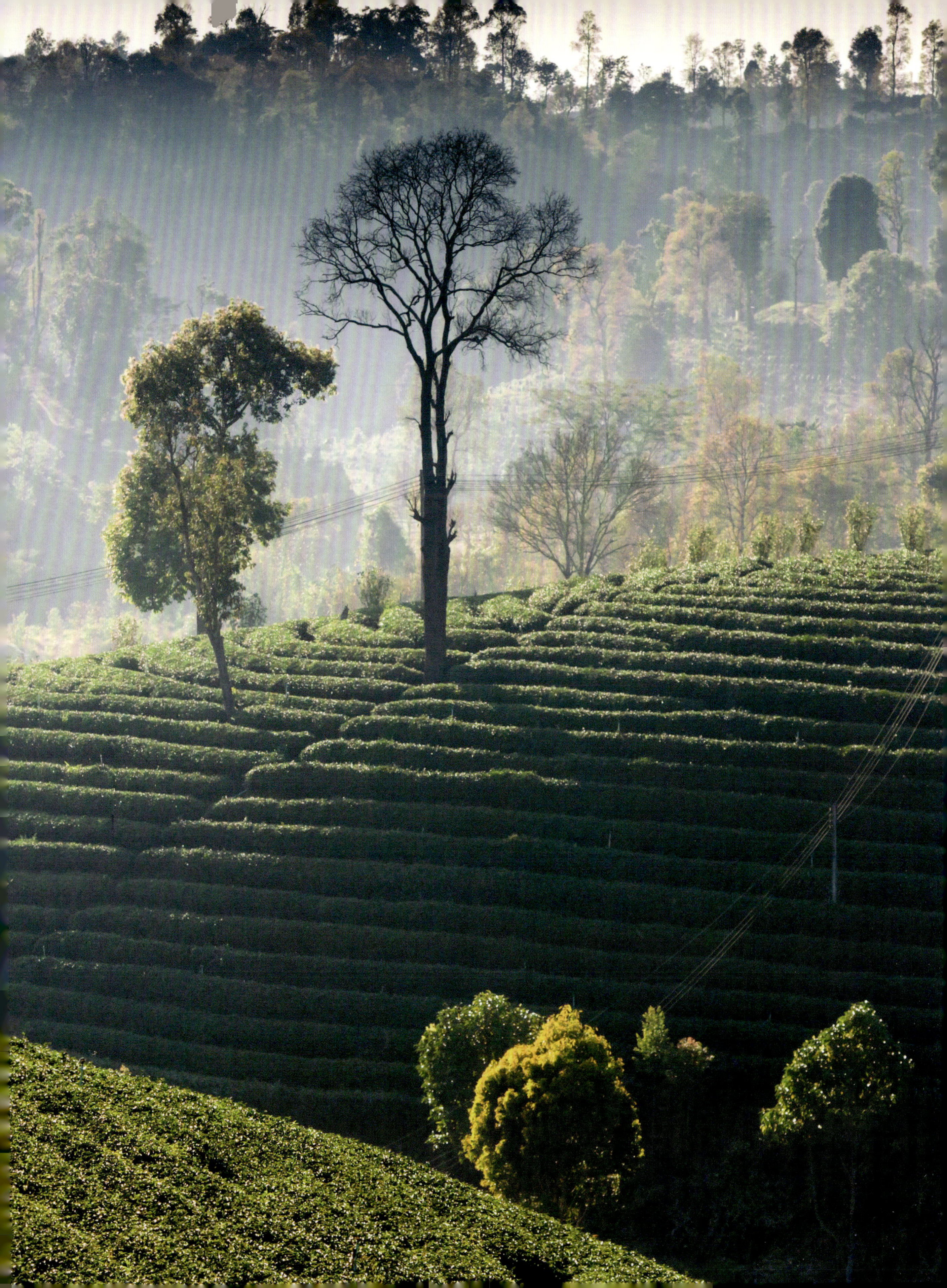

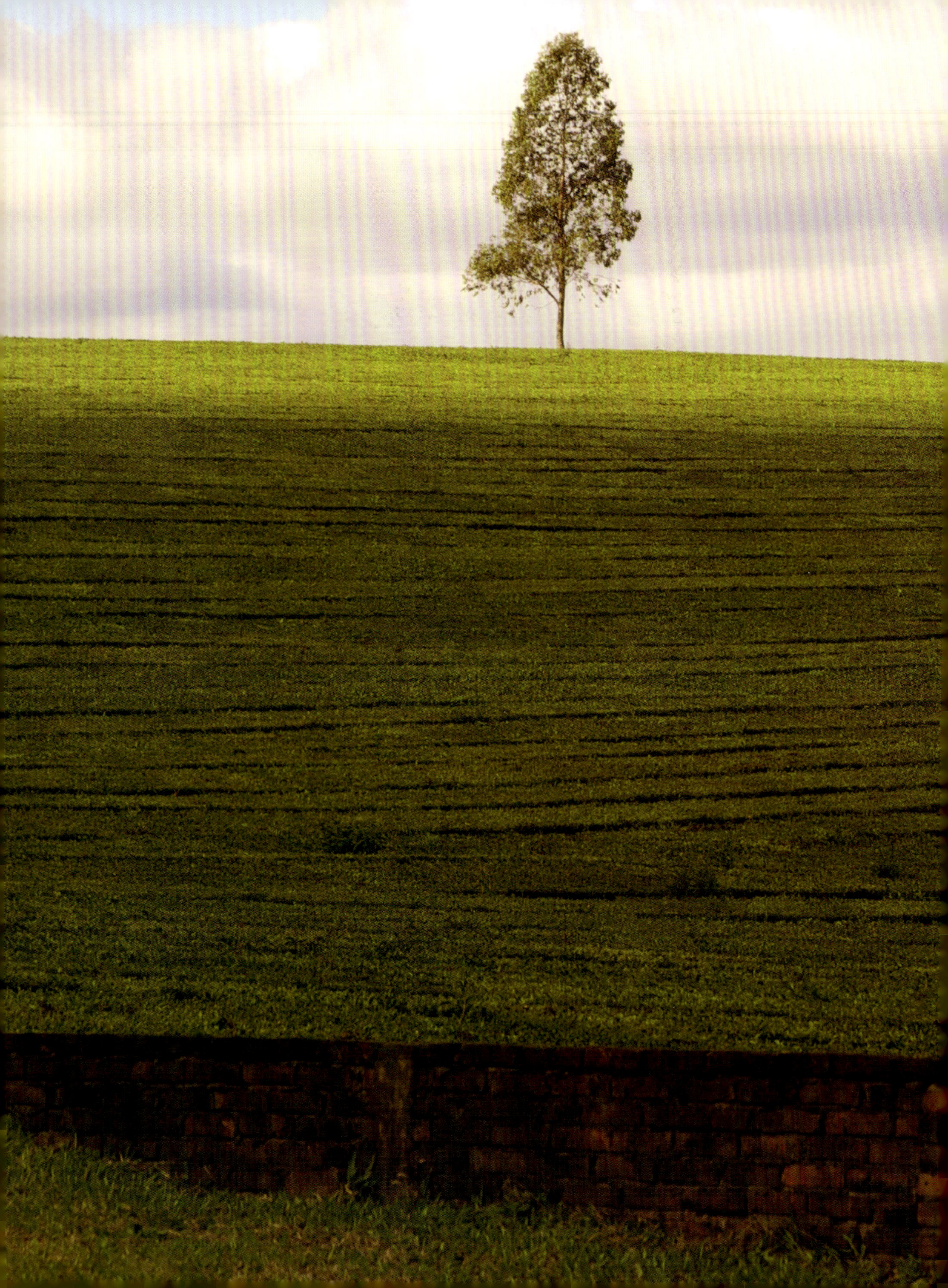

AMÉRICA DO SUL

A produção de chá é possível nos países mais quentes da América do Sul, e a Argentina, em particular, contribui com uma grande quantidade das exportações mundiais. O padrão aqui não é alto o suficiente para garantir a demanda por chás de origem única ou especiais, mas os chás de toda a América do Sul são ótimos para uso em blends de chá preto ou em chás gelados e instantâneos que são populares na América do Norte. Há um grande mercado na América do Sul para a erva-mate, que às vezes é considerada um chá de ervas e usada como ingrediente em blends. Essa é uma bebida quente muito apreciada na Argentina, na Bolívia, no Uruguai e no Brasil. A Floresta Amazônica é rica em cultivo e biodiversidade, e muitos ingredientes para misturas de chás de ervas são colhidos nela, principalmente aqueles com propriedades estimulantes, como o mate, a guayusa e o guaraná.

PAÍSES PRODUTORES DE CHÁ

(ORDENADOS POR VOLUME DE PRODUÇÃO)

ARGENTINA

A Argentina é o único país dessa região a produzir chá em grande escala comercial. A maior parte do chá argentino é chá preto para uso em blends.

Produz: 105.000 t
Exporta: 78.000 t
Importa: 300 t
Consome: 4.100 t
Consumo anual por pessoa: 0,1 kg
Perfil do chá: Chás pretos de baixa qualidade e sem marca usados nos mercados de exportação de blends, chás gelados e chás instantâneos.

PERU

O chá no Peru é cultivado principalmente na região de altitude elevada de Cusco. Embora o país tenha se aventurado a exportar chá, não há muita demanda, portanto o chá preto produzido no país é destinado ao mercado interno, no qual é servido doce e sem leite. Nas montanhas de Cusco, há também uma grande demanda por chá de coca cultivado localmente, pois é suposto que ajuda a combater o mal da altitude. Esse chá é derivado da *Erythroxylum coca*, planta que também é usada para produzir cocaína.

Produz: 4.319 t
Exporta: Nenhum
Importa: 600 t
Consome: 3.400 t
Consumo anual por pessoa: 0,1 kg
Perfil do chá: Chás pretos de baixa qualidade para o mercado doméstico.

EQUADOR

O chá preto também é produzido no Equador, onde a qualidade é mais alta que em outros países da América do Sul e os sabores tendem a ser mais fortes.

Produz: 3.000 t
Exporta: 600 t
Importa: 50 t
Consome: 2.000 t
Consumo anual por pessoa: 0,14 kg
Perfil do chá: Chás fortes e encorpados com notas maltadas.

Páginas anteriores: Uma plantação de chá perto de Panambí, na província de Misiones, Argentina. A região é relativamente plana, o que permite a colheita mecanizada.

PRODUZ: 115.700 t

EXPORTA: 98.400 t

IMPORTA: 173.400 t

CONSOME: 200.030 t; quase 1.000.000 t, se incluída a erva-mate

CONSUMO ANUAL POR PESSOA: 0,5 kg

ARGENTINA

A Argentina é o único país das Américas a figurar entre os dez principais produtores de chá do mundo. Embora ela seja vasta, nem o terreno nem o clima do país são, em sua maior parte, adequados para o cultivo de chá. Existem pequenos bolsões de condições ideais nas áreas tropicais de Misiones e Corrientes, no nordeste do país. A Argentina produz chás pretos de sabor forte e perfeitos para dar corpo aos blends. Na China e na América do Norte, dois dos maiores mercados de exportação da Argentina, os chás pretos também são usados para misturas de chá gelado ou instantâneo. Por causa disso e do fato de que o mercado doméstico prefere a erva-mate ao chá, é muito raro encontrar chás argentinos de origem única ou especiais.

Acima: Transporte de folhas de erva-mate de uma plantação em Santo Pipó, Misiones. Membro da família do azevinho, a erva-mate é considerada a bebida nacional da Argentina – é mais popular entre a população local do que o chá.

HISTÓRIA E DESENVOLVIMENTO

A erva-mate, uma planta semelhante ao chá, já era cultivada e consumida na Argentina há centenas de anos antes de o chá ser introduzido no país pela União Soviética na década de 1920. Os produtores locais de erva-mate foram incentivados a tentar cultivar chá com suas outras culturas como uma forma de aumentar a própria renda. No entanto, a baixa qualidade do chá produzido e a falta de demanda local fizeram que, no início, o chá não fosse considerado uma cultura viável, pois não atingia preços altos.

Na década de 1950, o governo argentino proibiu a importação de chás, de modo que a demanda local ajudou a impulsionar novamente seu cultivo. A introdução de técnicas mecanizadas de colheita e processamento também colaborou para aumentar a produtividade da indústria.

CLIMA, TERRENO E COLHEITA

O clima e o terreno de Misiones e Corrientes tornam essas duas regiões as únicas adequadas para o cultivo de chá na Argentina. O clima é subtropical, quente e úmido, e o chá é colhido apenas durante os meses de verão, entre novembro e maio.

Embora atualmente ainda existam várias fazendas de produtos menores, a indústria de chá da Argentina é dominada por grandes propriedades, que produzem chás pretos para blends em grande escala. Por causa da escassez de mão de obra local e da qualidade relativamente baixa do chá produzido, tanto a colheita quanto as fábricas são bastante mecanizadas.

Tipo de chá: Chá preto para o mercado de blends
Clima/terreno: Terras altas e planas; clima subtropical e chuva constante
Localização: Misiones e Corrientes, noroeste.
Métodos de processamento: Chá preto CTC produzido para o mercado de exportação de blends.

PRODUZ: 105.000 t
EXPORTA: 78.000 t
IMPORTA: 300 t
CONSOME: 4.100 t
CONSUMO ANUAL POR PESSOA: 0,1 kg

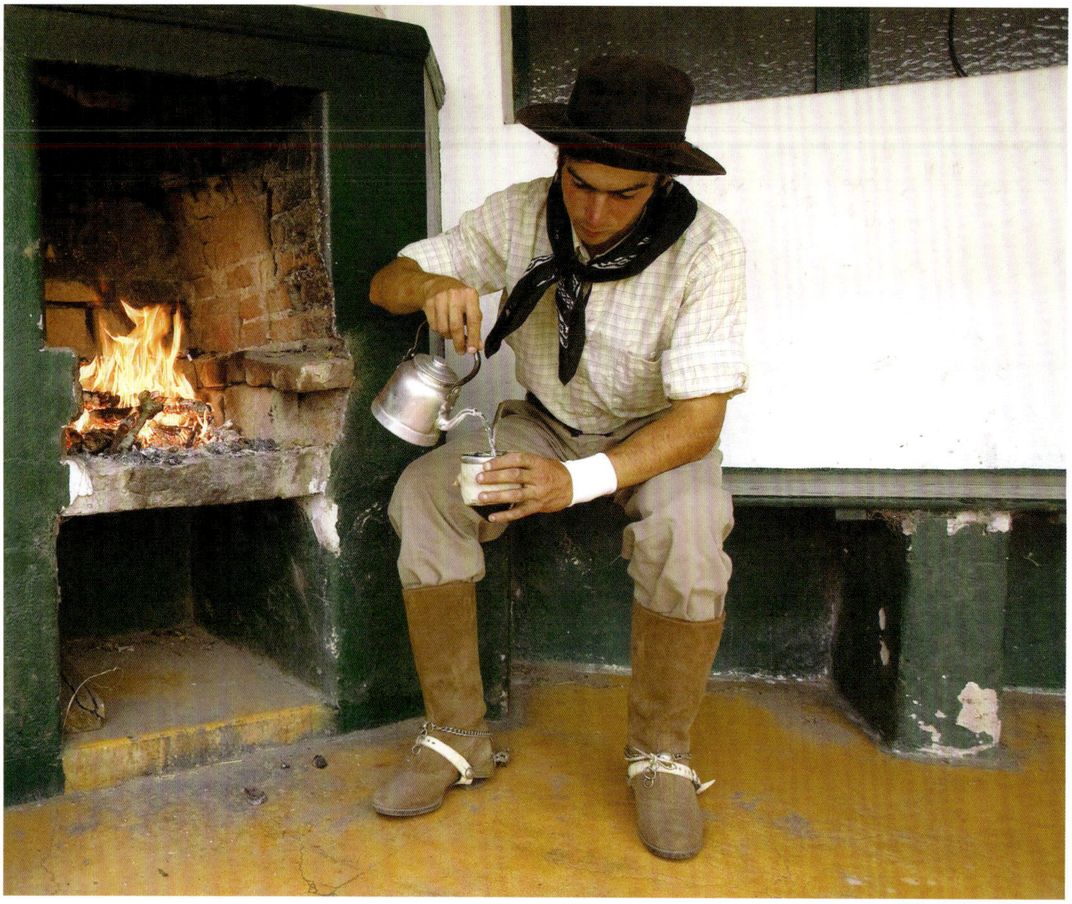

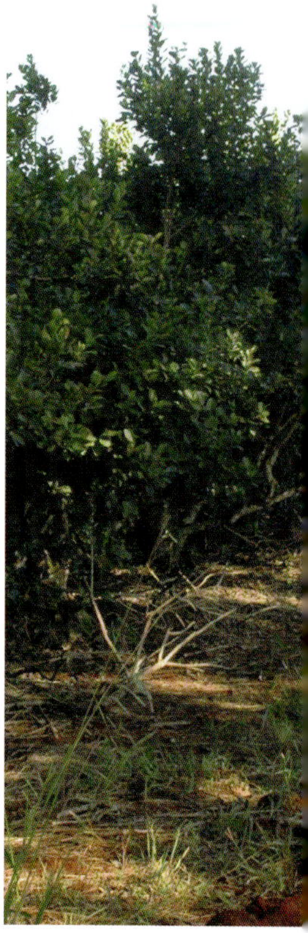

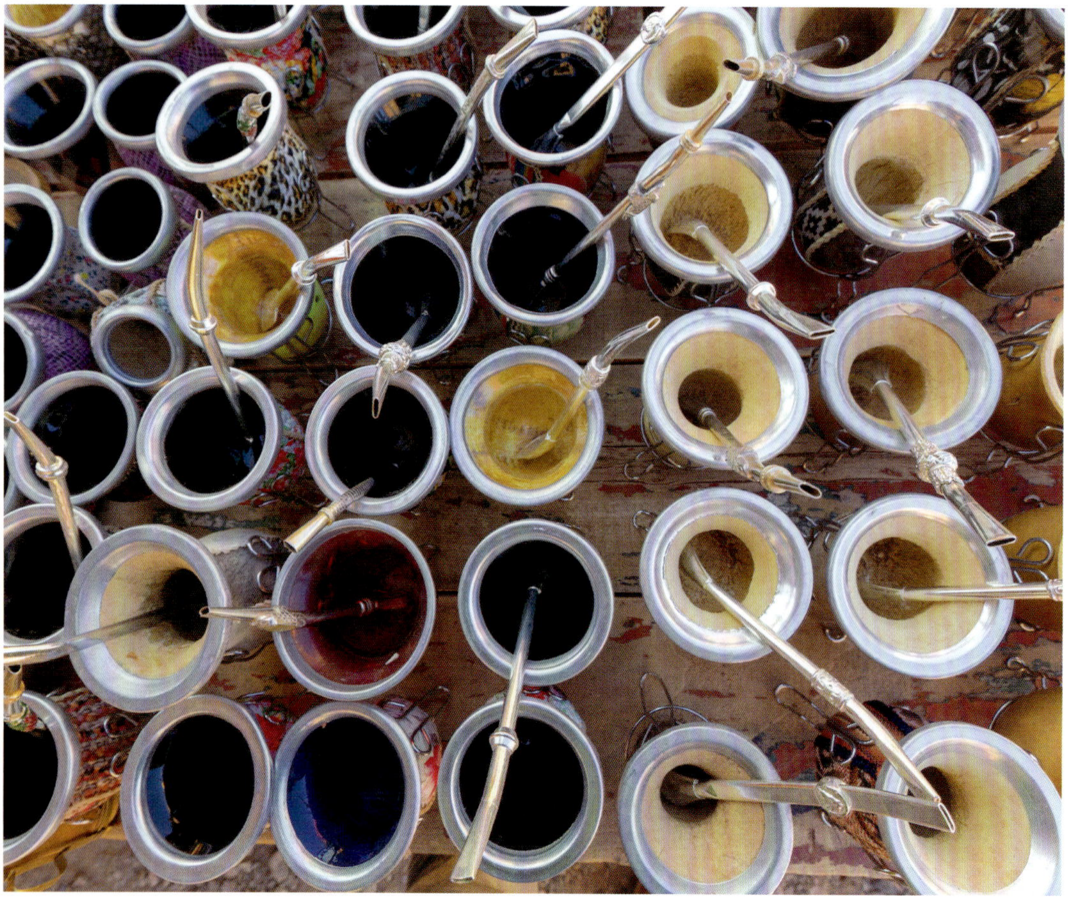

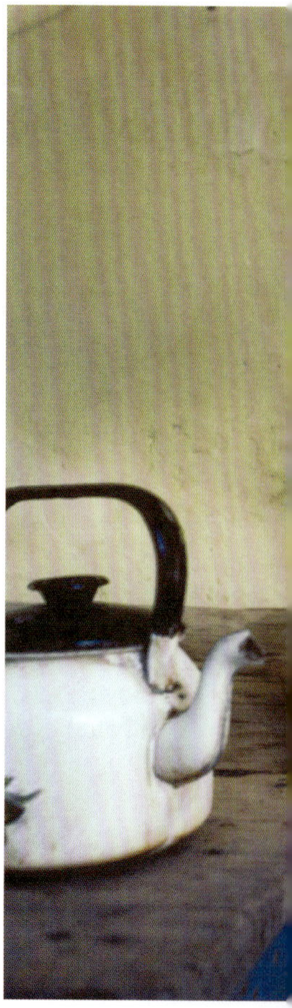

YERBA MATE

A Argentina produz e consome uma grande quantidade de erva-mate. Uma espécie da família do azevinho (*Aquifoliaceae*), essa planta tem uma história muito mais antiga na Argentina do que o chá. Ela é cultivada e apreciada por tribos amazônicas há centenas de anos por causa de suas propriedades naturalmente estimulantes.

A erva-mate é geralmente preparada em uma cabaça oca e bebida por meio de um canudo de metal chamado bombilha. Ela tem uma extremidade fechada com pequenos orifícios que funcionam como filtro para garantir que se beba a bebida quente, e não as folhas em si. Os argentinos costumam levar consigo esse equipamento de preparo do mate com uma garrafa térmica de água quente para desfrutar e compartilhar a erva-mate durante todo o dia.

No século XXI, o mate ainda pode ser considerado a bebida nacional, e quase 200.000 toneladas são consumidas pelos argentinos todo ano. O mate é cultivado em condições climáticas semelhantes e nas mesmas áreas da Argentina que o chá, mas, diferentemente deste último, essa cultura é produzida principalmente para o mercado interno.

Acima, à esquerda: Os gaúchos argentinos, ou vaqueiros, como este gaúcho contemporâneo, sempre contaram com a erva-mate para mantê-los em alerta enquanto pastoreavam o gado.

Acima, à direita: Essa plantação de erva-mate fica em Misiones, uma província no nordeste da Argentina onde também é cultivada uma boa parte do chá do país.

Abaixo, à esquerda: Embora o mate seja tradicionalmente servido em uma cabaça oca com um canudo de metal, hoje em dia os copos de mate também vêm em uma variedade de padrões e estilos contemporâneos.

Abaixo, à direita: A erva-mate é apreciada em toda a América Central e do Sul, incluindo Argentina, Bolívia, Brasil, Uruguai e Paraguai.

GLOSSÁRIO

Aromatização
Notas aromáticas podem ser adicionadas pela exposição das folhas de chá a flores frescas durante o processamento, ou pela mistura do chá com flores secas ou óleos essenciais posteriormente.

Arrancamento
A colheita manual das folhas de chá é conhecida como arrancamento e é o método tradicional de coleta das folhas para processamento.

Biodiversidade
Uma contração de "diversidade biológica", esse termo se refere a todos os níveis de vida vegetal e animal do planeta em seu ambiente natural.

Blend
Refere-se a diferentes chás misturados para se obter um produto – English Breakfast e Russian Caravan, por exemplo. Também se refere à mistura de chá com outros ingredientes, como flores ou ervas. Masala chai é um exemplo. *Ver também* Aromatização, Inclusões.

Cafeína
Estimulante natural encontrado no chá, cujos níveis variam dependendo de onde o chá é cultivado e de como é processado. De modo geral, os chás mais processados contêm níveis mais altos de cafeína, mas nem sempre é assim.

Chá branco
Variedade de chá menos processada; as folhas em geral são simplesmente colhidas e secas com cuidado.

Chá gunpowder
Chá verde que consiste em pequeninos grânulos enrolados que se assemelham à pólvora.

Chá oolong
Um chá tradicional chinês que é parcialmente oxidado. Seu sabor é mais complexo do que o do chá verde, mas não é tão forte quanto o do chá preto.

Chá perolado
Esse tipo de chá, que inclui pérolas de jasmim e pérolas de dragão, é composto de folhas de chá enroladas à mão em bolinhas do tamanho de pérolas que desabrocham quando são mergulhadas em água quente.

Chá preto
De cor marrom-escura e com maior teor de cafeína do que outras variedades, o chá preto é a variedade mais comum e representa 80% do chá consumido no mundo ocidental.

Chá pu'erh
O chá pu'erh é embalado em bolos ou tijolos e deixado para maturar. Para bebê-lo, uma pequena quantidade é retirada do bolo ou tijolo. O pu'erh é cultivado em Yunnan, na China.

Chá verde
Ao contrário de outros tipos de chá, o chá verde passa por um estágio adicional de secagem precoce para interromper a oxidação e preservar sua aparência verde, inibindo o desenvolvimento da cafeína. *Ver também* Gyokuro.

Ciclo
Alguns chás são identificados pelo ciclo ou estação de colheita, durante a qual são colhidos. O primeiro ciclo, considerado de mais alta qualidade, ocorre entre fevereiro e maio.

Classificação (qualidade)
Refere-se à condição da folha quando colhida. Também se refere ao tamanho das partículas de folhas de chá processadas.

CTC
Abreviação de *crush*, *tear*, *curl* (amassar, rasgar e enrolar). É quando as folhas de chá são cortadas e rasgadas em pedaços menores durante o processamento e, em seguida, enroladas em partículas do tipo *pellet* (pequenas esferas).

Degustador
As empresas de chá têm degustadores internos experientes e treinados, responsáveis pela degustação de cada lote de chá para garantir que o sabor e a qualidade permaneçam consistentes.

Fannings
Pedaços finamente quebrados de folhas de chá que ainda têm uma textura grossa reconhecível; são o tipo de chá usado na maioria dos saquinhos.

Fazenda
Uma fazenda de chá é administrada por um indivíduo auxiliado pela família e, às vezes, por outros trabalhadores da comunidade. Os agricultores vendem suas folhas de chá para uma plantação ou fábrica próxima a fim de serem processadas.

Fixação
Ver Matar o verde.

Gyokuro
Chá verde japonês que é cultivado na sombra em vez de no sol. *Ver também* Chá verde.

Inclusões
Ingredientes como frutas secas que podem ser adicionados a uma mistura de chá por suas propriedades estéticas ou benéficas à saúde, mas que não afetam o perfil do sabor.

Laminação
Etapa do processamento do chá, envolve a prensagem das folhas para espremer a umidade e quebrar as células delas.

Masala chai
Chá preto misturado com especiarias, como pimenta, gengibre, cardamomo e canela, preparado com leite e adoçado. É amplamente consumido em toda a Índia.

Matcha
Pó de chá verde finamente moído que é usado na tradicional cerimônia do chá japonesa.

Matar o verde
Um processo de aquecimento que desativa as enzimas na folha de chá para interromper a oxidação; também chamado de "fixação", "queima" e "primeira secagem".

Murchamento
Secagem das folhas de chá por meio da evaporação da água usando brisa natural ou ventiladores de murchamento. Alguns chás são secos sob a luz do sol.

Orange pekoe
São folhas inteiras de chá preto de qualidade média e de tamanho específico. É frequentemente abreviado como "OP". *Ver também* Pekoe.

Ortodoxo
Refere-se à folha inteira ou às partículas da folha inteira, em vez de CTC.

Oxidação
O processo no qual as paredes celulares das folhas de chá se quebram, alterando a química delas em decorrência de uma reação enzimática com o oxigênio.

Pekoe
Termo adotado em alguns países como parte do sistema de classificação do chá preto.

Plantação
Também chamada de propriedade, é uma grande área de cultivo de chá sob o controle de uma organização central.

Pó
As menores partículas de folhas de chá e a mais baixa classificação dele.

Primeira secagem
Ver Matar o verde.

Propriedade
Ver Plantação.

Queima
Ver Matar o verde.

Rastreabilidade
A capacidade de rastrear um produto em todos os estágios de produção, processamento e distribuição.

Sensação na boca
Expressão usada para descrever a textura do chá durante o consumo.

Taninos
Polifenóis, que são compostos que ocorrem naturalmente no chá com um sabor amargo e adstringente.

Tisana
Um chá de frutas ou de ervas. As tisanas não contêm folhas de chá, mas geralmente são produzidas e preparadas da mesma forma.

Variedade
Refere-se às diferentes formas que a folha de chá pode assumir após o processamento – preto, branco, verde, etc. são todas variedades de chá.

ÍNDICE REMISSIVO

As referências de páginas de ilustrações estão em *itálico*; as referências principais estão em **negrito**.

A

A Rota do Chá e dos Cavalos *64-5*, 162
açúcar 77
África 126-9
África do Sul
    história do chá 138
    rooibos 34, **138**, 139
agricultura orgânica 16, 237
água
    preparo/infusão 73
    temperatura 74, 84
amargor 74, 77
América do Sul 226-31
    mate 34, *35*, 228, 229, **231**
aminoácidos 20-1
Anhui 190
antioxidantes 20, 34, 56, **100-1**
aquecimento
    matar o verde 20, 47, *49*, **52**, 57, 232
    vaporização 52, 57, 212
Argentina 226, 228-31
    clima, terreno e colheita 229
    história do chá 62, **229**
armazenamento de chá 90, 93
    refrigeração 212
aroma *ver* sabor e aroma
aromatização **107**, 233
    ingredientes 111
aromatizante natural 107
aromatizantes idênticos aos naturais 107
aromatizantes sintéticos 107
arrancamento 27, 40, *42*-3, 233
    ver também primeiro ciclo
Assam 150
assamica 12, **13**, **14**, 62, 142, 148

B

Bah Butong 208
bancha 212, 215
Bangladesh 140-1, 145
benefícios do chá à saúde 100-1
bergamota 28, 107
Bhumibol Adulyadej, rei da Tailândia 221
biodiversidade 232

blend Jardim do Despertar 114
blends 22, 28-32, 232
blends secos 111
bombilha 34, *35*, 231
Broken Orange Pekoe *24*, 25
bubble tea 182, 195, **198**, *199*
Budismo *ver* Zen-budismo
bules 81-3
    çaydanlik 174, *175*
    cerâmica 82, 86-7
    e infusão 84
    ferro fundido 83
    porcelana 82
    porcelana de osso 82
    vidro 83
bules de cerâmica 82, *86-7*
bules de cerâmica Yixing 82
bules de ferro fundido 83
bules de porcelana 82
bules de porcelana de ossos 82
bules de vidro 83
Burundi 128

C

cafeína 20, 21, **101**, **232**
Camarões 129
Camellia sinensis 12-17, *13*
    assamica versus sinensis 14
    condições de cultivo 14, 15
    cultivo 15, 16
    cultivo próprio 17
    flores 19
    orgânico *versus* pesticidas 16
    pragas e doenças 13
    selvagem 13
    variedades 12, 14
Caminho do Chá 61, 81, 212, **218**, *219*
camomila 33, 106, 111, 112, 114
canal de Suez 64
canecas infusoras 85
canecas, infusor 85
carboidratos 20
Cassatt, Mary (obra *Chá*) 81
catequinas 20, 101
çaydanlik 174, *175*
Ceilão *ver* Sri Lanka
cerimônia do chá 61, 81, 212, **218**, *219*
cerimônias 61, 81, 212, **218**, *219*

certificações 39, **68**
cha 40
chá branco 23, 233
    cafeína 101
    murchamento 46
    processamento 47, 52, **57**
chá branco Silver Needle (Agulha de Prata) 26, 41
chá branco Silverback 135
chá chun mee 191
chá com infusão a frio 117
chá cultivado em casa 17
chá da tarde 29, *30-1*, 99
chá Darjeeling 26, 148, 151
chá de alcachofra 205
Chá de Assam 26, 148, 151
chá de folhas soltas 73-4
chá de lotus 205
chá de manteiga de iaque 162, *163*
chá de Nam Lanh 205
chá de Rize 174, *175*
chá de Taloon 208
chá Dong Ding 197
chá Dong Fang Mei Ren 197
chá English Breakfast 28
chá enrolado 32
chá florido 29
chá Formosa 195
chá gelado 117
chá Gilan 179
chá gunpowder 32, 157, 232
chá Li Shan 197
chá Nilgiri 151
chá oolong 23, 195, 233
    processamento 57
    reimersão/reinfusão 74
chá oolong Osmanthus 222
chá perolado 32, 233
chá pouchong 195, 197
chá preto 23, 232
    assamica 14
    processamento 52, **57**
chá preto Jin Xuan 222
chá preto Milima 135
chá pu'erh 23, 233
    história 162
    processamento 50, **57**
chá *red bush* 34, **138**, *139*

Delícia de Rooibos com Lavanda e Coco 114
chá Russian Caravan 32, 55
chá Shan 222
chá Shan Tuyet 205
chá Silver Needle (Agulha de Prata) 23
chá Silver Tips Imperial 27
chá Temi 151
chá tie guan yin 191
chá verde 23, 232 ver também
    benefícios à saúde 101
    chá gunpowder; matcha; sencha
    murchamento 46
    processamento 47, 49-51, 52, 56, **57**
chá
    qualidades 24, 25-6
    variedades 22, 23
chai 28
    chai com leite 119
    chai de laranja com especiarias 114
    chai tradicional 119
chaleiras para folhas soltas 89
chás de ervas 33, 106
chás de flor-de-dragão 205
chás de fruta 33
chás de origem única 26
    Índia 148, 150
chás floridos 29
    chás floridos flor-de-dragão 205
chás perfumados
    chá de jasmim 29
    Earl Grey 28, 29
Chiang Mai 222, 223
Chiang Rai 222
China 182, 186-93
    bules de cerâmica 82
    bules de porcelana 82
    clima, terreno e colheita 188
    história do chá 13, 61, 64-5, 82, 100, **187-8**
    regiões 14, 186, 190
    tipos de chá cultivados 191
ciclo 232
    primeiro ciclo 14
classificação 51, 55
    sistemas 25-6
classificação Golden Flowery 24, 25
classificação tippy 24, 25
classificações 22, 24, 25-6, 232
    e qualidade 91
clima, terreno e colheita
    Argentina 229
    China 188
    Índia 148
    Indonésia 207
    Irã 178

Japão 212
Quênia 132-3
Sri Lanka 155-7
Tailândia 221
Taiwan, China 195
Turquia 170
Vietnã 201
clippers de chá 62, 64
coadores 85
coadores de chá 85
colhedores, condições de trabalho 39, 42-3, 152-3, 156, 195
colheita 36-43
    colhedores 39, 152-3, 156, 195
    colheita manual (arrancamento) 27, 40, 42-3, 233
    colheita mecânica 40-1
    fazendas e propriedades 37
colheita à mão 27, 40, 42-3, 233
colheita
    manual 27, 40, 42-3, 233
    mecânica 40-1
Colinas Nyambene 135
combinações 99
combinações de chás com alimentos 99
comerciantes 91
comerciantes de chá 91
comércio de chá 62
    história 64-5
Companhia Holandesa das Índias Orientais 64, 207, 212
Companhia Inglesa das Índias Orientais 64
compra de chá 90-3
    classificações e qualidade 91
    origem e frescor 93
    quantidade 93
condado de Lahijan 179
condições de cultivo 14, 15
condições de trabalho: colhedores 39, 42-3, 152-3, 156, 195
Congo, República Democrática do 129
copa sombreada 58-9, 61, 212
Cordilheira Aberdare 130, 135
corretores 62, 93
cozimento com chá 16, 116-17, 118
crescimento populacional e produção de chá 67
CTC (*crush, tear, curl*) 232
    Classificação (qualidade) 25
cultivando o próprio chá 17
cultivo 15 ver também clima, terreno e colheita
    orgânico versus pesticidas 16
cultivo à sombra 58-9, 61, 212

D

Darjeeling 150
degustação 96-9
    degustadores 233
    perfis 98
    técnica de "sorver" 97-8
    utensílios e equipamentos 97
desastre de Chernobyl 169
Dimbula 161
Dodd, John 195
doenças 13
    orgânicos *versus* pesticidas 16

E

Earl Grey 28
    mitos 29
Eisai *Kissa Yojoki* 61, 211
empacotamento 51, 56, 94-5
empilhamento úmido 50
enrolamento à mão 32, 49
enzimas 20, 52
Equador 226
equipamentos ver ferramentas e equipamentos
erva-mate 34, 35, 228, 229, **231**
Ervas aiurvédicas 107
    tulsi 151
ervas, misturas 106, 112-13
especiarias 33, 106, 110
    chá 40
    chai 28
    chai de laranja com especiarias 114
    chai latte 119
    chai tradicional 119
    masala chai 28, 146, 148, 232
Estados Unidos
    história do chá 78-9, 117, 212
    invenção dos saquinhos de chá 73, 74
etapa de fermentação 47, 57
Ethical Tea Partnership 68
Etiópia 129
Europa: história do chá 61-2
Extremo Oriente 182-5

F

Fairtrade 39, **68**
Fannings 25, 232
fazendas 37, 232
fertilizantes 16
fixação ver matar o verde
flavonoides 20
Flowery Broken Orange Pekoe 24, 25
flúor 20
fluoreto 101
folhas ver qualidades, classificação
fotossíntese 21

frescor 93
Fujian 190

G

Garemijn, Jan Anton
Chá da tarde 30-1
Geórgia 166, *167*
Gibson Girls (Garotas Gibson) 78-9
glutamato 56
goji berry 106
goji berry com hortelã verde 114
Grã-Bretanha: história do chá 62, 76, 77, *94-5*
gyokuro 26, 215, 232

H

Himachal Pradesh 150
história do chá 60-5
África do Sul 138
Argentina 62, **229**
China 13, 61, *64-5*, 82, 100, **187-8**
comércio de chá *64-5*
descoberta 61
Estados Unidos *78-9*
Europa 61-2
Grã-Bretanha 62, *76*, 77, *94-5*
Império Britânico 39, 62, *91*, 148, 155
Índia 62, **148**
Indonésia 62, **207**
Irã 62, **177-8**
Japão 61, *62*, 83, **211-12**
Quênia 62, **131-2**
Sri Lanka *37*, *38-9*, 62, **155**
Tailândia 62, **221**
Taiwan, China 195
Turquia 62, **169-70**
Vietnã 62, **201**
hojicha 215
Hokusai, Katsushika *O primeiro chá do ano* 214
hortelã 33, 111
goji berry com hortelã 114

I

imersores 88
imersores por gravidade 88
impacto econômico do chá 67
impacto social do chá 67
Império Britânico: história do chá 39, 62, *91*, 148, 155
inclusões 106, 113
Índia 142, *143*, 146-53
chás de origem única 148, 150
clima, terreno e colheita 148
cultivo 16
história do chá 62, **148**
regiões *149*, 150

tipos de chá cultivados 151
Indian Tea Board (Conselho Indiano do Chá) 148
Indonésia 184, 206-9
clima, terreno e colheita 207
história do chá 62, 207
regiões 208
tipos de chá cultivados 208
"infusão ao sol" 117
infusão 72-7
água 73
bules 84
chaleira de folhas soltas 89
ferramentas e equipamentos 80-9
folhas soltas *versus* saquinhos de chá 73-4
gráfico 77
infusores por gravidade 88
intensidade 74
leite, açúcar e limão 77
quantidade de chá 74
temperatura 74, 84
tempo 77
infusões 33
infusores 85
intensidade 74
Irã 166, 176-9
clima, terreno e colheita 178
consumo do chá *176-7*
história do chá 62, **177-8**
regiões 179
tipos de chá cultivados 179

J

Jacobson, Jacobus 207
Japão 185, 210-19
bules de ferro fundido 83
cha 40
clima, terreno e colheita 212
cultivo 16
história do chá 61, *63*, *83*, **211-12**
matcha 56, *58-9*, 118, **218**, 232
regiões 213
tipos de chá cultivado 215
japonica 12, 17, 19
jardins de chá 62
jasmim 33, 107, 111, 112
chá de jasmim 29
chá verde com jasmim 205
pérolas de jasmim 32, 233
Java *206*, 207, 208
Jiangxi 190

K

Kagoshima 213
Kandy *158-9*, 160

Keemun 191
Kenya Tea Development Authority 131, 133
Kerala *15*, *149*, 150, *152-3*

L

laminação 32, 46-7, *49*, 233
lapsang souchong 32, 55, 191
laranjas 106
lavanda 33, 107, 112
Delícia de Rooibos com Lavanda e Coco 114
leilões 136, 157
leite 77
limões 77
limpeza *51*, 55, 235
Lipton, Thomas 38, 155
Loolecondera 155
Low-Income Food-Deficit Countries (LIFDC) 67
L-teanina 20, 101
Lu, Yu *O clássico do chá* 61, 187

M

Mae Hong Son 222
Malásia 185
Malaui *124-5*, 126
mao feng 191
masala chai 28, *146*, 148, 232
matar o verde 20, 47, *49*, **52**, 57, 232
matcha **218**, 232
matcha 118
matcha latte 119
produção 56, *58-9*
mate 34, *35*, 228, 229, **231**
método Uji 61, 212
Mie 213
minerais 20
Mirza, príncipe Mohammad 176, 177, 178
mistura "úmida" *111*
mistura 104-14
aromatização **107**, 111, 233
blend Jardim do Despertar 114
blends secos 111
blends úmidos 111
chai de laranja com especiarias 114
comercial 105-7
em casa 110-13
ervas 106, 112-13
goji berry com hortelã verde 114
inclusões 106, 113
ingredientes 110-11
processo em seis etapas 112-13
receitas 114
rooibos Delícia com Lavanda 110, 114
técnicas 106-7

mistura em casa 110-13
mixologia 16, 116-17
   receitas 117-19
Miyazaki 213
Moc Chau *180-1*
Moçambique 128
montanhas Nilgiri 150
montanhas Tam Dao *202-3*
monte Fuji *210*
monte Quênia 135
montes Nandi e Planalto Ocidental 135
mudança climática 67
mudas, propagação a partir de 17
murchamento 21, *45*, 46, *48*, 233

N
"nem por todo o chá da China" 188
Nepal 145
Nishio 213
Nuwara Eliya 160

O
O Sistema "Britânico" 25-6
óleos essenciais 107
Oolong do Alto da Montanha 205
Orange Pekoe *24*, 25, 32, 233
Organização das Nações Unidas para a Alimentação e a Agricultura 62
Oriente Médio 166-79
ortodoxo 233
   classificações 25
oxidação 20, 21, *21*, 45, **47**, *50*, 52, 233
   tipos específicos de chá 57

P
parcerias 68
pekoe *24*, 25-6, 233
Pekoe Fanning 25
pequenos produtores: Quênia 133
pérolas de dragão 233
Peru 226
pesticidas 16
pétalas de rosa 33, 106, 107, 111, 112, 114
Pinglin 195
planalto de Cameron 185
planalto Kericho 135
planalto Kisii 135
planta do chá 12-17, *13*
   assamica versus sinensis 14
   condições de cultivo 14, 15
   cultivo 15, 16
   cultivo próprio 17
   flores 19
   orgânico *versus* pesticidas 16

pragas e doenças 13
silvestre 13
variedades 12, 14
plantações *14*, 37, 39, 233
   condições de trabalho 39, *42-3*, *152-3*, *156*, 195
plantas de chá silvestres 13
pó *24*, 25, 26, 232
po cha (chá de manteiga de iaque) 162, *163*
Poço do Dragão 26, 191
poda 15, 40
polifenóis 20, 101, 233
polimento *51*, 56
pôsteres *91*, *92*
praga da bolha 16
pragas e doenças 13
   orgânico *versus* pesticidas 16
primeira colheita 14
primeira qualidade 25
primeira secagem *ver* matar o verde
primeiro ciclo 14
processamento 44-5
   classificação *51*, 55
   embalagem *51*, 56, *94-5*
   etapas *48-51*
   laminação 32, 46-7, *49*, 233
   limpeza *51*, 55
   matar o verde 20, 47, *49*, **52**, 57, 232
   método Uji 212
   murchamento 21, *45*, 46, 48, 233
   oxidação 20, 21, *21*, 45, **47**, *50*, 52, 233
   polimento *51*, 56
   secagem 50, **52**, *53-4*, 55
   tipos específicos de chá 57
propagação a partir de mudas 17
propriedade Kataboola *154*
propriedade Newburgh 155
propriedades *ver* plantações
província de Gilan *178-9*

Q
quebra de rolos 47
queima *ver* matar o verde
Quênia 126, 130-7
   clima, terreno e colheita 132-3
   consumo do chá *132-3*
   história do chá 62, **131-2**
   regiões *130*, 135
   smallholdings 132-3
   tipos de chá cultivados 135
química do chá
   compostos 20-1
   reações 21
Quioto 213

R
Rainforest Alliance 39, **68**
rastreabilidade 91, 233
receitas
   blend Jardim do Despertar 114
   chá gelado 117
   chá latte 119
   chai 119
   chai de laranja com especiarias 114
   chai latte 119
   Delícia de Rooibos com Lavanda e Coco 114
   goji berry com hortelã verde 114
   matcha 118
   matcha latte 119
recipientes com vácuo 85
refrigeração 212
região de Champagne 160
região de Rize *164-5*, *168*, 171, *172-3*
República Democrática do Congo 129
República Unida da Tanzânia 128
responsabilidade do consumidor 68
rituais
   chá da tarde *29*, *30-1*, 62
   cerimônia do chá 61, 81, 212, **218**, *219*
   consumo de chá *78-9*
roda de degustação *98*
rooibos 34, **138**, *139*
   Delícia de Rooibos com Lavanda e Coco 114
Ruanda 129
Ruhuna 161

S
sabor e aroma 20, 46, 107
   ver também secagem
   amargor 74, 77
   aromatização **107**, 111, 233
   chá Russian Caravan 32, 55
   chás aromáticos 28, 29
   e temperatura 74
   lapsang souchong 32, 55, 191
   perfis 98
   sabores defumados 32, 52-5
   sabores defumados 32, 52-5, 191
   umami 56, 215
sabores *ver* sabor e aroma
sado (cerimônia do chá) 61, 81, 212, **218**, *219*
saquinhos de chá 73-4, *75*
Sayama 213
secagem 50, **52**, *53-4*, 55
sementes, plantando com 17
Sen no Rikyu 61
sencha 157, 212, 215

sensação na boca 233
Shennong, imperador da China 61
shincha 215
Shizuoka 213
Sikkim 150
sinensis 12, 13, 14
Sri Lanka 142, 154-61
   clima, terreno e colheita 155-7
   colheita *42-3*
   cultivo 16
   história do chá 37, *38-9*, 62, **155**
   regiões *158-9*, 160-1
   tipos de chá cultivados 157
Sri Lankan Tea Board (Conselho de Chá do Sri Lanka) 155, 157
Sulawesi 208
Sullivan, Thomas 73, 74
supermercados 91
sustentabilidade 66-9

T

Tailândia 185, 220-3
   chá Shan 222
   clima, terreno e colheita 221
   história do chá 62, **221**
   regiões 222
   tipos de chá cultivados 222
Taipei 196
Taiwan, China 182, 194-9
   bubble tea 182, 195, **198**, *199*
   clima, terreno e colheita 195
   história do chá 195
   regiões 196
   tipos de chá cultivados 197
taninos 20, 74, 77, 233
Tanzânia 128
Taylor, James 155
teanina 20
tearubiginas 20
temperatura, preparo 74, 84
   chaleira de folhas soltas 89
tencha 56, 215
Thai Nguyen *200*
Thomson, George 155
tisanas 33, 106, 233
tulsi 151
Turquia 166, *168-75*
   chá de Rize 174, *175*
   chá turco de maçã 174
   clima, terreno e colheita 170
   consumo de chá *170-1*, 171, 174, *175*
   história do chá 62, **169-70**
   regiões 171
   tipos de chá cultivados 171

U

Uda Pussellawa 160
Uganda 128
umami 56, 215
Unilever 62
uso medicinal do chá 100
   Japão 211-12
utensílios e equipamentos 80-9
   bules 81-3
   chaleiras de folhas soltas 89
   comercial 89
   imersor por gravidade 88
   infusores 85
   para degustação 97
Uva 160

V

vaporização 52, 57
   método Uji 212
variedades
   de chá 22, 23, 233
   de plantas de chá 12, 14
Vietbac 204
Vietnã *180-1*, 184, 200-5
   clima, terreno e colheita 201
   história do chá 62, **201**
   regiões 204
   tipos de chá cultivados 205
   vendedor de chá *120-1*

W

Wagenfeld, Wilhelm 83

Y

Yunnan 190

Z

zen-budista 61, 211, 218
Zhejiang *186*, 190
Zimbábue 129

CRÉDITOS DAS IMAGENS

Alamy age fotostock 55 acima; Alison Teale 120; Alissa Everett 196; blickwinkel/Koenig 17; Bo Løvschall 195; Christian Guy/Hemis 230 acima; David Noton Photography 158; dbimages 148; Dinodia Photos 15; FLPA 46 abaixo; Heritage Image Partnership Ltd 82 ao centro; Hugh Threlfall 83 à esquerda; imageBROKER 178; Imagestate Media Partners Limited - Impact Photos 231 abaixo; ipm 89; Japan Stock Photography 216; Jason Rothe 228; Kirsty McLaren 56; Michele Burgess 54; Michele Falzone 163 abaixo; Neil Cooper 132; Patrizia Wyss 176; Roger Bamber 160; Simon Rawles 52, 69; TAO Images Limited 163 acima; The Artchives 81; Tomeu Ozonas 224; ton koene 134 acima; Tuul e Bruno Morandi 42, 156; Xinhua 184

Bridgeman Images © Tyne & Wear Archives & Museums 29; Pictures from History 61. Corbis Mark Lance/Aurora Photos 35; Everett Kennedy Brown/epa 58; Harry Choi/TongRo Images 75 acima, à esquerda; Hugh Sitton 152; Jiang Kehong/Xinhua Press 53 acima; Keren Su 213; Le-Dung Ly/SuperStock 180; Pete Mcbride/National Geographic Creative 146; R. Ian Lloyd/Masterfile 154; Tuul e Bruno Morandi 45.

Dreamstime.com Aerogondo 171 à direita; Beijing Hetuchuangyi Images Co. Ltd. 192; Kritchanut 40; Nui7711 41; Sandman 231 acima; Vladyslav Danilin 170 abaixo; Yulianta Ramelan 206.

Getty Images Sasha 73; Alfred Eisenstaedt/ullstein bild via Getty Images 94; Ali Kabas 172; APIC 189; Ariadne Van Zandbergen 124; Art Media/Print Collector 30; Ashit Desai 204; Ashok Sinha 170 à esquerda; Belisario Roldan 75 abaixo, à esquerda; Benson/Fox Photos/Hulton Archive 76; Danita Delimont 168; DEA Picture Library 83 ao centro; DeAgostini 82 à direita; Evans/Three Lions 209; Florilegius/SSPL 13; General Photographic Agency 38; hsvrs 18; Hulton Archive 78; Ishara S. Kodikara/AFP 157; J. A. Hampton/ Topical Press Agency 8; Jerry Redfern/LightRocket via Getty Images 46 acima; John S Lander/LightRocket via Getty Images 219; JTB Photo/UIG via Getty Images 14, 210; Kenneth Shelton/EyeEm 198; London Stereoscopic Company 62; Mike Copeland 2; Museum of East Asian Art/Heritage Images 82 à esquerda; Nathalie Bardin/AFP 139 acima; Nigel Pavitt 130; Pam McLean 75 abaixo, à direita; Popperfoto 37; Prashanth Vishwanathan/Bloomberg via Getty Images 55 abaixo; Quynh Anh Nguyen 202; Rob Whitrow 75 acima, à direita; Sanjit Das/Bloomberg via Getty Images 26, 97; Scott Robertson 115; Simon Murrell 83 right; Thierry Falise/LightRocket via Getty Images 53 abaixo; Tim Draper 93; Trevor Snapp/Bloomberg via Getty Images 136; VisitBritain/Andrew Pickett 101.

iStockphoto.com aphotostory 190; danishkhan 7; kvkirillov 175; Lauri Patterson 199; Lokia 194; Maximova 149; narvikk 134 abaixo; omersukrugoksu 108; pattonmania 164; piccaya 230 abaixo; Teradat Santivivut 223.

Biblioteca do Congresso 63, 214.

Biblioteca de Imagens Mary Evans Retrograph Collection 92; The National Archives 91.

Reuters Mike Hutchings 139 abaixo; Nguyen Huy Kham 200; Thomas Mukoya 128.

REX Shutterstock Design Pics Inc 86; Geoff Pugh 105; imageBROKER 47; Majority World 140, 144.

Shutterstock feiyuezhangjie 186; Songkris Khunkham 220.

SuperStock DeAgostini/DeAgostini 167.

TopFoto ullsteinbild 21.

Biblioteca Wellcome, Londres 188.

AGRADECIMENTOS DA AUTORA

Eu gostaria de agradecer a Shamal e família, além de sua equipe da Tea Link em Colombo, por toda a ajuda e hospitalidade prestadas no Sri Lanka.

À equipe do Obubu Tea, que permitiu que eu participasse da colheita de seu premiado shincha em Wazuka.

A Ayumi e família pela incrível hospitalidade e pelo conhecimento da agricultura orgânica de chá japonesa.

Um grande obrigada a meu parceiro no crime, nos negócios e na vida, Mike, que ficou pacientemente de prontidão para me ajudar, em especial durante as madrugadas de trabalho.

A minha família e meus amigos, em particular à equipe do Teabird Andi, que compartilhou de minha empolgação e de meu orgulho em realizar a ambição de toda uma vida de escrever um livro.